FLENSBURGER HEFTE

Was die Naturgeister uns sagen

Im Interview direkt befragt

Aus dem Inhalt

Liebe Leserinnen und Leser!

Es war im Spätsommer 2001, kurz bevor die Welt durch die Anschläge des 11. September erschüttert wurde, als unseren Verlag ein Buchmanuskript von Verena Staël von Holstein erreichte: „Gespräche mit Müller“. Vom 01.03.2000 bis zum 28.02.2001 hatten sie und ihr Mann Friedrich Pfannenschmidt jeden Tag ein Gespräch mit Naturwesen geführt und es über eine Spracherkennungssoftware diktiert und anschließend redigiert.

Da lag es nun, das Buchprojekt: 500 A4-Seiten – für ein normales Buch zuviel Text. Waren es die rasanten politischen Ereignisse des letzten Jahres, mangelnde Zeit oder auch Skepsis gegenüber zweifelhaften esoterischen Angeboten? Fast ein Jahr rührten wir dieses Manuskript nicht an.

Aber dann ging alles ganz schnell. Im Sommer 2002 nahm ich mir das Manuskript vor, erkannte den Wert dieser Gespräche und vereinbarte mit Verena Staël von Holstein, Friedrich Pfannenschmidt und den Naturgeistern vorerst einen Interviewtermin für dieses Flensburger Heft.

Zweifel hatte ich, das gebe ich zu. Was würde mich erwarten? Ein Medium? Oder interessengelagerte egoistische Tendenzen oder gar ein grandioses Schauspiel?

Der erste Kontakt

Eigentlich waren fast alle Zweifel schon nach der Lektüre des Buchprojekts „Gespräche mit Müller“ verflogen, aber der letzte Rest verschwand, als ich Verena Staël von Holstein, Friedrich Pfannenschmidt und die einzelnen Naturwesen kennenlernte.

Sie wohnen in einer malerisch gelegenen Wassermühle an einem Fluß in der Lüneburger Heide. Dreimal war ich dort und habe über vier Tage mit den Naturwesen gesprochen – und es war eine phantastische Begegnung!

Verena Staël von Holstein hat es über viele Jahre hindurch gelernt, ihre übersinnlichen Schauungen und die Sprache der Elementarwesen so zu transformieren, daß sie deren Aussagen fast simultan in unsere Begriffe übersetzen kann. Und so kamen durch meine Fragen Interviews mit 17 Naturgeistern zustande, fast genauso, als säßen mir 17 Menschen gegenüber.

Und dann begannen die Interviews. Den Naturwesen erlaubte ich, alle meine Gedanken zu durchdringen, und stellte dann dem ersten Wesen laut meine Fragen. Frau Staël von Holstein erhielt die Antworten auf geistigem Wege, in Form von Formeln, Begriffen und manchmal auch Bildern, und übertrug die Antwort mit ihrer Stimme. Und alle sprachen sie anders, die einen ausführlich oder gar episch getragen, viele auch nur ganz knapp in ihren Antworten, so daß ich oft nachfragen mußte, um eine befriedigende Antwort zu erhalten. Hin und wieder wurde mir auch eine Antwort verweigert, oder es wurde mir unverblümt erklärt, daß meine Frage völlig unsinnig sei, und mitunter mußte ich kleine spielerische Wortgefechte mit den Naturwesen austragen, um doch noch eine Antwort zu erhalten. Meist kamen die Antworten blitzschnell, und hin und wieder geschah es auch, daß die Antworten kamen, bevor ich die Fragen überhaupt richtig gestellt hatte. Sie haben meine Gedanken gelesen!

Es blieb auch nicht aus, daß ich mehrmals Opfer recht derber Scherze wurde, sowohl bei mir zu Hause in Flensburg als auch während der Interviews. Seit nunmehr 21 Jahren führe ich regelmäßig Interviews, und mittlerweile sind es viele Hundert. Aber noch nie ist es mir passiert, daß ich eine Tonbandkassette dreimal zur Aufnahme in das Gerät steckte, so daß die erste aufgezeichnete Seite wieder gelöscht wurde. Aber hier in der Wassermühle geschah es gleich zweimal. Deshalb mußten einige Gespräche wiederholt werden.

Zur Begrifflichkeit

Leider existieren keine genauen Begriffe für die Wesen, mit denen alle Menschen sie übereinstimmend benennen, insofern benutzen wir in diesem FLENSBURGER HEFT die Begriffe Elementarwesen, Elementargeister, Naturwesen, Naturgeister und auch Geistwesen als Synonyme. In einem etwas engeren Sinne gehören die Wesen der vier Elemente – der Steinige, der Sandige, der Nasse, der Luftige und der Feurige – zu den Elementarwesen. Das Glasmännchen, das Papierwesen, das Salzkind oder die Silberne sind in diesem Sinne keine Elementarwesen, aber sie vertreten Bereiche der Natur, sind also ohne weiteres als Naturwesen zu bezeichnen. Bei den beiden Hausgeistern – Müller und Quadrom – wird die Definition schon schwieriger: In den Elementen wirken sie nur teilweise, in der Natur nur partiell, dafür vorwiegend im Haus. Alle Tier-, Moor-, Pflanzen- und Baumwesen sind dagegen eindeutig Naturwesen, aber keine Elementarwesen.

Trotzdem wirken alle Wesen irgendwo in der Natur, somit sind es Naturgeister. Auch wirken sie alle in den ätherisch-geistigen elementaren Teilchen bzw. Kräften, aus denen unsere Welt sich zusammensetzt, und insofern sind es auch Elementarwesen. Nur der Große, eine höhere Wesenheit, die im michaelischen Sinn spricht, gehört nicht zu diesen Kategorien.

Keine menschliche Moral

Die unterschiedliche Sprechweise der 17 Wesen ist schwer wiederzugeben. Oft waren die Gespräche lustig und verblüffend, mitunter aber auch sehr ernst, und vielfach einfach nur schön. Deutlich spürbar verdichtete sich die Atmosphäre, als der Große sprach. Beeindruckend war auch der Steinerne, der in einer merkwürdigen Zeitform spricht, die es nicht gibt, die aber seine Dauerhaftigkeit – Vergangenheit, Gegenwart und Zukunft in einem – ausdrücken soll.

Stellen Sie sich vor, liebe Leserinnen und Leser, Sie befragen ein Wesen, das Naturkatastrophen auslöst, nach dem Tod der dadurch unverschuldet zu Tode kommenden Menschen – und dieses Wesen fragt sie unvermittelt zurück, ob wir Menschen denn jemals an die Leiden der Naturwesen denken würden. Was würden Sie antworten?

Menschliche Moral haben die Naturwesen nicht, aber sie wissen genau, womit sie den Menschen schaden und nutzen können. Sie leben in den geistig-ätherischen Naturzusammenhängen, sie halten die Welt zusammen und sorgen für den Fortbestand der Erde. Freiheit, wie sie den Menschen eigen ist, kennen sie nicht. Einige von ihnen sind untereinander befreundet, aber was Liebe ist bzw. wie das Gefühl der Liebe zu erleben ist, das wissen sie auch nicht. Sie schauen immer das Übersinnliche, aber wie es ist, in einem dunklen Gefängnis, in einem materiellen Leib, zu leben und die übersinnlichen Welten nicht zu schauen, ist ihnen vollkommen fremd.

Die Naturwesen leiden

Um dieses Neuland – Moral, Liebe, Freiheit, Unkenntnis der geistigen Welt – näher zu erfahren, haben sich die 17 Geistwesen aufgemacht, um in einer Art Vorreitertrupp mit den Menschen zu sprechen. Diese Gespräche sind für sie von außerordentlicher Wichtigkeit, denn bisher waren die Engel ihre Herren, die sie zu allen Aufgaben anleiteten. Aber die Engel ziehen sich jetzt zurück und lassen die Elementarwesen mehr und mehr allein. Ihre neuen Herren sind die Menschen, aber die Menschen wissen nichts von ihnen. Deshalb leiden die Naturwesen und haben Angst vor den Menschen. Gerade deshalb sind die Gespräche zwischen Mensch und Naturgeist so wichtig, für beide Seiten. Alle Partner können voneinander lernen, mehr aufeinander zugehen und ganz neu zusammenarbeiten.

Wenn Sie die Gespräche in diesem FLENSBURGER HEFT lesen, dann können Sie in die Welt der Elementarwesen eintauchen, in die verschiedenen Aufgabenbereiche der einzelnen Wesen. Sie werden viel Neues, aber auch

Altbekanntes erfahren, weite Strecken der Anthroposophie werden besprochen, der Auferstandene, das Böse, die Jahresfeste, Politik, menschliche Verhaltensweisen sowie Geheimnisse der Vergangenheit und Zukunft.

Das Neue

Es mögen Fehler bei der Übertragung vorgekommen sein, aber wir haben sie nach bestem Wissen zu vermeiden gesucht. Die Texte wurden redigiert, nochmals Frau Staël von Holstein und Herrn Pfannenschmidt vorgelegt und auch den Naturwesen nochmals vorgelesen. Vor diesem Hintergrund verbürge ich mich für die Authentizität der wiedergegebenen Inhalte.

Das Neue ist nicht, daß Menschen mit Elementarwesen sprechen. In alten Zeiten war es gang und gäbe, und auch heute gibt es vereinzelt Menschen mit derartigen Fähigkeiten. Das Neue ist, daß die Elementarwesen auf die Menschen zukommen, weil sie die Sehnsucht haben, mit den Menschen ins Gespräch zu kommen, weil sie von ihnen lernen, von sich berichten, mit den Menschen in vielen Projekten zukünftig gemeinsam wirken und ihnen Fragen stellen möchten.

Neu ist auch die Art und Weise des Kontakts, den Frau Staël von Holstein mit ihnen hat, und der Wunsch der Naturwesen, die Gespräche über die Printmedien zu verbreiten. Dieser Kontakt ist nicht mediumistisch, findet also nicht bei herabgedämpftem Bewußtsein statt, aber er ist auch nicht rein als Frucht des anthroposophischen Schulungsweges zustande gekommen. Frau Staël von Holstein ist Anthroposophin, aber die Fähigkeit, ätherische und astrale Bereiche des Menschen und der Natur zu schauen, besitzt sie seit ihrer Kindheit. Sie hat diese Fähigkeit dann in mühevoller Arbeit über Jahre so ausgebildet, daß die Kommunikation mit den Naturwesen fast reibungslos verläuft.

Der Inhalt der Gespräche steht und spricht für sich. Er widerspricht m.E. nicht den Inhalten der Anthroposophie, sondern bestätigt sie von einer anderen Seite. Allerdings konnte nicht jedes Thema erschöpfend behandelt werden. Die Natur wartet auf den Menschen, und es liegt an uns, diesen Kontakt aufzugreifen und zu pflegen.

Lassen Sie sich von der Welt der Naturgeister verzaubern. Aber erkennen Sie auch den Ernst der Situation: Wir Menschen schulden den Elementarwesen sehr viel, und deshalb sollten wir einen ganz neuen Zugang zu ihnen erüben. Wie, das erfahren Sie in diesem Buch.

Es grüßt Sie Ihre Flensburger Hefte-Redaktion
Wolfgang Weirauch

Eine Bitte

Bitte respektieren Sie die Privatsphäre von Frau Staël von Holstein und Herrn Pfannenschmidt sowie ihr ungestörtes Zusammenleben mit den Naturgeistern. Sie möchten weder Besuche noch Briefe noch Anrufe bekommen. Ein etwaiger Kontakt kann aber über unseren Verlag hergestellt werden.

Darüber hinaus besteht die Möglichkeit, den Elementarwesen über unseren Verlag Fragen zu stellen, soweit sie nicht persönlich und egoistisch sind (siehe Kasten). Und nun wünschen wir Ihnen viel Freude beim Lesen der Gespräche mit drei Menschen und 17 Naturwesen!

Fragen an die Naturwesen

Liebe Leserinnen und Leser, wir bieten Ihnen hiermit die Gelegenheit, den Naturwesen Fragen zu stellen. Dieses ist eine Idee der Naturwesen, die von ihnen eigenständig während des ersten Interviewtermins per Ratschluß vorgetragen wurde. Die interessantesten Fragen und Antworten werden wir – Ihr Einverständnis vorausgesetzt – in einem Sonderband der Flensburger Hefte veröffentlichen.

Schicken Sie bitte unserem Verlag per Post, Fax oder möglichst per E-Mail Ihre Fragen. Wir leiten sie an Frau Staël von Holstein weiter, die sie dann den Naturwesen stellt. Die Antworten der Naturwesen werden von Frau Staël von Holstein aufgeschrieben, an unseren Verlag gesandt, und wir schicken sie dann Ihnen zu.

Bitte beachten Sie, daß diese Fragen weder persönlichen noch egoistischen Charakter haben sollten; siehe dazu auch die nachstehende Vorbemerkung der Naturwesen. Stellen Sie möglichst auch keine Fragen, die in diesem Flensburger Heft schon gestellt worden sind, es sei denn, sie vertiefen die Materie.

Für die Kosten von Frau Staël von Holstein und des Verlages berechnen wir eine Schutzgebühr von 10 Euro für eine oder zwei Fragen. Bitte überweisen Sie den Betrag auf das unten angegebene Konto. Die Fragen werden je nach Arbeitsaufwand zwei bis vier Wochen nach Zahlungseingang bearbeitet. Falls es zu viele Fragen werden oder ständig Wiederholungsfragen eingehen sollten, behalten wir uns vor, die

Fragen nicht zu beantworten. Selbstverständlich wird Ihnen dann der überwiesene Betrag zurücküberwiesen.

Vermerken Sie bitte bei jeder Frage, ob Sie mit einer etwaigen Veröffentlichung – sowohl von Frage und Antwort als auch Ihrem Namen – einverstanden sind.

Stellen Sie möglichst interessante Fragen zu allen Lebensgebieten. Die Naturwesen wünschen es!

Anschrift: Flensburger Hefte Verlag, Holm 64, D-24937 Flensburg; Fax: +49 (0)461/ 2 69 12, E-Mail: flensburgerhefte@t-online.de

Bankkonto: Konto 127887-203, BLZ 200 100 20, Postbank Hamburg. Bitte geben Sie bei Ihrer Überweisung Vor- und Zuname sowie Ihren Wohnort an.

Antworten an den Grossen

Der Große bittet Sie, liebe Leserinnen und Leser, ihm drei Fragen zu beantworten:

1. Was ist Liebe?
2. Was ist Freiheit?
3. Was ist Ihnen (ganz individuell) das Wichtigste an dem Christuswesen?

Je mehr unterschiedliche Antworten er erhält, desto besser. Diese Fragen, und vor allem Ihre Antworten, sind für ihn und die Naturwesen von hoher Wichtigkeit.

Bitte mailen, faxen oder schicken Sie uns Ihre Antworten per Post – auf eine, zwei oder alle Fragen –, wir leiten sie weiter. Vielen Dank!

Vorankündigung

Voraussichtlich im Frühjahr 2003 veröffentlicht unser Verlag den ersten Teil des Buchprojekts „Gespräche mit Müller“.

Es handelt sich hierbei um die Gespräche zwischen Verena Staël von Holstein, Friedrich Pfannenschmidt und den Naturwesen, die in der Zeit vom 01.03.2000 bis zum 28.02.2001 täglich geführt worden sind. Der erste Teil enthält die Phase Anfang März bis Ende Juni.

Naturgeister und Menschenkultur

Frank Hörtreiter*

Was haben uns Elementar- und Naturwesen zu sagen? Wer ohnehin nicht mit ihnen rechnet, der kann natürlich schnell die beruhigende Antwort „gar nichts“ geben, und dann stimmt es ja auch.

Aber wer die Natur wesenhaft belebt empfindet (und in meinen seelsorgerlichen Gesprächen bin ich gar nicht so selten mit derlei Erlebnissen befaßt, auch wenn ich hierin selbst wohl ziemlich unbegabt bin), dem stellen sich die Fragen nach dem Umgang mit der Natur in anderer Dringlichkeit. Und für mich als Priester am Altar stellt sich aus dem beinahe täglichen Umgang mit der Natur- und Geisteswelt die – mit vielen Menschen geteilte – Sicherheit ein, daß die Sakramente die Welt verwandeln und selbst in einer hochtechnisierten Umgebung Bezirke des Gedeihens schaffen. Das ist für manchen schon fühlbar in den alten Klostergeländen, wo eben nicht bloß eine paradiesische Natur, sondern ein Verwandeln und Heilen die Erdenwelt durchzieht.

Vor Jahren besuchte ein Priester aus Brasilien eine deutsche Gemeinde und schilderte, daß die Natur in Deutschland ihm – auch im „Erholungswert“ – ganz anders erscheine als in einem Überseegebiet, in dem Menschen noch gar nicht lange und intensiv den Kultus vollziehen. Er sagte: „Kein Mensch geht in den Urwald, um sich zu erholen“. Aber in einem mitteleuropäischen Wald findet man gar nicht bloß die „Natur“, sondern immer auch die langgehegte Kultur. Der Besucher prägte das in die plakativen Worte: „Das Beten und die Messe der christlichen Mönche hat die Natur verändert, und so kommen wir wieder zu uns, in einer verwandelten Natur.“

Als Verena Staël von Holstein und Friedrich Pfannenschmidt mir ihre Gesprächsaufzeichnungen zusandten, entstand in mir – einmal ganz abgesehen von der persönlichen, vertrauensvollen Beziehung – nicht der geringste Zweifel an der persönlichen Redlichkeit (sozusagen der subjektiven Ehrlichkeit), die in diesen Texten steckt. Das Objektive kann ich nicht beurteilen: weder die Sachaussagen noch die Art der Übertragung in menschliche Sprache. Im übrigen: Auch wer da spricht, ist für mich nicht immer klar zu beurteilen. Denn es gibt bei den – staunenswert weitgreifenden – Aussagen vielleicht auch die Denkmöglichkeit, daß die Wesen, die sich im

---

* **Frank Hörtreiter,** geb. 1944, ist Pfarrer der Christengemeinschaft in Hamburg.

Interview äußern, ihrerseits Engeln ihre „Stimme“ leihen. Was ich jedenfalls als Hilfe – und auch als leisen Gewissensappell – beim Lesen empfinde, das ist die wieder und wieder zwischen den Zeilen versteckte Bitte der Naturwesen: „Vergeßt uns nicht, und verschmäht nicht unsere Hilfen; wir brauchen Eure Hilfen ja auch.“

Insofern bin ich froh, daß dieses gewagte Buch erscheint. Wir haben die Chance, die Natur zum Partner zu machen, und dazu trägt bei, daß möglichst viele Menschen sich diesen Fragen öffnen: Wachheit und eine Frömmigkeit, die sich vom bloßen Blick auf das persönliche Seelenheil löst, gehören dazu.

Vorbemerkung

von Verena Staël von Holstein und den Naturwesen

Die an der Entstehung dieses Flensburger Heftes beteiligten Geistwesen und Menschen sehen es *nicht* als ihre Aufgabe an, anderen Menschen bei der Bewältigung ihres ureigenen Lebens zu helfen. Es werden also weder Kochrezepte weitergegeben, noch Fragen zu den vergangenen, gegenwärtigen und zukünftigen Erdenleben einzelner Personen beantwortet.

Es ist vielmehr der dringende Wunsch der Geistwesen, mit Hilfe der hier beteiligten Menschen das allgemeine Bewußtsein der Menschen dieses Kulturkreises zu wecken für die Tatsache, daß unsere Erde ein lebendiges Wesen ist. Es ist bewohnt von Menschen, Tieren, Pflanzen, Mineralien und Geistwesen.

Dieses Lebewesen Erde läuft derzeit Gefahr, durch seine menschlichen Bewohner zerstört zu werden. Um diese Gefahr abzuwenden, müssen die Menschen sich wieder Tatsachen zuwenden, die nicht im Materiellen, sondern im Geistigen zu finden sind. Der Inhalt dieses Flensburger Heftes soll hierzu eine Hilfe sein.

Sicherlich gibt es zahlreiche Menschen, die Zweifel hegen angesichts des Inhalts und der Entstehung dieses Buches und sich Beweise wünschen, z.B. für die Existenz der Geistwesen oder für die Wahrhaftigkeit der beteiligten Menschen.

Diesen Menschen sei gesagt, daß sich ein solcher Beweis erübrigt bzw. gar nicht möglich ist. Etwas, das nicht Teil der physischen Welt ist, kann innerhalb der physischen Welt auch nicht bewiesen werden. Es ist heutzutage der Freiheit jedes einzelnen Menschen überlassen, ob er die Existenz der geistigen Welten als Tatsache ansieht bzw. die Fähigkeit eines Menschen zum geistigen Schauen für möglich hält oder ob er dies nicht tut.

Denjenigen Menschen, die nur physische Beweise anerkennen, sei die Lektüre des Buches „Der Kleine Prinz“ von Antoine de Saint-Exupéry empfohlen. Hier sagt zum Ende des 21. Kapitels der Fuchs zum Kleinen Prinzen: „Man sieht nur mit dem Herzen gut. Das Wesentliche ist für die Augen unsichtbar!“

Eine kurze Beschreibung meiner Fähigkeiten im geistigen Schauen

Verena Staël von Holstein

- Ich kann Geistwesen wahrnehmen, die mich umgeben. Bis ich mit ihnen in direkten Kontakt gelange, vergeht eine Zeit. Diese Zeit ist abhängig von der Bereitschaft der Geistwesen, mit mir zu kommunizieren, vom Ort, an dem ich mich befinde, und von meiner seelischen und körperlichen Befindlichkeit. Wenn ich „nicht gut drauf“ bin, dann fällt es mir sehr viel schwerer, mit mir fremden Geistwesen in Kontakt zu treten. Dieses betrifft nicht die mir vertrauten Geistwesen hier vor Ort, mit denen ich ständig in Kontakt bin.
- Ich kann mit größeren Geistwesen, elementarischer oder auch nichtelementarischer Art, kommunizieren, wenn diese dazu bereit sind.
- Ich kann bei Menschen die Aura schauen sowie gewisse Bereiche des Astralischen. Aus den Ätherleib-Bildern der Menschen kann ich auf ihre körperliche Befindlichkeit und – durch Vergleich mit den bekannten

menschlichen Grundtypen – auf ihren Charakter und ihre aktuelle Gemütslage schließen.

- Ich kann bei Pflanzen und Tieren die Aura sehen. Ich kann mit den Schutzwesenheiten der Pflanzen und Tiere sprechen, sofern diese daran interessiert sind.
- Ich kann mir vertraute Wesen rufen. Wenn es ihnen möglich ist, erscheinen sie dann auch, auf jeden Fall bekomme ich eine Rückmeldung.
- Ich kann die ruhende Energie von Dingen wahrnehmen, wenn es mir manchmal spontan geschenkt wird oder ich es ganz langsam erschaue. Das ist kraftraubend und mühsam. Das ist meine neueste Fähigkeit.
- Ich kann die Dauer mancher Dinge wahrnehmen. Das ist entsetzlich und sehr unmenschlich.
- Ich kann – nach jahrelanger Übung – diese Fähigkeiten an- und abschalten.

- Ich kann nicht über räumliche Entfernungen schauen. Über die vertrauten Geistwesen kann ich mir jedoch Bilder und Vorstellungen anderer Geistwesen zukommen lassen. Diese muß ich dann interpretieren. Das ist sehr fehleranfällig, da die Vorstellungen und Bilder der Geistwesen von denen der Menschen sehr stark differieren. Genauso wie die Menschen sind auch die Geistwesen unterschiedlich. Folglich unterscheiden sich ihre Aussagen genauso wie die der Menschen.
- Ich kann weder das Karma anderer Menschen noch mein eigenes schauen. Ich möchte das auch nicht. Ich habe auch keine Kenntnis über meine früheren Leben.
- Ich kann nicht die Dauer von Menschen schauen.
- Ich kann nicht aus der Akasha-Chronik vorlesen.
- Ich kann Geistwesen nicht gegen ihren Willen zu etwas zwingen.

Mit Geistwesen leben

Interview mit Verena Staël von Holstein

von Wolfgang Weirauch

Verena Baronin Staël von Holstein, *geb. 1959 in Rendsburg, anthroposophisches Elternhaus, Schulzeit mit Abitur an der Waldorfschule Benefeld. Ingenieursstudium an der TU Berlin, dann Wechsel zur Fachhochschule, gleiches Studium, kurze Forschungstätigkeit. Erweiterung des Abschlusses durch Konsekutivstudium Hydrographie (Seevermessung). Tätigkeit in der freien Wirtschaft als Programmiererin, danach Wechsel in den öffentlichen Dienst.*
Verheiratet in zweiter Ehe, zwei Kinder. Lebt seit 1995 in der Wassermühle, seitdem Mutter und Hausfrau. Ab 2000 Dokumentation von Gesprächen mit Geist-/Elementarwesen.

Sie sind immer da

Wolfgang Weirauch: Wann haben Sie in Ihrer Kindheit zum ersten Mal bewußt Naturgeister geschaut?

Verena Staël von Holstein: Das kann ich nicht genau beantworten, denn sie waren immer da. Es muß ein schleichender Prozeß im Zusammenhang mit meiner Bewußtseinswerdung als Kind gewesen sein. Sie waren immer um mich herum, in gewissen Phasen traten sie deutlicher auf, in anderen weniger. Sehr intensiv und deutlich traten sie in der Zeit meiner 3. bis 6. Klasse auf, als ich die Waldorfschule in Benefeld besuchte. In dieser Zeit war ich oft in einem kleinen Birkenwäldchen, in dem ich mit den Naturgeistern gespielt habe.

W.W.: Und dieser Umgang mit ihnen war etwas vollkommen Normales?

V. Staël von Holstein: Ja, das war gewöhnlicher Alltag, und ich habe nicht über meine besondere Fähigkeit nachgedacht, aber auch nicht mit anderen Menschen darüber gesprochen. Wann die Wahrnehmung der Elementarwesen begann, weiß ich nicht genau, vermutlich im dritten Lebensjahr, als ich noch in Rendsburg wohnte. Ich kann mich erinnern, daß dort ein großer Bahndamm war, wo ich verschiedene Wesen sah, vor denen ich Angst hatte.

W.W.: Haben Sie die Wesen immer gesehen oder nur an bestimmten Tagen, bzw. wenn Sie in die Natur gingen?

V. Staël von Holstein: Immer.

W.W.: Auch im Haus?

V. Staël von Holstein: Nicht so deutlich. Die ersten waren die besagten Bahnwesen, dann die Wesen in den Birken. Die Birkenwesen sind Mädchen bzw. bei älteren Birken Frauen. Im Haus in Benefeld waren Wesen, besonders im Keller, aber die spielten damals für mich keine große Rolle. Das Wesen des Hausgeistes ist mir in seiner Bedeutung erst hier in der Wassermühle durch Müller, unseren Hausgeist, erschienen.

W.W.: Wann haben Sie zum ersten Mal mit Menschen darüber gesprochen, daß Sie etwas sehen, was andere nicht sehen?

V. Staël von Holstein: Ich wußte immer, was ich sah. Meine Eltern und meine Großmutter waren für diese Bereiche durchaus offen. Meine Großmutter, Jahrgang 1886, hatte auch einen Zugang zu den Naturwesen – allerdings mehr unbewußt, sie hat sie auf sehr träumerische Weise wahrgenommen. Sie war kein kopfiger Mensch. Sie war klein und kugelrund und eine ganz tolle Großmutter, und sie erzählte uns eine Fülle von Geschichten über verschiedenste Naturwesen. Besonders nachdem mein Großvater gestorben war, hatte sie sehr viel Zeit für mich, und sie hat mir spielerisch sehr viel über unsichtbare Wesen vermittelt.

W.W.: Haben Sie damals die Naturwesen schon mit eindeutigen Namen oder Begriffen belegt?

V. Staël von Holstein: Nein, damit habe ich erst hier in der Wassermühle begonnen. Ich konnte sie zwar unterscheiden, aber nicht mit der heutigen Klarheit. Mittlerweile habe ich begriffen, daß diese Wesen eigene Persönlichkeiten sind.

Sie müssen einen erst kennenlernen

W.W.: Haben Sie diese Wesen irgendwann vorübergehend nicht mehr geschaut?

V. Staël von Holstein: Nein, aber ich habe mich nicht immer um sie gekümmert. Geschaut habe ich sie immer, aber sie waren später nicht mehr im Vordergrund. Ich habe dann studiert, war berufsbedingt viel auf dem Wasser, und dort habe ich die Naturwesen wieder deutlicher wahrgenommen. Ich bin als Seevermessungs-Ingenieurin auf einem Forschungsschiff auf der Nordsee und dem Atlantik mitgefahren. Später habe ich mein Geld mit Programmieren verdient, und dabei ist man in einer Arbeitsumgebung, in der Naturwesen kaum Wichtigkeit haben.

W.W.: Verschwindet das Schauen von Naturwesen durch die Beschäftigung mit PC und Internet?

V. Staël von Holstein: Bei mir nicht, es rutscht allerdings auf eine andere Ebene. Es ist so wie mit Kindheitserinnerungen, an die man nicht immer denkt, die aber trotzdem vorhanden sind. Ich konnte den Kontakt zu den Naturwesen immer wieder aufgreifen, und insbesondere, wenn es mir nicht gutging, habe ich z.B. den Kontakt zu Baumwesen gesucht. Aber das ist schwierig. Man kann nicht einfach nur hingehen, sich an einen Baum anlehnen und etwas von den Baum- oder anderen Naturgeistern erwarten. So einfach ist es nicht. Die Geistwesen müssen einen erst kennenlernen.

„Plötzlich spürte ich, daß jemand anwesend war“

W.W.: Wann kamen Sie hier zu dieser Wassermühle, und wie nahmen die ortsansässigen Geistwesen mit Ihnen Kontakt auf?

V. Staël von Holstein: Im Zuge meiner Schwangerschaft vor acht Jahren kam der Kontakt zu den Wesen ganz deutlich zurück. Als ich schwanger war, kam ein dramatischer Umbruch. Meine Schwiegereltern wohnten hier in der Wassermühle, welche dringend renovierungsbedürftig war. Der Vater meines Mannes hatte immer darauf gewartet, wenn auch nie ausgesprochen, daß sein Sohn einen Erben bekommt. In dem Moment, in dem er wußte und es auch sah, daß ich schwanger war, hat er losgelassen und ist innerhalb von drei Monaten gestorben. Er verfiel und starb ohne große Quälerei.

Meine Schwiegermutter konnte mit dem Anwesen und den Tieren allein nicht fertigwerden, so daß mein Mann mich fragte, ob ich hier in die Mühle mit einziehen möchte. So zog ich im hochschwangeren Zustand ein. Etwa zwei Monate später kam meine Tochter zur Welt, und kurz darauf kam der nähere Kontakt zu den ortsansässigen Wesen zustande. Plötzlich spürte ich, daß jemand anwesend war, der etwas von mir wollte. Das war Müller, der Hausgeist.

Die Wesen des Verfalls

Und er bestätigte mir, daß die Wesen des Verfalls, die kurz zuvor noch in dieser Wassermühle anwesend waren, nun weggezogen waren.

W.W.: Haben Sie diese Wesen des Verfalls bei Ihrem Einzug geschaut?

V. Staël von Holstein: Ja.

W.W.: Wie sahen sie aus?

V. Staël von Holstein: Grau. Wie Spinnenweben, weniger wie Nebelschwaden, sondern eher wie diesseitige Spinnenweben. Wenn Sie dagegen Spinnen ätherisch anschauen, so leuchten sie wie ein Prisma. Sie sind sehr farbig und faszinierend anzusehen. Vermutlich ist das der Grund, warum sich so viele Menschen vor Spinnen erschrecken.

W.W.: Warum?

V. Staël von Holstein: Die Menschen bekommen das Ätherische beim Betrachten einer Spinne mit, auch wenn sie es nicht bewußt schauen können.

W.W.: Aber ist ein leuchtendes Prisma nicht etwas Schönes?

V. Staël von Holstein: Natürlich, aber vor gewaltiger Schönheit kann man auch erschrecken. Aber das ist nur eine Vermutung von mir.

W.W.: Als Sie bemerkten, daß die Wesen des Verfalls die Mühle verlassen hatten, und dies aussprachen, kam der erste Kontakt mit dem Hausgeist Müller zustande?

V. Staël von Holstein: Ja. Als ich ihn nach seinem Namen fragte, sagte er: „Müller." Und erst ca. zwei Jahre später habe ich den Zusammenhang zwischen seinem Namen Müller und dieser Mühle gesehen. In den beiden ersten Jahren wurde mir das überhaupt nicht klar. Manchmal kommt man nicht auf die naheliegendsten Dinge.

Eine gemeinsame Sprache erlernen

W.W.: Was hat denn Müller zu Beginn gesagt, und was haben die anderen Wesen, die dann nach und nach kamen, zuerst zu Ihnen gesagt?

V. Staël von Holstein: Zuerst haben sie gefragt: „Was bist Du für ein Mensch? Kannst Du uns an Dich heranlassen?“ Sie schauen einen an, und sie sahen z.B., daß ich meinen Mann liebhabe. Für Müller war es zu Beginn unserer Beziehung sehr wichtig mitzuvollziehen, wie der Wechsel in der Herrschaft dieser Mühle stattfand, also daß nach dem Tod meines Schwiegervaters mein Mann und ich die Regie in diesem Hause übernahmen. Für Müller war auch das Verhältnis zu meiner Schwiegermutter wichtig, denn mit ihr erlebte er genau wie mein Mann ein ziemliches Drama. Sie hat überhaupt keine Beziehung zu Naturwesen oder dem Übersinnlichen. Meine Schwiegermutter hat dieses Haus durch ihre Einstellung sehr belastet, und das mußte sich Müller von der Seele reden. Er mußte es möglichst lernen, in menschliche Begriffe zu fassen. Denn dadurch konnte er es besser verstehen.

Die Verbesserung des Verstehens zwischen Mensch und Naturgeistern war eigentlich das erste, was zwischen uns geschah. Man sucht dann nach einer gemeinsamen Sprache. „Was meinst Du, wenn Du ‚Holz‘ sagst?“ Das ist ein einfaches Beispiel. Und wenn man ihm dann antwortet, sagt er, daß er die gleiche Sache ebenfalls „Holz“ nennt. Schwieriger wird es dann mit Begriffen, die stark mit dem Menschen zusammenhängen, z.B.: „Was ist ‚Seele‘? Zeige mir, was Ihr ‚Seele‘ nennt.“ Oder: „Zeige mir, was Ihr ‚schön‘ nennt.“ Und dann müssen wir es den Elementarwesen zeigen, aber das ist eine große Arbeit. Das geschieht, indem man sich diese Begriffe möglichst plastisch vorstellt.

W.W.: Schildern Sie doch bitte einmal, wie Sie mit den Naturwesen kommunizieren.

V. Staël von Holstein: Zu Beginn habe ich die Naturgeister ähnlich konkret gesehen wie auf einem Foto, und ich habe sie auch gezeichnet. Und dann habe ich einfach ganz normal mit ihnen gesprochen. Das laut ausgesprochene Wort ist für sie sehr wichtig. Allerdings muß es nicht unbedingt sein, wenn man mit den Naturgeistern spricht. Aber das ausgesprochene Wort hat für sie eine besondere Bedeutung, weil jedes Wort die Welt verändert. Das Wort ist eine Realität.

Im August 1995 sind wir hier in die Mühle eingezogen. Im Laufe der Jahre veränderte sich unsere Kommunikationsebene. Jetzt nehme ich die Naturgeister wahr, indem ich z.B. genau bemerke, wo Müller ist, auch wenn ich ihn nicht sehe. Ich erspüre die Anwesenheit dieser Wesen. Und dann kommuniziere ich in einer Art Formeln mit diesen Wesen. Formel ist der treffendste Ausdruck. Wenn Müller ein Anliegen hat und meinem Mann mitteilen möchte, daß irgendwo an der Mühle etwas repariert werden muß, dann schickt er mir eine Art Formel, und ich muß sie in Deutsch übersetzen. Diese Wesen sprechen nicht deutsch, auch wenn ihre Sprache mit dieser Gegend zu tun hat.

W.W.: Sind es nur Formeln oder auch Bilder, sind es Begriffe, oder kommt das Verständnis bzw. die Erkenntnis dessen, was die Naturwesen sprechen, fast automatisch in Ihr Denken hinein?

V. Staël von Holstein: Es sind keine Bilder, sondern Begriffe und Formeln. Es ist etwas mehr als ein nackter Begriff, es ist wie ein Formelzusammenhang. Man kann es vielleicht mit einem dreidimensionalen Modell eines Atoms vergleichen. So in etwa kann man sich das vorstellen, was diese Wesen aussprechen.

W.W.: Aber wie bekommen Sie diese Formeln in die Begriffe der deutschen Sprache?

V. Staël von Holstein: Das ist die ganze Schwierigkeit!

W.W.: Ähnlich hat es Rudolf Steiner auch ausgesprochen. Seine besondere Leistung sei nicht gewesen, als Geistesforscher die Bereiche der geistigen Welt zu erforschen, sondern das Geschaute in Begriffe zu bringen.

V. Staël von Holstein: Bei dieser Übersetzung hilft mir mein Mann sehr viel. Oft stottere und stammele ich herum, dann formuliert mein Mann es, und ich sage, daß es so noch nicht ganz stimmt. Dann wählt er oft eine neue Formulierung, und ich sage, wo es noch hakt. Das geht so lange, bis wir die richtigen Worte und Begriffe gefunden haben. Übrigens, wenn man müde ist, ist der Kontakt zu diesen Wesen leichter, als wenn man geistig fit ist.

W.W.: Liegt es daran, daß der Verstand eine Art Barriere zu diesen Wesen ist?

V. Staël von Holstein: Ja, den meisten Menschen steht der Verstand im Weg. Mittlerweile sind die Gespräche mit den Naturgeistern sehr viel geübter, und meist kann ich mit ihnen einen so schnellen Dialog führen wie jetzt mit Ihnen.

Sie können die Gedanken lesen

W.W.: Kam, nachdem Sie zuerst Ihre Fragen und Gesprächsmitteilungen laut ausgesprochen haben, danach eine Phase, in der die Wesen auch Ihre Gedanken lesen konnten?

V. Staël von Holstein: Ja, das habe ich ihnen erlaubt.

W.W.: Müssen Sie eine Frage intensiv und wörtlich denken, damit die Wesen sie verstehen?

V. Staël von Holstein: Wenn es etwas sehr Wichtiges ist, sollte es laut ausgesprochen werden. Wenn man z.B. von einem Wesen bedrängt wird, sollte man ganz laut und deutlich „Geh weg!" sagen. Bei nicht so wichtigen Dingen, bei Alltäglichkeiten im Umgang mit diesen Wesen, reicht es aus, sich in Gedanken mit ihnen zu unterhalten, wenn man sie gut kennt. Aber man sollte möglichst in Worten denken, denn es ist ein Unterschied, ob Sie einfach nur einen Gedanken durch Ihr Bewußtsein ziehen lassen, oder ob Sie intensiv in Worten denken. Der Gedanke muß sich im Wort verkörpern.

W.W.: Und das wuselnde Gedanken- und Seelenleben nehmen sie nicht in dieser Weise wahr?

V. Staël von Holstein: Das nervt sie. Dafür haben wir den Begriff Wortmüll gewählt.

W.W.: Gibt es Gesetze zwischen Menschen und Geistwesen, die man beim Kontakt einhalten muß?

V. Staël von Holstein: Wir sind gerade dabei, diese zu erarbeiten. Man sollte ehrlich sein. Lügen verzehrt die Seele. Man sollte versuchen, die Naturgeister als Persönlichkeiten anzusehen, auch wenn sie nicht in gleicher Weise wie der Mensch ein Ich haben. Man sollte sich klarmachen, daß auch in etwas Kleinem etwas Persönliches vorhanden ist. Aber am wichtigsten ist die Ehrlichkeit im Umgang miteinander. Manche legen auch auf geistige Manieren Wert, also daß man höflich ist und z.B. „danke" und „bitte" sagt, aber das ist nicht bei jedem Wesen so.

W.W.: Also, daß man sie begrüßt und sich bedankt, wenn sie mit einem sprechen, und daß man sich wieder von ihnen verabschiedet?

V. Staël von Holstein: Ja, das mögen sie sehr, besonders wenn dies zu einer Art Rhythmus wird. Für unser Buchprojekt habe ich diese Zeremonie durchgeführt, ansonsten im alltäglichen Umgang miteinander nicht. Wenn allerdings der Große kommt, dann ist allein schon sein Erscheinen eine Art Zeremonie.

W.W.: Dürfen die Naturgeister einfach die Gedanken der Menschen lesen?

V. Staël von Holstein: Nicht so ohne weiteres. Zuerst ist es tabu, und sie bedürfen dazu der Erlaubnis des Menschen, solange der Gedanke noch zum Menschen direkt dazugehört und mit dessen Gefühlen verbunden ist. Wenn der Gedanke aber losgelöst vom Menschen in die unpersönliche Gedankensphäre eingegangen ist, dann dürfen sie ihn natürlich lesen. Der Mensch ist frei, und sie dürfen nicht einfach in die Freiheit des Menschen eingreifen. Deswegen muß der Mensch dazu ja sagen, daß diese Wesen „durch ihn durchgehen". Die Menschen müssen zustimmen, daß die Naturgeister ihre Gedanken mit den dazugehörigen Gemütsbewegungen lesen dürfen.

W.W.: Aber weiß der Mensch denn überhaupt, worauf er sich mit einer solchen Erlaubnis einläßt?

V. Staël von Holstein: Wahrscheinlich nicht. Aber das ist ohnehin keine menschenübliche Praxis, und ich habe das erst mit zwei oder drei Menschen überhaupt durchgeführt. Nicht jeder, der uns besucht, muß diese Wesen durch sich durchlassen. Sie sind jetzt erst der Dritte.

W.W.: Das bedeutet also für dieses Interview, daß alle anwesenden Naturgeister meine Gedanken lesen und auch meine Fragen bereits kennen, wenn ich sie nur denke?

V. Staël von Holstein: Ja, und auch Ihre Gefühle kennen sie.

W.W.: Wenn Sie ein Buch lesen, lesen dann die Wesen mit?

V. Staël von Holstein: Normalerweise nicht.

W.W.: Interessiert es sie nicht, oder warum nicht?

V. Staël von Holstein: Wenn wir Steiner lesen, hören sie zu. Wenn ich Science-fiction-Romane lese, schauen sie allenfalls kurz über die Schulter und fangen an zu kichern. Das interessiert sie nicht.

Die Naturwesen sind hierarchisch gegliedert

W.W.: Können Sie die Naturgeister ein wenig gruppieren? Haben die Wesen selbst bestimmte Unterscheidungskriterien, nach denen sie sich gliedern?

V. Staël von Holstein: Die Wesen sind ganz deutlich hierarchisch gegliedert. Ein Hauswesen wie Müller ist der Oberste aller Hauswesen in diesem Haus. Er ist die Hierarchiespitze, und dann hat er seine Subs. Das sind Wesen, die ihm untergeben sind, und zwar auf eine so direkte Art und Weise, wie es in der menschlichen Gesellschaft nur in ferner Vergangenheit der Fall gewesen ist. Sie müssen das tun, was Müller anweist. Und die Hierarchiestufe der Hauswesen ist um so niedriger, je geringfügiger ihre Arbeit ist. Die Wesen werden immer atomarer. Und Müller ist die Spitze der Pyramide von Hauswesen.

Ähnlich ist es bei den Grünen, den Pflanzenwesen. Dort gibt es eine Hierarchie von Pflanzengeistern, die unten bei den ganz kleinen Pflanzenwesen anfängt, die in der Pflanze kleinste Einzelaufgaben erfüllen. Auf einer höheren Hierarchiestufe wirkt z.B. das Wesen einer einzigen Pflanze. Und ein noch höheres Wesen ist dann Gnunno, der sich um eine ganze Region kümmern muß. Dabei geht es nur um die Pflanzen, mit Ausnahme der Bäume, denn die Bäume bilden eine Sondergruppe. Gnunno bildet das Dach einer Region, er beschützt die Pflanzenregion. Und dann gibt es noch ein Wesen, das die Verbindung zum Pflanzen-Ich bildet, also bis in höchste

Stall auf Müllers Anwesen

geistige Bereiche hinaufreicht, vermutlich bis in das sogenannte höhere Devachan.

Jeder Bereich in der Natur, jede Pflanze, der Sand, jeder Fluß, der Wind, hat diese Hierarchie, und jedes Wesen steht auf einer bestimmten Hierarchiestufe.

W.W.: Wie viele Wesen gehören z.B. der Hierarchie dieses Hauses an?

V. Staël von Holstein: 16.743 – so hat es Müller mir gerade gesagt. Dabei hat er aber die ganz ganz Kleinen weggelassen. Bei ihnen kann man nicht mehr von Persönlichkeiten sprechen. Einige sind für die Türen, andere für die Stühle, wieder andere für die Wärmezufuhr zuständig.

Die Elementarwesen

W.W.: Sind die Hausgeister Elementarwesen?

V. Staël von Holstein: Nein, sie sind eine eigene Gruppe. Die Elementarwesen gehören den vier Elementen – Mineral, Wasser, Luft, Feuer – an. Hauswesen sind den Menschen sehr ähnlich, und gleichzeitig stehen sie den Gnomen sehr nahe. Man kann sie mit den Menschen vergleichen. Wenn Sie dagegen an ein Feuerwesen herankommen, so ist das ein völlig anderes

Wesen. Auch bei den Feuerwesen gibt es eine Hierarchie: im Kleinen die Wesen einer Kerzenflamme, im Großen die Wesen eines Hausbrandes oder gar eines Vulkans.

Beim Wasser gibt es die kleinen Wasserkinder, und dann gibt es z.B. den Nöck, der für ein sehr großes Gebiet zuständig ist. Wir haben hier einen Nöck, Etschewit, der Nasse, der bei uns seinen Fokus hat, der aber eigentlich ein Elbnöck ist. Er ist ein übergeordnet tätiger Geist, dessen Wirkensbereich hin und wieder bis zur Nordsee reicht. Auch er hat seine zahlreichen Helfershelfer. – Bei den Steinwesen ist es ähnlich, aber hier muß man noch zwischen Sand- und Steinwesen unterscheiden. Sand besteht eigentlich aus kleinen Steinen, aber der Sand hat eine andere Bedeutung als ein großer Stein.

W.W.: Wie ist es mit den Luftwesen?

V. Staël von Holstein: Ganz genauso. Es gibt die kleine Luftbewegung und die Wesen, die für diese zuständig sind, und dann gibt es z.B. den Sturm. Luft- und Windwesen sind eigentlich verschiedene Wesen. Walliniju, der hier anwesend ist, ist mehr für den Luft- und Lichtraum in dieser Gegend zuständig. Und der Wind selbst zieht durch diesen Licht- und Luftraum hindurch. Der Westwind kommt vom Atlantik, wo er geboren wird, und verweht z.B. über Rußland. –

Was sagst Du, Walliniju?

Der Luftige: Er gebiert neu, wird zum großen Wind, und in dem großen Wind werden dann die Strukturen schwächer, bis sie langsam zerfallen und zu kleineren Strukturen geraten. Es ist wie ein Gitter, bei dem die einzelnen Stücke Ausgang für ein neues Gitter werden. Und dazwischen reißt es auf. Die Windwesen ziehen mit dem Wind, sterben aber nicht mit dem abflauenden Wind, sondern verändern sich lediglich.

Gut und Böse

W.W.: Kann man die Kategorien Gut und Böse auf diese Wesen anwenden?

V. Staël von Holstein: Nein, diese Kategorien sind in diesem Zusammenhang unsinnig. Die Wesen des Verfalls z.B. sind notwendig. Das Vermodern eines Tierkadavers in der Natur ist sicherlich für den Menschen kein schöner Anblick, aber es ist eine Notwendigkeit. Die Naturgeister unterscheiden nicht in unserem Sinne Gut und Böse. Eigentlich unterscheiden sie sechs Kategorien:

- Wesen, die dem Menschen helfend zugewandt sind;
- Wesen, die dem Menschen schädigend zugewandt sind;

– Wesen, die dem Werden verpflichtet sind;
– Wesen, die dem Vergehen verpflichtet sind;
– Wesen, die mit dem Schützen betraut sind;
– Wesen, die mit dem Zerstören betraut sind.

W.W.: Die Anthroposophie bezeichnet z.B. die Widersachermächte, sie spricht über Spektren und Dämonen oder das Böse schlechthin. Sind die Dämonen aus Sicht der hier anwesenden Naturgeister keine bösen Wesen?

V. Staël von Holstein: Das sind Wesen, die insgesamt einer absteigenden Entwicklung verbunden sind, während die hier anwesenden Wesen der aufsteigenden Entwicklung verbunden sind. Und die Spitzen der absteigenden Entwicklung empfinden die Naturgeister durchaus als eine Art bedrohliche Wesen. Müller hat z.B. vor den großen und dunklen Wesen eine Heidenangst. Es gibt auch Angst unter diesen Wesen. Es gibt Angriffe auf die Hausgeister, denen Müller nicht standhalten kann. Dann muß er sich mit anderen Wesen zusammentun, und insofern ist es gut, daß verschiedenste Wesen hier in der Wassermühle ihren Fokus haben. Wir haben hier das seltene Phänomen, daß es in dem Raum der Mühle, den Sie vorhin gesehen haben, der Wehrstube, eine Art Gemeinschaftsfokus vieler Naturgeister gibt.

W.W.: Kann man in bezug auf die Naturgeister die Kategorien Männlich und Weiblich anwenden?

V. Staël von Holstein: Ja, speziell im Tierwesenbereich, weil es auch männliche und weibliche Tiere gibt. Das sind allerdings menschliche Kategorien, die Naturgeister kann man allenfalls als eher männlich bzw. eher weiblich bezeichnen. Es ist nicht so schwarzweiß wie bei uns.

W.W.: Was ist denn das Männliche oder das Weibliche der Natur?

V. Staël von Holstein: Es ist der Ausdruck bzw. der geistige Abdruck, der mehr einer Frau bzw. einem Mann entspricht. Auch Müller kann manchmal sehr feminin sein. Der Braune dagegen ist sehr männlich. Man empfindet ihn richtig als männlich, mit Bart und allem, was dazugehört. Bei den Elementarwesen, z.B. den Sandwesen, ist es dagegen vollkommen unsinnig, von weiblichen und männlichen Wesen zu sprechen. Ohnehin muß man bei diesen Kategorien immer daran denken, daß sie Projektionen der Menschen sind und nicht von diesen Wesen kommen.

Subjektive Projektionen

W.W.: Wenn Sie eines dieser Wesen schauen, kann es dann nicht sein, daß Sie die Gestalt dieses Wesens subjektiv projizieren? Also wenn Sie den Braunen in Form eines Mannes mit Bart, in Form eines Schäfers schauen, kann es dann nicht sein, daß dies nur Ihre subjektive Projektion ist und ein anderer Mensch ihn vollkommen anders sehen würde?

V. Staël von Holstein: Selbstverständlich würde jeder Mensch diese Wesen anders sehen, aber nicht vollkommen anders. Den Braunen würde sicherlich jeder als männliches Wesen sehen. Gewisse Grundstrukturen bleiben ähnlich, andere werden durch die Subjektivität des Menschen anders geschaut. Die Wesen spiegeln das, was ihnen vom Menschen als Vorstellung entgegenströmt.

Die Wesen haben auch ihren eigenen Humor. Der Nöck Etschewit macht es z.B. oft recht spannend. Er verkleidet sich. Und das macht er deswegen, weil er daran Spaß hat. Er kann es machen, daß er manchmal so und manchmal so erscheint.

W.W.: Weiß Etschewit eigentlich, daß er wie der noch amtierende türkische Ministerpräsident heißt, zumindest der Aussprache nach?

V. Staël von Holstein: Ja, er weiß es. Sein richtiger Name ist allerdings unübersetzbar und sehr viel länger. Etschewit ist eine Art Zusammenfassung dieses längeren Namens.

Eine Wissenschicht umspannt die Erde

W.W.: Wie kommunizieren die Geistwesen miteinander?

V. Staël von Holstein: Das ist eine gute Frage, und ich kann sie nicht für alle Wesen genau beantworten. Ich durchschaue diese Zusammenhänge nicht vollständig. Bei manchen Wesen, z.B. bei Müller und Etschewit, ist es so, daß sie nebeneinander sitzen und einfach miteinander kommunizieren. Aber ein Feuerwesen z.B. setzt sich nicht neben andere Naturgeister, sondern tritt auf eine andere Weise in Erscheinung. Wie es mit den anderen Wesen kommuniziert, ist für mich sehr schwer vorzustellen.

Dabei kommt mir immer der Begriff Layer, vorhin als Gedankensphäre angesprochen, in den Sinn, ein Begriff für eine Erdschicht. Es gibt eine ätherisch-geistige Schicht, die wie ein dünnes Tuch um die Erde liegt und sie auch in einer mathematisch nicht beschreibbaren Form durchzieht. In dieser Schicht ist das Wissen der Welt enthalten, auch alle Gedanken und Handlungen der Menschen sind hier gespeichert. Und wenn die Wesen wollen, treffen sie sich in dieser Schicht und kommunizieren miteinander. Diese Schicht umspannt die gesamte Erde, sie entspricht vielleicht der Akasha-Chronik, die Steiner detailliert schildert.

W.W.: Während Sie jetzt mit mir sprechen, verstehen Sie auch gleichzeitig, daß mehrere dieser Wesen zu Ihnen sprechen. Das, was die Wesen sagen, geht also nahtlos in Sie über?

V. Staël von Holstein: Ja, es ist wie ein Gespräch unter Menschen. Manchmal gibt es auch Verständigungsprobleme. Die treten meist dann auf, wenn es um menschliche Themen geht, denn für manche dieser Bereiche haben die Naturgeister keine Begriffe.

Humor und Moral

W.W.: Welche Art von Humor haben die Elementarwesen?

V. Staël von Holstein: Sie haben viel Humor, sind sehr zu Scherzen aufgelegt, wobei dieser Humor nicht immer der menschlichen Moral entspricht. Es kann z.B. geschehen, daß sie es komisch finden, wenn einem ein Milchkrug auf den Fuß fällt. Man selbst findet das nicht so komisch, aber die Naturgeister lachen darüber ganz außerordentlich.

W.W.: Wie lachen die Naturgeister? Wie hört sich das an?

V. Staël von Holstein: Etwa wie eine helle Glocke, sehr schön.

W.W.: Haben alle Wesen diese Art von Humor, oder sind es vor allem die Gnomen?

V. Staël von Holstein: Das ist vor allem Müller, während der Nasse eher Spaß daran hat, sich zu verkleiden. Und die Flammenwesen können richtig lachen. Wenn sich ein Feuergeist richtig gut fühlt, dann ist es fast mit physischen Augen zu sehen, daß er durch eine Flamme lacht. Wenn die Luft dagegen zufrieden ist, dann weht es wie ein lindes Lüftchen. Der Braune ist relativ derb in seinem Humor. Und die Freude des Großen ist einfach unbeschreiblich. Dann ist es so, als wenn die Welt lacht. Wenn der Große lacht, ist man einfach glücklich.

W.W.: Haben die Naturgeister eine Art Moral?

V. Staël von Holstein: Nein, gar nicht. Das ist etwas, was sie von den Menschen erfahren wollen: Warum hat der Mensch eine Moral, was möchte er mit ihr begründen? Sie erzählen, daß alle unsere Maschinen, die wir auf der Erde herstellen, in der nächsten planetarischen Verkörperung der Erde als Naturwesenheiten auftreten werden. Darin können sie so etwas wie einen moralischen Zusammenhang erblicken.

W.W.: Ich kenne diesen Zusammenhang von Rudolf Steiner.

V. Staël von Holstein: Hat er das auch dargestellt? Das wußte ich nicht.

W.W.: Er sagt in etwa, daß alles das, was jetzt Maschinenwelt ist, auf dem Jupiter – so nennt Steiner ja die nächste Entwicklungsstufe der Erde – zur Grundlage des Daseins werden wird. Diese Grundlage wird allerdings keine physisch-materielle mehr sein.

V. Staël von Holstein: Das sagen die Naturwesen auch, und deshalb fordern sie uns auf, alle Maschinen schön zu gestalten.

W.W.: Steiner spricht auch darüber, daß alle bloß intellektuellen Gedanken, mit denen wir nur das grob Materielle erfassen, alle schattenhaften automatischen Gedanken, die wir nicht geistig beleben, im 8. Jahrtausend schlagartig zu spinnenartigen Wesen werden. Diese automatenartigen Spinnenwesen werden ein mineralisch-pflanzliches Sein haben, und sie werden mit einem intensiven Verstand begabt, aber auch furchtbar bösartig sein. Und in ihren weltweiten Netzen werden sich alle diejenigen Menschen verstricken, die sich nicht zum Geistigen erheben. (GA 204/1979/13.05. 1921/S.244 f) Aber das ist eine ferne Zukunft. Allerdings kann man daran gut erkennen, welche Verantwortung der Mensch für alle seine Gedanken und Taten hat.

V. Staël von Holstein: Das betont vor allem der Große, aber auch Etschewit, der Nasse, spricht darüber. Er war etwa bis zum 15. Jahrhundert hier eine Art Lokalgott, ein Nöck, der von den Menschen angebetet wurde. Die Menschen früherer Zeiten haben gewußt, daß hier ein Nöck wohnt, und sie haben ihm kleine Opfergaben gebracht.

W.W.: Waren dieses Opfer zu bestimmten Jahreszeiten oder zu bestimmten Gelegenheiten?

V. Staël von Holstein: Die Opfer wurden z.B. vor den Sommerfluten dargebracht, die es hier immer gegeben hat, und zu Weihnachten, zur Wintersonnenwende, mit der Bitte, daß der Nöck am Ort bleiben möge.

W.W.: Warum sollte der Nöck im Winter am Ort bleiben?

V. Staël von Holstein: Damals gingen die Menschen davon aus, daß die Nöcks, wenn sie ihre regelmäßigen Reisen unternahmen, nicht wiederkehren mußten. –

Müssen sie zurückkehren, Etschewit?

Der Nasse: Wir haben keine Freiheit. Die Bindung an die Koordinaten wird für die Wasserwesen mit der Alterung der Erde immer enger. Früher konnten die Wasserwesen endgültig wegziehen, wenn die Umstände es nötig machten. Das können sie jetzt nicht mehr. Je älter die Erde wird, desto wichtiger ist der Punkt auf der Erde, wo wir unser Zuhause und unsere Aufgabe haben.

Das Buchprojekt

W.W.: Wie kam es zu dem Projekt Ihres Buches? Wer hatte die Idee?

V. Staël von Holstein: Alle miteinander. Die Naturgeister haben immer wieder erwähnt, daß sie eigentlich mehr Menschen erreichen möchten. Und dann haben sie gefragt, wie das möglich sei. Wir haben dann eine Art Brainstorming gemacht. Die eine Möglichkeit wäre gewesen, viele Menschen hierher zu holen, aber das wäre meinem Mann nicht recht gewesen. Und dann las ich in einer Zeitschrift, daß eine Frau jeden Tag einen Engel gemalt hatte. Dabei hatte diese Frau sehr viele Erlebnisse. Das hat mich sehr berührt.

Daraufhin haben mich die Naturgeister gefragt, ob wir nicht etwas Ähnliches machen und jeden Tag ein Gespräch führen könnten. Sie versprachen sich davon einen vielschichtigen Effekt. Zum einen kämen ihre Gedanken weiter in die Welt. Zum anderen würde ich lernen, richtig zu meditieren und den Kontakt mit den Naturgeistern zu pflegen. Außerdem würden wir alle etwas gestalten, was dem Zeitgeist entspricht. Und deshalb haben wir uns zu diesem Buchprojekt entschlossen, das Ihnen jetzt vorliegt. Wir haben am 1. März 2000 begonnen. In der Vorphase haben wir darüber nachgedacht, wie wir es am geeignetsten durchführen können.

W.W.: Wie genau sind Sie vorgegangen? Waren es ähnliche Gespräche, wie wir es jetzt führen? Hat Ihr Mann die Gespräche aufgeschrieben?

V. Staël von Holstein: Zuerst wollten wir die Gespräche mit einem Diktiergerät aufzeichnen, und mein Mann sollte sie anschließend stilistisch bearbeiten. Das erwies sich aber aus verschiedenen Gründen als schlecht machbar. Ich konnte mit dem Gerät nicht vernünftig umgehen und war mit der Situation nicht zufrieden. Dann haben wir uns ein Spracherkennungsprogramm angeschafft, also eine Software, mit der man direkt in den Computer diktieren kann.

Und nachdem ich mich an das Spracherkennungsprogramm gewöhnt hatte, konnte ich meine Gedanken und die Dialoge mit den Naturwesen einfach diktieren. Mein Mann hat sie anschließend bearbeitet. Das hatte den Vorteil, daß ich auf dem Bildschirm sofort sah, was ich sprach. Bei einem Diktiergerät sieht man nicht, was man spricht, ja, man kann sich nicht einmal immer sicher sein, daß es auch wirklich aufzeichnet. Deshalb sollten auch Sie während unseres Interviews hin und wieder prüfen, ob Ihr Diktiergerät wirklich aufzeichnet, denn es wird keineswegs nur mit wohlwollendem Blick gesehen, was wir hier derzeit tun.

Sie sind verzweifelt

W.W.: Wer schaut nicht wohlwollend auf unser Vorhaben?

V. Staël von Holstein: Die Widersachermächte. Sie wollen nicht, daß auch nur irgendeine Information aus dem Geistigen ins Bewußtsein der Menschen gelangt, denn unwissende Menschen sind sehr viel besser zu steuern als wissende. Die Naturgeister, die an unserem Projekt beteiligt sind, wollen diese Informationen weitergeben. Und vor allem wollen sie ihre neuen Herren kennenlernen. Die Engelhierarchien ziehen sich aus der Lenkung der Menschen zurück, auch aus dem unmittelbaren Einwirken auf die Elementarwesen. Sie übergeben die Zukunftsgestaltung der Erde mehr und mehr den Menschen.

W.W.: Und die Menschen verstehen die Naturgeister nicht!

V. Staël von Holstein: Ganz genau. Die Menschen geben sich keinerlei Mühe, die Naturgeister zu verstehen. Sie wissen meistens nicht einmal, daß es sie überhaupt gibt.

W.W.: Das muß schrecklich für diese Wesen sein.

V. Staël von Holstein: Das ist sehr schrecklich! Sie sind zum Teil vollkommen verzweifelt. Wenn man ein verzweifeltes Elementarwesen sieht, wird man ungeheuer traurig. Manchmal fange ich dann sogar an zu weinen.

Wir haben nebenan den Bruch. Dort herrscht „der vom Bruch". Zu ihm kommen Naturwesen aus Hamburg, z.B. Baumwesen. Sie kommen hierher als kranke, ermüdete, erschöpfte und verzweifelte Elementarwesen. Und das liegt daran, daß die Menschen sie nicht beachten, daß die Menschen keinen Kontakt mit ihnen pflegen. Dieses blinde menschliche Verhalten entspricht der Absicht der Widersachermächte, insbesondere der ahrimanischen Wesen. Wenn der Mensch für den Zusammenhang mit den Elementarwesen blind ist, dann ist es für die ahrimanischen Wesen möglich, an dieser Stelle einzuwirken.

Deshalb ist es ein dringendes Anliegen der Naturgeister, ihre neuen Herren wissend zu machen. Die Menschen sollen von den Naturgeistern und ihrem Wirken wissen, und sie sollen sich darüber bewußtwerden, was sie selbst tun. Schließlich erzeugen die Menschen durch alle ihre Handlungen, Gedanken und Gefühle fortwährend Naturwesen. Wenn die Menschen sich an den Pflanzen und Bäumen zu schaffen machen oder wenn sie Häuser bauen, dann erzeugen sie mit diesen Handlungen immer verschiedenste Naturwesen. Und das können positive oder negative Wesen sein.

Das Projekt sollte verhindert werden

W.W.: Aber der Mensch entscheidet doch, was geschieht. Oder ist es den ahrimanischen Wesen möglich, unser Projekt – das Buch und auch dieses Interview – zu stoppen, wenn wir es durchführen wollen?

V. Staël von Holstein: Es ist viel unternommen worden, damit das Projekt nicht zustande kommt. Bei Ihnen und bei uns. Zur Zeit sitzen wir unter einer Silberkuppel, die unser persönlicher Schutzschild ist. Diesen Schild hat das Silberwesen gesponnen. Zusätzlich haben wir den Ton Es als Glocke über uns. Und schließlich ist der Große anwesend, um uns zu beschützen. Und um ihn zu besiegen, muß schon ein sehr Großer von der anderen Seite kommen.

W.W.: Was ist im einzelnen geschehen, damit dieses Projekt nicht zustande kommt?

V. Staël von Holstein: Viele Dinge, die sich häuften, über die ich jetzt aber nicht sprechen möchte.

Die Naturgeister stellen Fragen

W.W.: Ab einem gewissen Moment Ihres Buchprojektes begannen die Naturgeister, Ihnen und Ihrem Mann Fragen zu stellen. Ich entnehme daraus, daß sie ungeheures Interesse haben, Dinge von den Menschen zu erfahren, die sie selbst nicht begreifen.

V. Staël von Holstein: Zuerst haben sie angefragt, ob sie Fragen stellen dürfen. Sie haben auch angefragt, ob sie bei allen Geschehnissen im Haus präsent sein dürfen, weil sie alles interessiert, was die Menschen treiben. Es interessiert sie, warum die Menschen sich die Zähne putzen, es interessiert sie auch, warum der Mensch auf Toilette geht. Denn die Naturgeister gehen nicht auf Toilette. Es interessiert sie auch, warum wir in irgendwelche komischen Apparate hineinsprechen, die unsere Stimmen aufzeichnen, um die Worte zu bewahren. Und sie schlagen dann vor, ob man das nicht sehr viel einfacher über den schon angesprochenen Layer machen könne.

Dann interessiert sie, was Liebe ist. Und es ist nicht leicht zu beantworten, wenn man eine solche umfassende Frage gestellt bekommt. Sie stellen auch ganz gegenständliche Fragen, z.B. warum man hier oder dort eine Straße gebaut hat. Meist haben sie damit verbunden auch konkrete Anliegen: „Könnt Ihr den Menschen nicht mitteilen, daß sie an dieser Stelle kein Bauprojekt durchführen sollen?" Aber mittlerweile haben sie begriffen, daß wir als einfache Menschen hier keine Einwirkungsmöglichkeiten haben. Es war relativ mühsam, ihnen klarzumachen, daß man ein solches Projekt nicht einfach stoppen kann, weil es z.B. einem Berggeist nicht paßt.

W.W.: Auf Island ist das möglich.

V. Staël von Holstein: Ja, das stimmt. Dort gehen die Menschen ganz selbstverständlich mit den Elementarwesen um, mit dem sogenannten „Kleinen Volk". – Sie wollen manchmal auch Tips haben, wie sie entsprechende Projekte verhindern könnten. Sie sprechen aber auch Dinge an, die außerhalb jeglicher menschlichen Reichweite liegen: „Wißt Ihr eigentlich, was es bewirkt, wenn Ihr eine Sonde auf den Mars schickt?" Dazu fällt uns natürlich zunächst gar nichts ein. Und dann fordern sie uns auf, es herauszubekommen, um später mit ihnen darüber zu reden.

W.W.: Die Kommunikation bezieht sich also auf eine Vielfalt von Dingen aus dem jeweiligen Lebensbereich des anderen, dessen Andersartigkeit man erst nach und nach begreift. Sicherlich stößt man hier auch häufig an Grenzen.

V. Staël von Holstein: Man stößt an ganz deutliche Grenzen, vor allem an Verständnisgrenzen. Einem Feuerwesen können Sie bestimmte Dinge überhaupt nicht klarmachen, weil sie seinem Naturell nicht entsprechen. In so einem Fall schweigen die Wesen vielleicht aus Höflichkeit, obwohl sie es nicht verstehen.

W.W.: Eine solche Höflichkeit kommt vor?

V. Staël von Holstein: Ja, durchaus. Wenn ich einem Feuerwesen klarmachen will, daß es mir wehtut, wenn es mir zu nahe kommt bzw. wenn ich eine Flamme berühre, dann kann es das zur Kenntnis nehmen, aber es versteht diesen Sachverhalt nicht, da es mir durch seine Berührung etwas Liebes will. Insofern haben diese Wesen auch häufig etwas sehr Kindliches. Daß Feuer schmerzt, ist für ein Feuerwesen nicht nachzuvollziehen. Denn für ein Feuerwesen ist Feuer Geist.

Zukunft und Vergangenheit

W.W.: Was können die Naturgeister vom Menschen überhaupt nicht verstehen?

V. Staël von Holstein: Hauptsächlich die Freiheit und alles, was damit zusammenhängt. Dasselbe betrifft die Liebe. Sie fragen nach dem Unterschied zwischen Naturgeistern und Menschen, sie wollen genau wissen, was die Menschen zu Menschen macht. Und sie drängen darauf, daß Menschen und Naturgeister den Weg in die Zukunft lieber gemeinsam gehen sollten. Sie wissen, daß etwas ganz Neues auf den Menschen zukommen wird.

W.W.: Können sie auch in die Zukunft schauen?

V. Staël von Holstein: Der Große kann es, und Etschewit auch. Aber sie können es nur in einem gewissen Rahmen, denn die Zukunft ist offen. Die Zukunft gestalten die Menschen.

W.W.: Aber gewisse Dinge nicht.

V. Staël von Holstein: Das wird jetzt sehr schwierig. So wie das Detail auf das Ganze einwirkt, so wirkt auch das Ganze auf das Detail. Zeit ist ein Phänomen, das mit den Menschen zu tun hat. Die Naturwesen stehen außerhalb der Zeit. Am klarsten bringt dies Kapuwu, der Steinerne, zum Ausdruck. Er spricht in einer sehr merkwürdigen Zeitform und drückt damit in etwa aus, daß alles schon längst passiert ist, auch wenn es noch in der

Zukunft liegt. Trotzdem können die Menschen die Zukunft gestalten. Die Menschen können sogar die Vergangenheit ändern.

W.W.: Wie verändert man denn die Vergangenheit?

V. Staël von Holstein: Indem wir leben und die Zukunft gestalten. Wenn man sich das wirklich klarmachen will, dann muß man schon sehr intensiv nachdenken, bis hin zur schmerzlichen Erfahrung, daß man das menschliche Bewußtsein in Frage stellen muß. Denn der Mensch erlebt sich nur in Raum und Zeit. Er hat ein gegenständliches und begrenztes Bewußtsein, mit dem er eine punktuelle diesseitige Gegenwart erfährt. Aber die Naturgeister leben nicht in der Zeit. Sie leben in einer andauernden Geistesgegenwart, und die ist für die Ewigkeit offen. Wenn man sich das konkret vorstellen will, dann wird es schwer. Vergangenheit, Gegenwart und Zukunft bleiben immer im Gleichgewicht, und wenn der Mensch etwas in der Welt durchführt, verändert er für die Naturgeister sowohl die Zukunft als auch die Vergangenheit. Wenn man das versteht, bekommt man ein Gefühl für Zeit und Ewigkeit.

Der Mensch steht in der Verantwortung

W.W.: Mich berührt besonders die schon angesprochene Trennwand zwischen den Menschen der heutigen Zeit und den Naturgeistern, vor allem die Verzweiflung der Naturgeister darüber, daß die Menschen sie nicht mehr wahrnehmen. Können Sie das noch ein wenig plastischer schildern, damit die Leserinnen und Leser auch verstehen, in welcher Verantwortung wir Menschen eigentlich stehen?

V. Staël von Holstein: Ohne die Naturwesen könnten wir gar nicht existieren. Die gesamte Erde würde ohne ihr Wirken zugrunde gehen. Sie schaffen unermüdlich im Werden und Vergehen der Natur: in der kleinsten Pflanze wie auch den großen Klimazusammenhängen. Die Naturwesen sind in den weisheitsvollen Gesamtzusammenhang der Natur eingebunden. Und damit sie im Sinne dieser Weisheit wirken konnten, stand an der Spitze ihrer Hierarchie immer ein Engelwesen bzw. ein Wesen einer höheren Hierarchie, das sie gewissermaßen anleitete und führte. Sie wirkten im Sinne dieser höheren Weisheit.

Heute aber verlagert sich die Verantwortung der Engel Schritt für Schritt auf die Menschen. Die Menschen sind für die Natur verantwortlich, sie müssen sich um die Erde und die Natur kümmern. Und sie sind für ihre eigenen Gedanken, Gefühle und Taten verantwortlich, mit denen sie ständig neue Wesen erzeugen. Dieser Verantwortung können die Menschen aber nur gerecht werden, wenn sie mit den Naturgeistern zusammenarbeiten, wenn sie von ihnen und ihren Aufgaben wissen. Und die Naturgeister brauchen diese Zusammenarbeit, damit sie ihre Aufgaben zum Wohl der Erde und der Menschheit erfüllen können.

Man kann die heutige Situation der Naturgeister mit der Arbeit in einer Firma vergleichen, die keine vernünftige Führungsspitze mehr hat. Weil die neue Führung sich ihrer Aufgabe nicht bewußt ist, wird es für die Naturgeister immer schwieriger, ihre Aufgaben zu erfüllen, denn sie sind eigentlich so strukturiert, daß sie angeleitet werden wollen. Die Naturgeister möchten bestätigt wissen, ob das, was sie tun, auch richtig ist. Sie möchten wissen, ob ihr Schaffen noch geeignet ist, diese Welt zu erhalten. Und nun kommen die Naturgeister und fragen: „Mache ich es richtig, Chef?“ Aber der Chef weiß nicht einmal, daß es sie überhaupt gibt.

Deshalb wäre es schön, wenn die Menschen nach und nach sensibler für gewisse Wahrnehmungen würden. Sie würden dann bemerken, daß sie hin und wieder von den Naturgeistern angestoßen werden, damit sie sich der Naturgeister bewußt werden. Die Menschen sollen aufwachen, ihr Leben überdenken und ihr Verhältnis zur Natur und den Naturgeistern ändern. In solche Situationen, die einem Weckruf gleichkommen, kommt der Mensch hin und wieder. Sie können auch von Engelwesen ausgelöst werden. Die Menschen müssen nur darauf aufmerksam werden, sonst verhallen die Rufe ungehört.

Ich habe einen guten Freund, von Beruf Förster, der manchmal das Gefühl hat, wenn er vor einem Baum steht, daß ihn jemand anschaut. Das ist eine anfängliche Beziehung zwischen Mensch und Naturwesen, die noch mehr unbewußt abläuft. Es gibt ja auch Menschen, die einen „grünen Daumen“ haben und sich im Einklang mit diesen Wesen verhalten, auch wenn sie nichts von ihnen wissen. Aber die meisten Menschen sind für die Naturwesen, ihr Wirken und unseren Zusammenhang mit ihnen vollkommen blind. Und das muß sich ändern.

Lernen, sich der Natur zu öffnen

Interview mit Friedrich Pfannenschmidt

von Wolfgang Weirauch

Friedrich Pfannenschmidt, *geb. 1959 in Peine. 1960 Umzug in die Wassermühle. Abitur (Gymnasium), zwei Jahre Bundeswehrzeit, Lehre, Ingenieursausbildung an einer Fachhochschule. Tätigkeit in der freien Wirschaft, tätig im öffentlichen Dienst. Verheiratet in zweiter Ehe, zwei Kinder.*

Stundenlang in den Fluß schauen

Wolfgang Weirauch: Hatten Sie in Ihrer Jugend auch Kontakte zu Elementarwesen?

Friedrich Pfannenschmidt: Nicht bewußt. Unbewußt hatte ich sicherlich zu ihnen Kontakt, denn mein Vater war geborener Landwirt und übte diesen Beruf mit Leib und Seele aus. Er besaß die Fähigkeit, in der Natur stundenlang still mit sich zu sein. Und da er mich oft bei sich hatte, habe ich diese Fähigkeit von ihm übernommen. Wahrscheinlich hat er mit Naturgeistern auf unbewußte Weise kommuniziert, nicht mit dem Kopf, sondern eher aus seinem Gefühl heraus. Viele seiner Entscheidungen traf er, nachdem er sich solche ruhigen Momente in der Natur gegönnt hatte. Und diese Art der Kommunikation habe ich auch von ihm übernommen.

W.W.: Was haben Sie und Ihr Vater empfunden, wenn Sie auf diese mehr unbewußte Art mit der Natur bzw. den Naturwesen kommunizierten?

F. Pfannenschmidt: Von meinem Vater habe ich gelernt, mehrere Stunden auf der Brücke zu stehen und in den Fluß zu schauen. Bei dieser Betrachtungsart öffnet man sich der Natur, und dabei haben wir mit allen verfügbaren Sinnen unbewußt und auch bewußt gelauscht. Aber man lauscht nicht nur, sondern empfängt mit allen Sinnen die Gesten der Natur, ob es nun Farben, Gerüche oder Geräusche sind. Die optischen Eindrücke sind dabei gar nicht einmal so wesentlich. Der Mensch ist normalerweise ein Augenwesen, und die optischen Eindrücke überlagern alle anderen Sinneseindrücke. Wenn ich auf diese Art mit der Natur kommuniziere, muß ich die optischen Reize bewußt herabdämpfen.

W.W.: Wie war es für Sie als Kind und Jugendlicher, hier in der Wassermühle in der Natur zu leben?

F. Pfannenschmidt: Ich könnte es mir nicht anders vorstellen. In späteren Jahren bin ich zwar auch herumgekommen, aber ich hatte nie den Drang, woanders als hier zu leben. Wenn wir bei Verwandten in der Stadt zu Besuch waren – daran kann ich mich noch gut erinnern –, dann war ich abends ziemlich erschlagen, weil ich die Sinneseindrücke und die großen Menschenansammlungen der Stadt gar nicht ertragen konnte. Das hat sich auch heute nicht verändert. Das Zusammenleben mit der Natur ist, solange meine Erinnerung zurückgeht, das Wichtigste in meinem Leben gewesen. Das ist für mich wichtiger als die Kommunikation mit Menschen. Die Menschen fliehe ich eher.

W.W.: Was änderte sich in Ihrer Einstellung zur Natur und vor allem zu den Naturwesen, als Sie Ihre Frau kennenlernten?

F. Pfannenschmidt: Das, was ich vorher eher unbewußt erlebte, und nicht in Begriffe hätte fassen können, konnte ich mit Hilfe meiner Frau auf einmal benennen. Ich habe gelernt, über Naturwesen zu sprechen. Ich habe gelernt, Worte und Bezeichnungen für die Naturwesen und ihr Wirken zu finden. Durch meine Frau lernte ich auch die Anthroposophie kennen und kam in einen bewußten Kontakt zum Christentum; beides war in meinem Elternhaus nicht üblich. Und mit einem Mal konnte ich meine Eindrücke, Empfindungen und Naturwahrnehmungen mit Begriffen benennen und konnte beginnen, intensiver darüber nachzudenken. Vorher konnte ich nur empfinden, mich wohl fühlen oder unwohl fühlen.

W.W.: Als Sie Ihre Gefühlseindrücke mit Namen und Begriffen benennen konnten, war dies für Sie wie ein Aufwachen aus einer Art Traum?

F. Pfannenschmidt: Mit dem Begriff Aufwachen verbindet man normalerweise einen sehr kurzen Augenblick. So kurz war dieser Zeitraum bei mir allerdings nicht, denn er zog sich schon über ein oder zwei Jahre hin. Gegen einiges habe ich mich anfänglich auch gewehrt. Das Fühlen war bequem, und wenn der Mensch mit einem Mal zum Nachdenken gezwungen wird, dann kann es auch lästig werden. Es war also kein Aufwachen, sondern eher eine Art Lehre.

Zusammenarbeit mit den Naturwesen

W.W.: Wie hat sich Ihr Kontakt zu den Naturwesen in den letzten Jahren verändert? Wie spüren Sie ihre Anwesenheit, wenn Sie z.B. am Fluß sitzen, etwas im Garten erledigen oder im Haus reparieren? Wie spüren Sie, daß Sie etwas im Sinne der Naturwesen Richtiges bzw. Falsches machen?

F. Pfannenschmidt: Wenn ich Veränderungen oder Erneuerungen an diesem Anwesen vorhabe – auf die laufenden Arbeiten bezieht sich das weniger –, dann spreche ich die Planung meiner Vorhaben vorher in groben Zügen laut vor mich hin, oder ich beziehe meine Frau mit ein. Wenn ich dies unterlasse und gleichgültig vor mich hinarbeite – gleichgültig in bezug auf das Geistige, nicht auf die Materie –, dann kann es geschehen, daß mir eine Arbeit nicht gelingt, weil sich Widerstände aufbauen.

Im Moment bin ich dabei, das Obergeschoß der Mühle zu reparieren. Alle Arbeiten bespreche ich, meist zusammen mit meiner Frau, mit dem zuständigen Hausgeist Müller. Ich erkläre ihm mein Vorhaben. Die grobe Linie ist seit langem klar, aber es gibt einzelne Verfahrensfragen, bei denen er durchaus eine andere Meinung hat als ich und bei denen wir oft auch ein wenig miteinander hadern, weil seine Ideen mich viel Arbeit kosten und teilweise auch mehr Material. Dann müssen wir versuchen, einen Kompromiß zu finden.

Müller ist das Haus. Und wenn es statische Probleme gibt, dann muß ich ihn schon fragen, denn sonst hat mein Tun wenig Sinn. Manchmal setze ich mich über das hinweg, was Müller will, und dann kann es schon vorkommen, daß ich hinterher die doppelte Arbeit habe.

W.W.: Weil etwas kaputtgeht?

F. Pfannenschmidt: Weil es nicht so geworden ist, wie ich es möchte, oder weil es nicht so geht, wie ich es möchte, oder weil ich trotz fünffachem Hinguckens eine Platte verkehrt herum angeschraubt habe. So etwas kommt vor. So werden einem Knüppel zwischen die Beine geworfen. Und dann muß man sich wieder besinnen. Es ist einfach vernünftig, mit den Naturwesen zusammenzuarbeiten.

W.W.: Sprechen Sie auch mit den jeweiligen anderen Wesen, wenn Sie etwas mit den Tieren machen, etwas am Fluß regulieren oder Veränderungen im Bruch vornehmen?

F. Pfannenschmidt: Ja. Bei den Tieren sind wir vor allem auf die Hilfe der Geistwesen angewiesen, wenn die Tiere sich nicht wohlfühlen. In diesem nassen Sommer hatten wir bei einigen Schafen Probleme mit den Hufen. Die Schafhufe nutzen sich normalerweise von selbst ab, und deswegen wachsen sie auch immer. Bei dem nassen und weichen Boden in diesem Jahr konnten sie sich nicht abnutzen. Dann wachsen die Hufe zu schnell, die Außenseiten stellen sich nach innen um, und die Schafe fangen an zu humpeln, weil sich Schmutz in den Hufen ansammelt. In solchen Fällen sprechen wir mit dem betreffenden Geistwesen, dem Braunen, ob es vernünftig ist, die Schafe für etwa eine Woche im Stall einzusperren, um sie auf trockenes Stroh zu stellen, damit sich die Hufe wieder konsolidieren können, nachdem sie beschnitten worden sind. Wir fragen auch, ob die Schafe sehr darunter leiden, im Stall zu stehen, da es nicht die Zeit ist, in der sie im Stall stehen sollten.

Plötzlich stellten sie Fragen

W.W.: Welche Aufgaben haben Sie bei dem Buchprojekt übernommen?

F. Pfannenschmidt: Ich übernahm die Rolle des Lesers. Meine Frau benutzt ein Diktierprogramm, und ich habe die täglichen Niederschriften kritisch geprüft und lektoriert. Ich habe sie mir auch selbst vorgelesen und zu verstehen versucht, was der Text enthielt. Manchmal waren die Inhalte mißverständlich, und dann habe ich mit den Augen eines außenstehenden Lesers versucht, die jeweiligen Wiedergaben verständlicher darzustellen. Teilweise mußte ich richtig kämpfen, um bei tiefschürfenden Zusammenhängen die richtigen Begriffe zu finden. Manchmal ist die Sprache in bezug auf das Geistige sehr unflexibel. Es war also meine Arbeit, die Gespräche mit den Naturwesen in Stil und Form zu bringen.

W.W.: Wie war es für Sie, als die Naturwesen begannen, Ihnen selbst Fragen zu stellen?

F. Pfannenschmidt: Das war für mich eine große Herausforderung. Einmal in der Woche, am Sonnabend, hatte meine Frau nicht das Diktierprogramm benutzt, sondern ich habe direkt in die Maschine getippt. Und während wir an einem Sonnabend wieder arbeiteten, kam plötzlich von dem Braunen die Frage, ob er mich einmal persönlich befragen dürfte.

Zuerst hatte ich einige Besorgnis, denn kein Mensch ist so reinen Wesens gegenüber der geistigen Welt, daß er sich ohne weiteres alles fragen lassen könnte, ohne in innere Schwierigkeiten zu kommen. Ich habe dann zurückgefragt, was dieses für Fragen sein würden und inwieweit sie ins Persönliche gingen. Aber dann wurde mir versichert, daß Fragen, die meine Persönlichkeit beträfen, selbstverständlich nicht gestellt würden. Auch nicht Fragen, die meine persönliche Freiheit beträfen oder in Frage stellten.

Dann kamen also die Fragen, und jede Woche stellte ein anderes Naturwesen eine Frage. Meist waren das Fragen, die ganz elementar waren und gleichzeitig recht aufrüttelnd, so daß ich überlegte, warum ich mir diese Fragen noch nie selbst gestellt hatte. In der Regel waren es Fragen, durch die den Menschen ein Spiegel vorgehalten wird. Je mehr dieser Fragen gestellt wurden, desto ansprechender und herausfordernder fand ich die Angelegenheit. Die Fragen wurden immer sonntags gestellt, ich trug sie dann eine Woche mit mir herum, und sonnabends habe ich sie dann beantwortet. Das hat große Freude gemacht.

W.W.: Ich habe die Fragenbeantwortung gelesen und finde, daß Sie die Fragen sehr gut beantwortet haben. Meist waren es Fragen, die auf den ersten Blick sehr einfach schienen, aber dann doch sehr viel erforderten, um sie ausführlich zu beantworten. Ich denke dabei z.B. an die Frage des Nassen, was der Unterschied zwischen stillem Wasser und dem Wasser mit Gas sei. Das sind Fragen, die man sich gewöhnlich nie stellt. Sie haben die Fragen sehr bildhaft beantwortet und trotzdem immer den Kern getroffen.

F. Pfannenschmidt: Das war auch nicht leicht, und ich trug jede Frage eine Woche mit mir herum. Natürlich habe ich nicht in jeder Minute daran gedacht, aber in stillen Stunden – und die habe ich immer, denn dafür sorge ich – habe ich darüber nachgedacht.

W.W.: Stellten die Wesen nach Beendigung Ihres Buchprojekts weiterhin Fragen?

F. Pfannenschmidt: Das hat nach Beendigung des Projekts aufgehört. Zuerst waren wir auch froh, daß es vorbei war, denn es war sehr anstrengend. Aber ich kann mir gut vorstellen, daß es irgendwann einmal wieder anfängt. Ich wäre auch durchaus bereit dazu. Es hat auch hin und wieder schon Anfragen seitens der Elementarwesen gegeben.

W.W.: Haben Sie bemerkt, ob die Wesen mit Ihren Antworten zufrieden waren?

F. Pfannenschmidt: Mit meinen Antworten waren sie meistens zufrieden, allerdings waren sie oft nicht mit den Menschen zufrieden, über die ich ihnen berichten mußte. Denn ich mußte ihnen immer wieder über Gebräuche und Eigenarten der heutigen Menschen berichten, die ihnen nicht gefielen. Ich erinnere mich vor allem an das Gespräch mit dem Steinernen über den ausufernden Gebrauch des Auflegens und angeblichen Heilens mit Halbedelsteinen, was der Steinerne für sehr bedenklich hält.

Ein Quell der Beruhigung

W.W.: Welche Aufgabe übernehmen Sie, wenn Ihre Frau mit dem Großen spricht?

F. Pfannenschmidt: Ich wirke mäßigend auf sie ein und sehe mich als Fels in der Brandung. Durch meine körperliche Statur bin ich Gott sei Dank ein sehr gesunder Mensch, bin auch sehr an das Irdische gebunden, und ich habe nicht den bewußten Zugang zur geistigen Welt wie meine Frau. Wenn meine Frau mit dem Großen spricht, bin ich für sie ein Quell der Beruhigung. Ich halte ihre Hand oder berühre sie an der Schulter. So gebe ich ihr eine Art Stütze, sowohl körperlich als auch seelisch. Es ist durchaus auch schon vorgekommen, daß ich den Großen gebeten habe, es gut sein zu lassen, weil meine Frau anfing, sich zu sehr aufzulösen.

W.W.: Während der zwölf heiligen Tage und 13 heiligen Nächte haben Sie die gesamten Gespräche übernommen. Wie kam es dazu?

F. Pfannenschmidt: Das kam durch eine Absprache mit den Naturwesen zustande, und es war für mich eine großartige Erfahrung. Es war auch eine sehr dichte geistige Stimmung, und ich habe bis jetzt bei keiner Menschenweihehandlung der Christengemeinschaft so viel mitgenommen wie bei diesen Weihnachtsgesprächen.

Sie wollen nicht angebetet werden

W.W.: Können Sie allgemein schildern, wie Sie Ihre Stellung als Bindeglied zwischen Mensch und Natur, zwischen Mensch und Naturwesen sehen?

F. Pfannenschmidt: Ich bin derjenige, der meine Frau aufhebt, wenn sie einmal zu schwach geworden ist, und der sie auch einmal runterzieht, wenn sie anfängt zu schweben. Beides ist schon vorgekommen. Ich versuche, die Zusammenarbeit mit den Naturwesen ins Praktische zu übertragen, weil ich das für dringend notwendig halte. Denn die Elementarwesen, die Haus- und Schutzgeister wollen nicht angebetet werden, sondern sie wollen in ihren Belangen respektiert werden. Sie möchten in das Wirken der Menschen einbezogen werden, sie möchten die Menschen beraten, weil diese zur Zeit viele Dinge nicht mehr wissen. Vor allem möchten sie selbst erfahren werden, denn das ist die Voraussetzung: daß die Menschen wissen, daß es die

Mühlenwehr

Naturgeister gibt. Und ich sehe es als meine Aufgabe, den Umgang mit den Geistwesen vom Altar herunterzuholen und an den Küchentisch ins tägliche Leben zu führen.

W.W.: Können Sie darüber mit anderen Menschen sprechen?

F. Pfannenschmidt: Wenn ich gefragt werde, antworte ich. Es gibt einige Menschen, mit denen ich darüber sprechen kann. Andere stellen mir Fragen, wollen aber im Grunde keine Antworten haben. Wieder andere fragen mich überhaupt nicht und halten mich vielleicht für ein wenig verrückt. Oder sie gehen nicht mit mir um, weil sie die ganze Angelegenheit als suspekt betrachten.

Aber ich will auch gar nicht den Kontakt zu vielen Menschen. Menschen belasten mich meist stark, vor allem größere Menschengruppen. Ich nehme auch die Stimmung in einer Menschengruppe sehr direkt wahr, und das ist mitunter äußerst unangenehm. Manchmal bekomme ich sogar Schweißausbrüche, Kopfschmerzen und Magenschmerzen. Insbesondere geschieht das, wenn innerhalb einer Menschengruppe eine lügnerische Stimmung entsteht. Wenn ein Mensch in einer Menschengruppe etwas vorträgt, der ehrlichen Herzens ist, dann empfinde ich es dagegen als schön. Wenn dann aber jemand aufsteht, der mehr auf seine eigenen Vorteile bzw. seine Eitelkeit bedacht ist oder offensichtlich die Unwahrheit sagt, dann schlägt meine Stimmung sehr schnell um, und ich muß mich zwingen, nicht hinauszulaufen.

W.W.: Was haben Sie persönlich durch den Umgang mit den Naturgeistern gelernt?

F. Pfannenschmidt: Ich habe mittlerweile eine viel größere Achtung vor der Schöpfung. Die Fähigkeit zur Demut ist vom Unbewußten ins Bewußte gewachsen.

W.W.: Sehen Sie weitere Zukunftsaufgaben für sich?

F. Pfannenschmidt: Ich möchte mithelfen, daß meine Kinder aus ihrer persönlichen Freiheit heraus zu einem verantwortungsvollen Umgang mit ihren Mitmenschen und mit der Erde kommen. Ich möchte ihnen eine genauso schöne Kindheit hier ermöglichen, wie ich sie an diesem Ort hatte. Im übrigen müssen wir alle unseren Teil dazu geben, daß sich die Menschheit weiterentwickelt.

W.W.: Wenn sich jetzt einzelne Leserinnen und Leser auf den Weg machen möchten, mit Naturwesen in Kontakt zu kommen; was können Sie ihnen raten, und wovon raten Sie ihnen ab?

F. Pfannenschmidt: Wer den Kontakt sucht, darf ihn nicht wollen. Erzwingen kann man nichts. Der klassische Einweihungsweg ist auch mit vielen körperlichen und geistigen Schmerzen verbunden. Man muß es lernen, sich der Natur zu öffnen. Und allein das wird schon für viele Menschen ein Problem sein. Viele Menschen werden Angst haben, daß irgendein Wesen zu viel von ihnen erfährt. Mit dieser Angst muß man von vornherein versuchen fertigzuwerden. Die habe ich auch zeitweise gehabt. Wer gibt schon gerne die dunklen Seiten seines Wesens preis? Wenn man die Wesen zuläßt, dann bemerken sie nach und nach alles an einem. Dagegen kann man sich überhaupt nicht wehren. Aber wie ich schon sagte, die Wesen wollen nicht angebetet werden, sondern sie wollen mit den Menschen zusammen der Erde etwas Gutes tun.

Die beteiligten Naturwesen

Der Große: Mitglied der Hierarchien, den Menschen und ihrer Freiheit verbunden, Bewahrer der guten Kräfte.

Kapuwu, der Steinerne: dem Stein verbunden, Bewahrer des Bodens der Gegend.

Etschewit, der Nasse: Nöck, dem Wasser verbunden, Schutzgeist und geistiger Ausdruck des Wassers im Flußtal.

Walliniju, der Luftige: der Luft verbunden, übergeordnete Instanz der Luftgeister des Flußtals.

Echnaton, der Feurige: dem Feuer verbunden, Bewahrer des häuslichen Feuers.

Müller: dem Holz verbunden, Hausgeist der Wassermühle.

Quadrom: Hausgeist des Obergeschosses der Wassermühle, zuständig für die Heizung.

Kollii, der vom Bruch: Moorgeist, dem feuchten Wald verbunden, Schutzgeist des Bruchwaldes.

Gnunno, der Grüne: den Pflanzen und Bäumen verbunden, übergeordnete Instanz.

Der Braune: den Stalltieren verbunden, Schutzgeist der Stalltiere der Gegend.

Eichbine: den Eichen verbunden, Schutzgeist der Eichen des Dorfes.

Madelein, die Kieferndame: den Kiefern verbunden, Schutzgeist der Kiefern auf einem nahegelegenen Ödland.

Mondlicht, die Silberne: dem Silber verbunden, ehemals Schutzgeist einer Silbermine im Harz.

Das Papierwesen: dem Papier verbunden, geistiger Aspekt allen Papiers, welches Information trägt.

Knut, der Sandige: dem Sand verbunden, ungleicher Bruder des Steinernen.

Glasmännchen: Bewahrer des Glases auf irdischer und feinstofflicher Ebene.

Kahain, das Salzkind: dem Salz verbunden, Aspekt der Salzstöcke der Gegend.

Was die Naturgeister uns sagen

Interview mit 17 Naturwesen

vermittelt durch Verena Staël von Holstein
von Wolfgang Weirauch

1. Müller, der Hausgeist

Wolfgang Weirauch: Ich möchte mich bei Euch bedanken, daß Ihr alle anwesend seid und mit mir sprecht.

Verena Staël von Holstein: Der Dank ist ganz auf der Seite der Geistwesen, denn mit diesem Gespräch wird eines ihrer Grundbedürfnisse der heutigen Zeit befriedigt: Sprechen!

W.W.: Hallo Müller, guten Tag.

Müller: Guten Tag.

W.W.: Wie alt bist Du, und woher stammst Du, wo wurdest Du geboren?

Müller: Ich bin eigentlich ein Baumgeist und bin 1267 im Bayerischen Wald geboren, und zwar als Eiche. Dort bin ich großgeworden und stand als Baum dicht mit anderen Bäumen zusammen. Ich wurde dann gefällt, kam auf einem langen nassen Weg nach Norddeutschland und wurde hier in dieser Mühle 1306 als Balken eingebaut.

Aus dem Ätherleib der Erde hervorkommen

W.W.: Wie wird ein Baumgeist geboren?

Müller: Der Baumgeist wird in dem Moment geboren, in dem die Eichel ausschlägt. In diesem Moment wird aus dem Grundlager der Baumgeister ein neuer geschaffen. Vorher sind die Baumgeister auf einer anderen geistigen Ebene. Vorher befinden wir uns im Ätherleib der Erde, und dann kommen wir aus ihm hervor.

W.W.: Bleibt denn ein solcher Baumgeist mit einer gefällten Eiche und den aus ihr geschaffenen Balken verbunden?

Müller: Ja, und zwar so lange, bis sich die Balken vollständig aufgelöst haben.

W.W.: Wie waren die Menschen im 13. Jahrhundert? Was war bei ihnen anders, verglichen mit den Menschen von heute?

Die Menschen waren früher ganz anders

Müller: Die Menschen waren ganz anders. Sie waren viel mehr wie Herdentiere. Sie hatten andere Augen, sie hatten nicht so viel Licht in den Augen. Sie haben anders gerochen, sie hatten Gruppengerüche. Sie waren eher wie eine Hammelherde, die von einem Leithammel geführt wurde. Sie waren wie Baumäste. Der Baum hatte Äste, und wenn der unterste Zweig abbrach, rutschte ein neuer nach. Aber die Menschen blieben immer in dieser gleichen Gruppengestalt. Ich habe die Menschen des 13. Jahrhunderts als Gruppen erlebt, als Angehörige eines Stammes.

W.W.: Und wie sind sie heute?

Müller: Heute sind die Menschen alle wie einzelne Bäume.

W.W.: Und was gefällt Dir besser, Müller?

Müller: Mir gefallen die Menschen von heute besser.

W.W.: Warum?

Müller: Weil es so richtig ist.

W.W.: Auf welche Weise bist Du mit dieser Mühle verbunden?

Müller: Ich bin das Haus.

W.W.: Kannst Du bitte ein wenig über Deine Aufgaben in diesem Haus erzählen?

Müller: Ja, gerne. Ich sorge dafür, daß das Haus ein Haus bleibt. Ich sorge dafür, daß es nicht auseinanderfällt, daß der Boden gerade bleibt und daß die Balken gerade bleiben – die Balken sind meine wichtigste Aufgabe. Ich bin dazu da, alles zu überprüfen. Ich überprüfe in meinem Haus jeden Tag alles, jedes einzelne Stück von oben bis unten. Dabei schaue ich nach, ob das jeweilige Stück noch gebrauchsfähig ist, ob die Menschen es noch brauchen oder ob nur ich es noch brauche. Beides ist nämlich ein qualitativer Unterschied.

Dann kümmere ich mich um den Kontakt zu dem Angrenzenden: Das sind einerseits die Menschen, andererseits ist es z.B. Etschewit, der Nasse. Dieser Kontakt zu den angrenzenden Bereichen muß gut sein. Das sind meine Hauptaufgaben, und es ist ein füllendes Programm.

W.W.: Woher stammt der Name Müller?

Müller: Den habe ich mir ausgedacht.

W.W.: Warum?

Müller: Weil er paßt.

W.W.: Treibt Ihr mit den Menschen Schabernack?

Müller: Gerne. Das macht Spaß. Wir stellen ihnen z.B. einen Fuß oder kippen etwas um. – Was ich gerne tue, ist kochen. Kochen ist spannend. Ich würde so gerne einmal selbst essen. Aber das geht leider nicht.

„Es riecht so gut“

W.W.: Was passiert, wenn Du kochst? Was nimmst Du wahr, wenn ein Mensch kocht? Was nimmst Du wahr, wenn ein Mensch ißt?

Müller: Ich habe erlebt, wie die Menschen früher kochten und wie sie jetzt kochen. Dabei hat sich einiges verändert. Wie aus Pflanzen und Tieren Nahrung wird, ist ein ganz besonderer Prozeß. Fast immer verwendet Ihr dazu Feuer. Dadurch bringt Ihr die Liebe bzw. die geistige Welt mit dem Essen in Verbindung. Dadurch verändert sich das Essen entscheidend. Und diesen Prozeß zu beobachten hilft mir, viel von den Wandlungsprozessen zu verstehen. Außerdem macht es einfach Spaß, etwas schön zu gestalten. Wenn die Nahrung gut ist, hilft sie dem Menschen. Wenn sie dagegen schlecht gekocht wird, macht sie den Körper krank.

Dieses Zusammenspiel zwischen Nahrung und Gesundheit und Krankheit ist ähnlich wie der Aufbau eines Hauses. Wenn der Mensch besser begreifen würde, seinen Körper wie ein Haus zu betrachten, würde er nicht so viel Schindluder mit seinem Körper treiben. Das tut er immer dann, wenn er dem Körper komische Stoffe zuführt. Wenn Du Kaffee trinkst, machst Du Deine Nerven wund. Das kann ich als Hausgeist sehen. Sie werden rot.

W.W.: Also soll ich weniger Kaffee trinken?

Müller: Das ist mir egal.

W.W.: Was bedeutet es, daß die Nerven rot werden?

Müller: Daß sie nicht gesund sind, daß sie nicht so gut funktionieren können, als wenn sie grün wären.

Ihr dürft den Körper nicht mit Euren anderen Wesensgliedern identifizieren. Hier macht Ihr Menschen sehr viele Fehler. Der Körper ist wichtig, er gibt dem Menschen ein Haus, und das Schlimmste, was man dem Körper zufügen kann, ist Rauch. Wenn Ihr dem Körper Rauch zuführt, führt Ihr ihm den Tod zu. Für den Körper ist Rauch das Schlimmste: Zigaretten, oder wie immer Ihr das nennt. Mit Zigaretten versucht Ihr, das Materielle noch materieller zu machen. Mit der Nahrung verändert Ihr Euer ganz persönliches Haus. Das ist für uns sehr spannend anzuschauen, vor allem dann, wenn dieses Haus verschönert wird.

W.W.: Wie ist es für Dich, den Wunsch nach Essen zu haben, aber nicht essen zu können?

Müller: Das riecht so gut. Und deshalb möchte ich es auch einmal schmecken können. Gerüche kann ich wahrnehmen, Geschmack aber nicht. Wir Geistwesen können nicht essen. Diese Art der Nahrungsverwandlung können wir nicht durchführen, würden es aber gerne einmal tun.

Einmal Mensch sein?

W.W.: Möchtest Du gerne einmal einen Tag lang ein Mensch sein?

Müller: Ja und nein. Eigentlich schon. Allerdings glaube ich nicht, daß ich ein Mensch werden kann. Aber es mag irgendwann kommen.

W.W.: Mit welchen Geistwesen bist Du befreundet?

Müller: Mit Etschewit, dem Nassen, mit Kapuwu, dem Steinernen, und mit dem Braunen schon sehr lange. Mit Etschewit allerdings noch viel länger. Etschewit war vor mir und wird nach mir sein. Eigentlich bin ich mit allen befreundet. Seit einiger Zeit haben wir das Silberwesen hier; das ist schön! Ich habe gar nicht gewußt, daß Metalle so schön sein können.

W.W.: Kannst Du Dich von diesem Haus entfernen? Und wenn Du Dich entfernst, wird dann Deine Substanz dünner?

Müller: Ich kann mich vom Haus entfernen, aber das ist für das Haus nicht so gut. Ich kann in ein Stück Holz hineingehen und mit diesem Stück Holz irgendwo hingebracht werden. Hin und wieder mache ich das und fahre mit meinen Menschen irgendwo hin, und zwar dann, wenn sie etwas Spannendes machen.

W.W.: Was geschieht während Deiner Abwesenheit mit dem Haus?

Müller: Ich beauftrage die zwei Subs, die am nächsten unter mir stehen, und erhöhe sie für die Zeit meiner Abwesenheit in ihrer Kompetenz. Aber meine Abwesenheit darf nicht zu lange sein. Es kommt vor allem auf die Konstellation der Gestirne an, wie lange ich abwesend sein kann.

W.W.: Wie lange kann Deine Abwesenheit vom Haus sein?

Müller: Maximal 62 Stunden. Zu manchen Zeiten ist es allerdings überhaupt nicht möglich.

W.W.: Kann es geschehen, daß Du nicht mehr zu diesem Haus zurückkommen kannst, falls z.B. das Stück Holz, mit dem Du gereist bist, verbrannt wird?

Müller: Ja.

W.W.: Muß das Holz von den Menschen zurückgetragen werden?

Müller: Ja.

W.W.: Du mußt also mit den Menschen einen Vertrag machen, der Dir garantiert, daß sie Dich auch wieder zum Haus zurückführen?

Müller: Ja. Meinen Menschen kann ich trauen.

Die Anderen versuchen, Menschenwerke zu zerstören

W.W.: Wie nennst Du die Widersachermächte?

Müller: Die Anderen.

W.W.: Wie hältst Du die Anderen, z.B. Dämonen, von diesem Haus fern?

Müller: Indem ich stärker bin.

W.W.: Kannst Du mir näher erklären, was geschieht, wenn die Anderen auf das Haus zukommen?

Müller: Die Anderen versuchen hauptsächlich, Menschenwerke kaputtzumachen. Warum das so ist, interessiert mich eigentlich nicht. Dafür sind die Anderen zuständig. Hier in dieser Mühle wohnen gute, aufstrebende Menschen, und deswegen ist es mein besonderes Anliegen, den Anderen so viel wie möglich Steine in den Weg zu legen.

W.W.: Warum wollen die Anderen Menschenwerke zerstören?

V. Staël von Holstein: Er zuckt richtig mit der Schulter.

W.W.: War diese Frage ungewohnt?

V. Staël von Holstein: Sie erscheint ihm relativ sinnlos.

W.W.: Warum?

Müller: Es erscheint mir deswegen sinnlos, weil diese Zusammenhänge für mich keinerlei Bedeutung haben und weil es mich nicht beschäftigt. Mich beschäftigt die Abwehr der Anderen, soweit ich sie durchführen kann. Wenn die Anderen mir unterlegen sind, kann ich sie abwehren, aber das Warum dieser Zusammenhänge ist eine menschliche Frage. Es ist nötig, daß ich die Anderen abwehre, also tue ich es.

W.W.: Wie kann man als Mensch erkennen, ob in einem Haus die Anderen Einzug gehalten haben?

Müller: Das kann man als Mensch relativ einfach erkennen. Wenn man in ein Haus hineinkommt, in dem man sich unwohl fühlt, ist etwas in Unordnung mit der Bausubstanz. Und wenn etwas in Unordnung ist, dann sind immer die Anderen vorhanden. Chaos ist die Seite der absteigenden Mächte, der Anderen. Die aufsteigenden Mächte ordnen, sonst gäbe es keine aufsteigende Entwicklung.

Spukschlösser

W.W.: Hat jedes Haus einen Hausgeist?

Müller: Ja und nein. Es gibt Häuser, die sind so schlecht, daß dort kein Hausgeist einziehen will.

W.W.: Ich war gerade in Afghanistan und habe in Kabul Zehntausende von zerstörten Häusern gesehen. Haben auch diese Häuser einen Hausgeist?

Der Große: In Afghanistan gibt es eine sehr große Menge von wohnungslosen Hausgeistern, und das ist eines der größten Probleme dieses

Landes. Dort gibt es eine ganz alte Kulturlandschaft. Aber dort werden jetzt Spukschlösser, astrale Spukschlösser gebaut, die dazu führen, daß die dort lebenden Menschen diese astrale Spuksubstanz in sich aufnehmen müssen. Dieser Spuk kann aber auch eine positive Veränderung bringen. Zerstörung trägt auch die Möglichkeit in sich, etwas Neues zu schaffen. Es kann sich etwas Neues aus den alten Werten entwickeln. Dieser Wert wird in dem jeweiligen Ort bewahrt, und es ist die Aufgabe des Ortes zu bewahren, was in ihm geschehen ist. In den Gebieten Afghanistans, aus denen sich die persische Kultur nach Norden verzogen hat, muß der Mensch die alte Kultur erhöhen, an der Senkrechten spiegeln, dann kann dort etwas Großartiges und Neues wachsen.

Ansonsten sind die Ortswesen hier, abgesehen von mir, mit einer solchen Frage überfordert.

V. Staël von Holstein: Der Große mischt sich immer ein, wenn eine Frage auftaucht, die die anderen nicht beantworten können.

Die Wochentage

W.W.: Müller, kannst Du bitte einmal darstellen, ob Du an den verschiedenen Wochentagen unterschiedliche Aufgaben hast?

Müller: Ja, natürlich. Die Wochentage entsprechen geistigen Prinzipien, und natürlich mache ich am Silbertag etwas anderes als am Sonntag. Es ist sehr schlimm, daß die Menschen vergessen haben, an welchem Tag die Woche beginnt.

W.W.: Du meinst, daß die Woche mit dem Sonntag beginnt.

Müller: Ja. Die Woche beginnt mit dem Licht. Am Sonntag ist das Licht. Am Sonntag wird die Woche aus der Ruhe heraus geplant. An diesem Tag mache ich nicht viel, denn an diesem Tag lasse ich die Kräfte von oben hereinwirken. Ich warte auf das Licht, auf die Ideen.

Am Montag blicke ich zurück und besinne mich auf die aus dem Kosmos herabgeträufelten Ideen vom Sonntag. Der Dienstag ist der Tag des Handelns, und es werden die neuen Sachen angegangen. Am Mittwoch werden sie diskutiert, weil die ersten Fehler aufgetreten sind. Am Donnerstag ist hoffentlich wieder die Ruhe eingekehrt. Am Freitag muß ich schön sein, und am Sonnabend machen wir ...

W.W.: ... Rückblick!?

Müller: Nein. Zwar halten wir auch einen Rückblick, aber vor allem machen wir kaputt, was zerstört werden soll. Natürlich wird nur das Falsche zerstört. Wir räumen also auf.

„Ich stülpe mich um“

W.W.: In Eurem Buchprojekt sprecht Ihr alle hin und wieder von Eurem Schutzraum. Was ist Dein Schutzraum, Dein Refugium?

Müller: Das ist das umgeklappte Selbst von mir, der Punkt, an und in dem ich von außen nicht berührt werden kann. Es ist der Punkt, an dem ich durch die Wirklichkeit hindurch auf die andere Seite gehe. Ich gehe dann in den Nichtäther hinein.

W.W.: Wo ist Dein Refugium?

Müller: In der Mühle.

W.W.: Und wo dort?

Müller: Überall in der Mühle. Wenn ich schlafe, spanne ich mich z.B. irgendwo in der Mühle auf, oder ich lege mich auch zu meinen Menschen ins Bett. Aber wenn ich ins Refugium gehe, dann schlafe ich nicht. Dann stülpe ich mich um. Das ist so, wie ein Quadrat zu einem Kreuz wird, wenn man es umstülpt. Ich setze dann die Außenseite nach innen und die Innenseite nach außen. Dann bin ich im Gegenraum und kann mich regenerieren.

W.W.: Und was tust Du, wenn Du schläfst?

Müller: Dann entspanne ich.

W.W.: Wie oft schläfst Du, wie oft wachst Du?

Müller: Nachts habe ich eine andere Aktivität als tagsüber, und die Aktivität während der Nacht kann man schon mit dem menschlichen Schlafzustand vergleichen. Ins Refugium allerdings gehe ich nicht allzu oft; meistens sonntags.

W.W.: Und ist der Schlafanteil prozentual etwa so wie bei den Menschen?

Müller: In etwa.

W.W.: Kannst Du den Raum an sich beschreiben, den Raum, in dem wir Menschen leben?

Müller: Welchen Raum meinst Du?

W.W.: Den Raum der physischen Wirklichkeit.

Müller: Ich verstehe die Frage nicht richtig.

W.W.: In der physisch-materiellen Welt können z.B. nicht zwei Menschen auf einem Stuhl sitzen, während sich Geistiges durchdringen kann. Und alles Physisch-Materielle unterliegt den Gesetzen des Raumes. Diesen Raum meine ich.

Müller: Das ist bei uns anders, denn wir können ohne weiteres zu zweit auf einem Stuhl sitzen. Für mich ist Raum das, um das ich mich kümmere. Raum ist das, was mein Haus umschließt, und das betrifft auch den physikalischen Raum, über den Ihr Menschen Euch Vorstellungen macht. Alles, was von Materie umschlossen ist, ist Raum. Materie braucht Raum, Materie kann nicht ohne Raum existieren. Das weißt Du doch.

W.W.: Natürlich, aber ich stelle in Interviews oft Fragen, deren Antwort ich schon weiß. – Hast Du ein anderes Gefühl, wenn Du aus Deinem Raum in den Gegenraum wechselst?

Müller: Ja.

W.W.: Kannst Du es beschreiben?

Müller: Mit menschlichen Worten wird das schwer. Ich gehe durch das Licht hindurch. Und dann bin ich nicht mehr. Es ist wie totale Ruhe. Diese Beschreibung trifft es vielleicht noch am ehesten, wenn die Menschen das verstehen sollen. Und dann gebe ich die Verantwortung ab.

W.W.: Und wenn Du Deine Verantwortung abgibst, gibst Du sie immer an Deine beiden Subs?

Müller: Ja, immer an diese beiden. Und wenn sie ihre Ruhephase haben, übernehme ich ihre Verantwortung.

W.W.: Und sie machen keine Fehler?

Müller: Doch, manchmal schon.

W.W.: Und was machst Du dann mit ihnen? Schimpfst Du mit ihnen?

Müller: Sozusagen. Das ist nicht soviel anders als bei Euch Menschen. Ich muß dann alles wieder geradebiegen.

W.W.: Wenn Du eine Aufgabe im Haus erledigst, bist Du dann immer mit Deinem Bewußtsein ganz dabei, oder kannst Du gleichzeitig auch an etwas anderes denken? Wobei ich nicht weiß, ob Denken das richtige Wort ist.

Müller: Ja, Denken ist das richtige Wort. Wir denken durchaus. Wir nehmen auch an den allgemeinen Gedanken teil. Deine Frage kann ich mit Ja und Nein beantworten, denn es kommt auf die Aufgabe an. Wenn es etwas Schwieriges ist, bin ich ganz dabei. Wenn es nur etwas im Regiebetrieb ist, kann ich es nebenbei erledigen.

W.W.: Das ist ja ähnlich wie bei den Menschen.

Müller: Ja, wir sind uns nicht sehr unähnlich.

„Ihr seht sehr wenig"

W.W.: Kannst Du Dir vorstellen, mit menschlichen Augen nur das Physisch-Materielle zu sehen, nicht aber das Geistige?

Müller: Das habe ich schon probiert, und das finde ich langweilig.

W.W.: Wie hast Du denn das gemacht?

Müller: Ich habe bei Verena durch die Augen gesehen. Das ist eine unbefriedigende Tätigkeit.

W.W.: Wahrscheinlich ist es so, als verschwände der größte Teil Deiner Welt?

Müller: Genau. Aber es hat einen Vorteil, denn man sieht die Schönheit der Materie besser. Denn es gibt auch eine äußere, nicht nur eine innere Schönheit. Das habe ich dadurch gelernt, als ich wie ein Mensch geguckt habe. Vielleicht ist es vergleichbar mit der Unterscheidung zwischen dem Sehen und dem Schauen des Menschen. Wenn wir gucken wie Ihr, dann sehen wir zum ersten Mal unser Tun von außen, ansonsten schauen wir. Beim Schauen ist das Geistige inbegriffen. Es ist sehr wenig, was Ihr mit Euren physischen Augen seht.

W.W.: Was sind Menschen für Dich für Wesen?

Müller: Das ist eine schwere Frage. Welche Menschen meinst Du? Meine Menschen hier sind mir sehr vertraut. Wir leben miteinander, wir sind eine Familie; natürlich nicht im biologischen Sinne, sondern im geistigen. Die meisten anderen Menschen interessieren mich nicht. Zur Zeit interessierst Du mich, weil Du in meinem Haus bist. Und dann gibt es noch einen Menschen in Hamburg, der mich ebenfalls interessiert, denn er hat etwas mit diesem Haus zu tun. Ich werde von den anderen Naturwesen beneidet, weil meine Menschen mit mir umgehen.

Dem Hausgeist ein Opfer bringen

W.W.: Es gibt sicherlich kaum Menschen, die so bewußt mit ihrem Hausgeist umgehen.

Müller: Ja, gibt es nicht. Der normale Mensch kann sehr viel tun, um einem Hausgeist zu helfen, auch wenn er ihn nicht sieht. Er kann ihm z.B. hin und wieder etwas Nettes hinstellen. Und dann sollte er sagen: „Das ist für Dich. Das finde ich schön. Und deshalb stelle ich es Dir hin."

W.W.: Was magst Du denn am liebsten?

Müller: Ich mag das am liebsten, was der Mensch am liebsten mag. Das ist ein ganz wichtiger Punkt. Wenn ein Mensch sehr gerne Wasser trinkt, dann sollte er dem Hausgeist Wasser hinstellen, wenn er unheimlich gerne Champagner trinkt, sollte er ihm ein Glas Champagner hinstellen. Wenn er dagegen sehr gerne Zwieback ißt, dann sollte er dem Hausgeist ein Stück Zwieback hinlegen. Es kann auch Kaviar sein. Es kommt nicht darauf an, was es ist, sondern wie es gegeben wird. Ich teile Eure Sympathien und Antipathien. Wenn Ihr mir sympathisch entgegenströmt, macht Ihr mich dick und rund.

W.W.: Wenn der Mensch Dir eine Nahrung hinstellt, was soll er damit später tun?

Müller: Wenn es verschimmelt ist, kann er sie wegschmeißen. Aber sie sollte möglichst eine Weile stehenbleiben.

W.W.: Wie lange?

Müller: Meine Menschen stellen die Getränke immer solange hin, bis sie eingetrocknet sind. Das finde ich in Ordnung. Wenn sie allerdings ekelhafte Schimmelschichten bekommen, sollte man sie wegschütten. Die Untergrenze ist eine Nacht lang, die Obergrenze ist offen.

W.W.: Gibt es einen Hausgeist in dem Haus, in dem ich wohne?

Müller: Ja.

W.W.: Was ist das für einer?

Müller: Ein blondes Wesen.

W.W.: Was kann ich für ihn tun?

Müller: Bei Dir wäre es am besten, wenn Du ihm mal eine Tasse Kaffee hinstellst, aber bitte ganz süß, denn das hat er gern.

W.W.: Wie alt ist dieser Hausgeist?

Müller: 300 Jahre.

W.W.: Und wo kommt er her?

Müller: Aus einem Ort der Geest, der mit -by endet. Paaseby, gibt es das?

W.W.: Keine Ahnung.

Müller: Das ist sehr schwer, diesen Ort genau zu nennen.

W.W.: Ist er genau wie Du ein ehemaliger Baumgeist?

Müller: Nein, er ist aus dem Stein geworden. Er kommt aus dem Fundament. Das muß ein Findling sein.

W.W.: Und was für ein Hausgeist lebt im Haus meiner Frau?

Müller: Der mag Dich nicht.

W.W.: Warum nicht?

Müller: Weil Du ihn geärgert hast. Du hast etwas verändert, irgend etwas mit einer Tür. Er ist klein, er ist rundlich und an sich ganz gemütlich. Aber er hat Dich auf dem Kieker, weil Du ihn geärgert hast. Hast Du eine Tür angemalt oder so etwas Ähnliches?

W.W.: Keine Ahnung. Ich habe den Flur um die Tür herum weiß gestrichen.

Müller: Irgend etwas dabei hat ihn gestört.

W.W.: Wie kann ich ihn besänftigen?

Müller: Stell ihm Vollmilchschokolade hin.

„Freiheit ist gefährlich"

W.W.: Wenn Du jetzt einmal alle Menschen betrachtest; wo liegen ihre Stärken, wo liegen ihre Schwächen?

Müller: Ihre Stärke ist die Freiheit, ihre Schwäche ist, daß sie so unbewußt sind. Sie können nicht mit ihrem Ich umgehen. Sie unterscheiden nicht zwischen ihrem Ätherleib und ihrem Ich. Die meisten Menschen empfinden ihr Ich als nicht existent; sie geben sich mit dem Ätherleib zufrieden. Und das ist ihre absolute Schwäche.

W.W.: Und wie empfindest Du die menschliche Freiheit?

Müller: Gefährlich. Nach unseren Recherchen ist die menschliche Freiheit die Grundbedingung für die Liebe. Denn die Liebe ist nur auf Grundlage echter Freiheit möglich. Und deswegen ist die Freiheit so wichtig, denn wenn die Liebe nie kommt, kann die Erde nicht mehr werden, als sie schon ist. Sie bleibt dann Materie.

W.W.: Sind die Menschen heute freier als z.B. im 13. Jahrhundert?

Müller: Nein, sie sind nicht freier, sondern eher gefangener. Aber sie sind selbstbewußter. Das liegt vielleicht daran, daß sie sich etwas klarer ihrer Freiheit bewußt sind. Aber weil die Menschen viel bewußter sind, sind sie eigentlich viel mehr gefangen. Ich möchte die Freiheit nicht geschenkt haben.

W.W.: Auch nicht einen Tag lang, um sie einmal zu erleben?

Müller: Nein.

W.W.: Hast Du davor Angst?

Müller: Ja.

Gespenster

W.W.: Können Menschen irgendwann in der Zukunft auch zu Elementarwesen werden, und können Elementarwesen auch irgendwann zu Menschen werden?

Müller: Die Elementarwesen kommen hoffentlich irgendwann einmal auf eine ähnlich bedeutende Stufe wie die Menschen. Das ist unsere große Hoffnung. Und wenn uns die Menschen helfen, können wir das auch schaffen. Menschen selbst können zu Gespenstern werden, und die Gespenster sind uns sehr ähnlich.

W.W.: Kannst Du dafür bitte einmal ein Beispiel nennen?

Müller: Das geschieht dann, wenn sich die Menschen z.B. zu doll an etwas Materielles klammern, etwa an ein Haus. Dann kommen sie nicht von diesem Haus weg. Ihr physischer Leib stirbt zwar, aber die höheren Wesensglieder können nicht in die Himmel aufsteigen. Dann hängen sie in einem halbätherischen, halbgeistigen Zustand hier auf der Erde herum. Das sind dann Gespenster, und diese sind zu überhaupt nichts zu gebrauchen.

W.W.: Sind das diese sogenannten Spukgeister in alten Häusern oder Schlössern?

Müller: Ja.

W.W.: Gibt es davon viele?

Müller: Viel mehr, als Ihr denkt. Und sie sind alle ganz unglücklich. Denn sie gehören zu niemandem.

W.W.: Aber das sind doch keine Menschen mehr, sondern nur Reste von ihnen.

Müller: Ja, schon, aber irgendwo im Hintergrund existiert noch ein Ich.

W.W.: Kann man als lebender Mensch diesen Spukgeistern helfen?

Müller: Beten. Man sollte sie in die Gebete mit einschließen. Und da Du betest, solltest Du es tun. Einmal pro Woche reicht.

W.W.: Danke für das Gespräch.

Müller: Bitte, gern geschehen.

2. Etschewit, der Nasse

W.W.: Guten Tag, Etschewit.

Der Nasse: Willkommen.

W.W.: Was bist Du für ein Wesen, und wo kommst Du her?

Der Nasse: Ich bin ein Nöck, und ich wohne hier seit der letzten Eiszeit, als sich hier dieses Urstromtal gebildet hat. Da es für Euch Menschen immer so wichtig ist: Ich kann mich an die Zeit, als Christus auf Erden war, gut erinnern. Eigentlich bin ich aus den Urwassern entstanden. Ich entstand während der Eiszeit bei der Entstehung der Elbe und ihrer Nebenflüsse.

Ich bin keine Quellnymphe, sondern ein Nöck, also nicht so ortsgebunden wie eine Quellnymphe. Eine Quellnymphe kann nicht von der Quelle weg, der Nöck dagegen kann über größere Bereiche hinwegziehen. Ich ziehe immer am Wasser entlang, und wenn es sehr neblig ist, kann ich auch über Land ziehen. Ich wohne auch hier in der Mühle und beschäftige mich mit dem nebenan fließenden Fluß.

Dann bin ich auch für die Buhnen in der Elbe zuständig. Das ist eine meiner Spezialaufgaben. Die Buhnen sind sehr merkwürdige Wesen; die alten Buhnen sind ziemlich vernünftig, während die neuen Buhnen ständig Angst haben. Und dann muß ich mich um sie kümmern, vor allem in diesen Tagen, an denen so viel Hochwasser ist. Ich kläre mit den Flußwesen die Hochwasserstände und hoffe, daß mir die Menschen nicht zu viel ins Handwerk pfuschen. Leider tun sie das sehr oft. Im großen und ganzen kümmere ich mich um den Flüssigkeitshaushalt im Elb-Umland. Ab und zu gehe ich auch in die Nordsee, wo wir Besprechungen haben und gemeinsam den Wasserhaushalt abstimmen. Der nasse Sommer in diesem Jahr war nötig, weil die unteren Erdschichten ohne Wasser waren.

Undinen, Nymphen und Nixen

W.W.: Welche Beziehung und welche Aufgabenverteilung besteht zwischen Dir und den Undinen?

Der Nasse: Ich selbst bin keine Undine, sondern ein Nöck. Ein Nöck gehört weder zu den Undinen noch zu den Nymphen und Nixen. Die Undinen sind eher weibliche Geschöpfe, die dem Gebärenden und dem Fließenden näher sind. Ich selbst bin ein Ort und habe meinen Fokus hier in der Mühle, lebe aber genauso in dem von mir beschriebenen Umkreis und habe deswegen viele andere Wesen in mir. Wenn es nötig ist, erzeuge ich sie.

W.W.: Sind die Nixen und Nymphen Undinen?

Der Nasse: Nein, beide sind keine Undinen. Die Nixen sitzen im Salzwasser, die Nymphen im Süßwasser, während die Undinen das Wasser selbst sind. Die Nixen und Nymphen sind Wesen, die zum Wasser gehören. Sie kümmern sich um das Wasser, sie sind eine Quelle, aber das Wasser in der Quelle sind die Undinen. Verstehst Du das? Die Undinen sind auch in den Pflanzen, die Undinen können ganz klein sein. Sie sind die Chemiker, und sie transportieren das Leben, während ich das Leben verwalte. Das ist der Unterschied zwischen uns.

W.W.: Wie weit bist Du schon gereist? Was war Deine weiteste Reise?

Der Nasse: Ich habe die ganze Welt gesehen.

W.W.: Aber wo kein Wasser ist, kannst Du doch nicht hin.

Der Nasse: Ein Aspekt von mir kann mit den Wolken ziehen.

W.W.: Dann kannst Du also auch als Wolke über die Wüste ziehen?

Der Nasse: Ja. Das ist aber überhaupt nicht spaßig.

W.W.: Warum nicht?

Der Nasse: Weil es dort zu trocken ist. Dort ist kein Leben.

Algenpunsch

W.W.: Ich habe gehört, daß Ihr Algenpunsch trinkt. Was hat es damit auf sich?

Der Nasse: Das ist ein schönes Getränk, und es hängt von dem Mondenzyklus ab. Der Mond braucht 19 Jahre, um wieder genau in dieselbe Stellung zu kommen. Und der Algenzyklus geht mit diesem 19jährigen Mondenzyklus.

Der Tierkreis hat Qualitäten, die sich in zwölf Teile gliedern, die aber nicht mit dem übereinstimmen, was im Kalender steht. Hier gibt es Verschiebungen. Diese Qualitäten, diese Sternbilder, entsprechen den Grundqualitäten Wärme, Luft, Wasser und Erde. Je nachdem wie der Mond steht, hat der Algenpunsch eine andere Qualität, er schmeckt anders und bewirkt etwas anderes. Er macht warm, er macht kalt, er macht Licht, er macht Leben für die Chemie von uns Geistwesen.

W.W.: Wie befördert Ihr diesen Algenpunsch?

Der Nasse: In einem Glas, natürlich in einem geistigen Glas.

W.W.: Wer trinkt diesen Algenpunsch?

Der Nasse: Undinen, Nymphen, Nöcks, und sogar unsere Menschen haben ihn schon einmal mitgetrunken.

W.W.: War ihnen das bewußt?

Der Nasse: Ja.

W.W.: Haben sie irgend etwas bemerkt?

Der Nasse: Er wirkt sehr belebend auf die Menschen, fast wie eine Vitamin-C-Spritze.

Die Erde wird sich auflösen

W.W.: Du warst früher ein fließendes Wesen, wurdest dann aber zu einem Nöck. Wie ist das geschehen?

Der Nasse: Das ist die Alterung des Wassers.

W.W.: Das verstehe ich nicht.

Der Nasse: Alle fließenden Prozesse werden eines Tages aufhören, und die Erde wird austrocknen. Sklerose sagt Ihr dazu immer so schön in Eurer Sprache. Insofern wird es in Zukunft immer mehr Nöcks und immer weniger Undinen geben.

W.W.: Welche Folgen hat das für die Erde?

Der Nasse: Daß sich die Erde auflösen kann. Das Leben selbst kann sich nicht auflösen, es kann sich nur verziehen und in eine andere Seinsebene überwechseln. Das Leben wechselt von der Erde in einen anderen Zustand. Und mit diesem Prozeß wird das Wasser mitgehen, allerdings nicht als physische Substanz, sondern als Lebenselixier. Das ist das Wasser des Lebens.

Der Auferstandene brachte eine neue Farbe

W.W.: Wie und wodurch entsteht ein Regenbogen?

Der Nasse: Dabei reißt der Himmel auf, und es steigt ein Engelwesen herab, ein größeres oder ein kleineres.

W.W.: In Eurem Buch sprecht Ihr über die veränderten Lichtverhältnisse seit der Zeitenwende. War auch der Regenbogen in seiner Farbkonstellation anders vor Christi Geburt als jetzt?

Der Nasse: Ja.

W.W.: Kannst Du das einmal beschreiben?

Der Nasse: Es ist eine Farbe hinzugekommen: das Lila. Vorher gab es an sich kein Lila. Das Lila ist durch das herabsteigende Licht hinzugekommen.

W.W.: Also durch das Licht des auferstandenen Christus?

Der Nasse: Ja, und dieser Prozeß dauerte drei Jahre.

W.W.: Haben die Elementargeister verschiedene Bewußtseinszustände?

Der Nasse: Das ist fast genauso, wie Müller es schon ausgeführt hat. Wenn ich ruhe, ist meine Ruhe totaler als die von Müller. Auch ich habe ein Refugium, kann mich umkehren und wechsle dadurch die Existenzebene.

W.W.: Gibst Du Deine Aufgaben auch an Subs ab, wenn Du ruhst?

Der Nasse: Ja und nein. Die Struktur der Wasserwesen ist etwas anders. Ich habe unter mir keine anderen Nöcks. Wenn ich ruhe, schläft die Nöckfunktion derweilen, und die Aufgaben werden von einer anderen Region abgedeckt. Bei Müller bleibt das Abtreten der Aufgaben im Haus, bei mir kommt ein anderer Nöck von weiter weg zum Tragen. Eine Undine kann keine Nöckfunktion übernehmen.

„Wir können Menschenwerke zerstören“

W.W.: Welche Verbindung hast Du zu höheren Hierarchien, also zu Engeln und Erzengeln?

Der Nasse: Eine gute. Die Engelwesen sind für die Menschen zuständig. Bestimmte Erzengelwesen gliedern unsere Aufgabenbereiche. Zu diesen Erzengeln haben wir eigentlich immer Kontakt. Mal ist er deutlicher, mal weniger deutlich. Das ist wie ein ständiger Datenfluß. Ich spüre das Wollen der Erzengelwesen, und danach richte ich mich.

W.W.: Mußt Du genau das tun, was sie Dir anweisen?

Der Nasse: Ich habe keine Freiheit.

W.W.: Nicht einmal ein ganz bißchen?

Der Nasse: Ein ganz bißchen habe ich jetzt, und das ist das, was uns Wassergeister so gefährlich macht.

W.W.: Kannst Du bitte einmal schildern, in welchen Bereichen genau Deine kleine Freiheit liegt?

Der Nasse: Meine kleine Freiheit ist darin begründet, daß wir die Bauwerke der Menschen nicht mehr höher achten müssen als unsere eigenen.

W.W.: Was heißt das? Dürft Ihr sie zerstören?

Der Nasse: Ja, wir dürfen sie zerstören. Und wir werden sie um so mehr zerstören, je mehr die natürlichen Wasserläufe verändert werden. Wenn man mit uns spricht, müssen wir nichts zerstören. Wir haben nichts gegen

Kanäle, wir haben nur etwas gegen falsche Kanäle. Wir haben auch nichts gegen Kanalisation, sondern nur etwas gegen falsche Kanalisation. Redet mit uns, und es wird alles gut!

W.W.: Man soll Euch fragen, wo eine Kanalisation laufen soll und wie ein Fluß gegebenenfalls begradigt werden kann?

Der Nasse: Ja. Früher haben die Menschen das gewußt, ohne daß sie es mit ihrem Kopf begriffen haben. Die Anlage dieser Mühle wurde auch von Menschenhand gebaut, aber sie wurde so gebaut, daß sie uns nicht stört und daß wir hier sogar unseren Wohnort eingerichtet haben. Die neuen Anlagen werden meist vom Schreibtisch aus geplant, und der Planende schaut sich nicht gründlich vor Ort um. So etwas kann nichts Gutes werden. Aber das ist nur ein kleines Beispiel.

W.W.: Werden die Naturkatastrophen, z.B. die Flutkatastrophen, auch von den Naturwesen bewirkt?

Der Nasse: Ja, nicht nur, aber auch.

W.W.: Ich habe den Eindruck, daß die verschiedenen Wetterkatastrophen in den letzten Jahren enorm zunehmen. Stimmt das?

Der Nasse: Ja. Das kann man sogar nachlesen. Die Münchner Rückversicherung hat darüber eine Aufstellung gemacht, und an dieser kann man sehen, daß die Zunahme der Wetterkapriolen beträchtlich ist. Das liegt u.a. auch an dem kleinen Maß an persönlicher Freiheit von uns Wasserwesen, denn nun akzeptieren wir immer weniger das Reglement der Menschen. Und das Menschenwerk verändert sich rasant, weil auch der Mensch sehr viel freier geworden ist.

„Wir dürfen nur indirekt töten“

W.W.: Bedeutet das auch, daß Ihr durch die Naturkatastrophen, die Ihr veranlassen müßt bzw. auch veranlassen wollt, u.a. auch Menschen umbringt?

Der Nasse: Ja.

W.W.: Wie ist das für Euch, wenn Ihr Menschen umbringt? Ist Euch das egal? Und ist es Euch egal, wer dabei umkommt?

Der Nasse: Nein. Diese Frage ist schwer zu beantworten. Direkt töten dürfen wir niemals. Wenn wir töten, töten wir indirekt.

W.W.: Was heißt das konkret?

Der Nasse: Daß wir niemals einen Menschen direkt angreifen, sondern nur ein menschliches Bauwerk, und wenn er dumm genug ist, sich auf bzw. in dieses Bauwerk zu begeben, bringt er sich eigentlich selbst um. Und das ist uns dann oft egal.

W.W.: Nun gibt es aber Menschen, die für Entscheidungen verantwortlich sind, die Euch nicht passen. Beispielsweise wird ein Fluß begradigt oder kanalisiert, der nicht in dieser Weise begradigt oder kanalisiert werden sollte. Bestimmte Beamte oder die politischen Entscheidungsträger sind die Verantwortlichen. Dann veranlaßt Ihr eine Naturkatastrophe, zerstört diese menschlichen Bauwerke, in dem z.B. ein Deich eines begradigten Flusses bricht, und dann sterben durch das Hochwasser Menschen, die aber für die Flußbegradigung keine Verantwortung tragen. Die sind doch unschuldig. Und meine Frage ist, ob das für Euch nicht furchtbar ist.

Der Nasse: Doch, aber der Mensch ist frei und kann aus dieser gefährlichen Situation fortgehen. Wir veranlassen keine Feuerkatastrophen, und die Wasserkatastrophen kommen meist so, daß die Menschen noch eine Chance haben, wegzugehen. Wenn aber ein solcher Schreibtischtäter mal wieder einen Segeltörn macht, dann könnte er diesen als einen ziemlich schlechten erleben. So etwas passiert durchaus.

W.W.: Dann bekommt er einen kleinen Bewußtseinsstoß durch die äußeren Naturgewalten?

Der Nasse: Ja.

Die ätherische Welt

W.W.: Kannst Du die ätherische Welt, in der Du lebst, für uns Menschen ein wenig beschreiben?

V. Staël von Holstein: Es herrscht Verblüffung bei dem Nassen.

W.W.: Wir sehen Eure Welt normalerweise nicht, deshalb diese Frage. Beschreibe sie bitte einmal für diejenigen Menschen, die sie nicht sehen.

Der Nasse: Wenn man sie mit Euren Begriffen beschreiben würde, dann wären das weiche verlaufende Formen, Figuren, die an aufgehängte Stoffbahnen verschiedener Färbung erinnern. In der ätherischen Welt gibt es keine klaren Konturen. Es ist wie dreidimensionale Bilder aus geistigem Stoff, und zwischen diesen Bildern bewegen wir uns. Für Euch ist Wasser meist etwas Kuscheliges, wenn man aber das Wasser von innen betrachtet, dann hat es etwas ganz Strukturiertes. Wasser sieht aus wie ein Geflecht aus lauter Stäben. Es sind bunte Stäbe. Es sind Klangstrukturen, die aber räumlich sind. Man muß sich vorstellen, als wäre man in der Musik drinnen.

W.W.: Also räumliche farbige Musik.

Der Nasse: Ja.

Schönheit wird zur Notwendigkeit

W.W.: Gibt es Dinge, die Ihr Geistwesen wißt, die Ihr aber den Menschen nicht sagen dürft?

Der Nasse: Ja.

W.W.: Nun kann ich natürlich schlecht fragen, welche es sind.

Der Nasse: Kannst Du ruhig. Das sind z.B. Dinge über das Christuswesen, die Ihr noch nicht wissen dürft. Es gibt Dinge um Eure höheren Wesensglieder, die Ihr noch nicht wissen dürft, die wir aber schon wissen. Und es gibt verschiedene Dinge, die in Eurem Körper ablaufen, von denen Ihr noch nicht wissen könnt. So weit seid Ihr einfach noch nicht, und dann macht es keinen Sinn, sie Euch zu erzählen. Das würde Euch nur durcheinander bringen, und dann würde Euer Körper schlechter funktionieren.

W.W.: Werden sich die Menschen in der nächsten Zeit sehr verändern?

Der Nasse: Ja.

W.W.: Werden viele Menschen übersinnliche Schauungen bekommen?

Der Nasse: In der Zukunft werden viele Menschen schauen, viele Kinder schauen bereits heute. Und wenn man ihnen diese Schauungen nicht abtrainiert, werden sie auch in ihrem späteren Leben erhalten bleiben. Nach und nach wird die Zeit dünner werden, und dadurch wird sie durchsichtiger.

Die Menschheit wird sich immer deutlicher in zwei Gruppen aufteilen, es wird die Schönen und die Häßlichen geben. Die Schönheit wird in Zukunft eine ungeheure Notwendigkeit bekommen. Sie wird aus dem Abstrakten, so wie Ihr sie jetzt noch betrachtet, herauskommen, und dann wird sie zum Lebensinhalt werden. Das Leben wird schön sein, es wird sinnvoll sein, und es wird nicht nur Firlefanz sein, daß man sich schön kleidet, sondern Schönheit wird eine eigene Notwendigkeit bekommen.

W.W.: Geht es also darum, daß man alles, was man im Physischen schafft und baut, schön gestaltet?

Der Nasse: Man wird es schön machen müssen, man wird gar nicht mehr anders können. Dieser Schönheitsimpuls wird eine zwingende Moralität.

W.W.: Durch welche Taten kommen die Menschen in die eine oder andere Menschheitsgruppe?

Der Nasse: „Sich immer strebend bemühen" – „Faust". Diese Menschen kommen in die eine Gruppe. Und diejenigen, die sich nicht strebend bemühen, kommen in die andere Gruppe. Natürlich wird es noch eine gewisse Zeitlang nötig sein, aus der einen Gruppe in die andere kommen zu können.

W.W.: Wie viele Menschenleben, wie viele Inkarnationen wird dieser Wechsel noch möglich sein?

Der Nasse: Das darf ich nicht beantworten.

W.W.: Kann man heute schon sehen, welcher Mensch zu welcher Gruppe gehört bzw. gehören wird?

V. Staël von Holstein: Etschewit hör auf, die Frage immer schon zu beantworten, bevor sie gestellt ist.

Der Nasse: Ja. Die einen erkennt man an ihrer Schönheit. Schönheit ist, daß sich die Menschen auch in ihrem äußeren Körper wirklich verschönern. Sie müssen in einem Erdenleben den Begriff und die Notwendigkeit der Schönheit verstehen, und dann werden sie zwischen dem Tod und einer neuen Geburt ihrem neuen Leib ein Bewußtsein für Schönheit einprägen. Und die künftigen Generationen werden schlicht auch äußerlich schöner werden. Das ist eigentlich ganz einfach zu verstehen.

Die Inkarnation Ahrimans

W.W.: Ist der zeitliche Abstand zwischen den einzelnen Inkarnationen der Menschen kürzer geworden? Kommen die Menschen in unserer Zeit schneller zu einem neuen Erdenleben zurück als in früheren Zeiten?

Der Nasse: Die Inkarnationsfolge der Menschen ist zur Zeit sehr schnell, damit sie den Zeitenumschwung erleben können. Außerdem bekommen Menschen, die in den vielen entsetzlichen Kriegen jung sterben, die Chance, rasch zur Erde zurückzukehren. Es wird deswegen relativ schnell gehen, daß die sich jetzt inkarnierenden Menschen begreifen, was Schönheit ist, bzw. daß sie die Schönheit bereits zur Inkarnation mitbringen. Diese Schönheit wird man ihnen physisch ansehen können.

W.W.: Ist es ein Gesetz, daß diejenigen Menschen, die jung sterben, auch schnell zur Inkarnation zurückkehren?

Der Nasse: Zur Zeit ist es so, zu anderen Zeiten nicht.

W.W.: Welche Dinge in der heutigen Zeit wollen die vielen inkarnierten Menschen mitbekommen?

Der Nasse: Das ist die Wiederkunft des Christus im Ätherischen, die Offenbarung der Himmelfahrt ins Ätherische. Außerdem wollen sie die Ankunft des Fremden und das äußere Auftreten Ahrimans miterleben. Das luziferische Zeitalter ist nach und nach zu Ende gegangen, und das hauptsächlich böse Wesen – in diesem Zusammenhang ist der Begriff wichtig – ist zur Zeit Ahriman. Eine Verzerrung dieser Zeit ist es, daß viele Menschen Luzifer heutzutage bereits für ein positives Wesen halten, weil er begeistert und nicht kühlt.

W.W.: Wird sich Ahriman in einem Menschenleib inkarnieren?

Der Nasse: Ja und nein. Kein menschlicher physischer Leib kann ein Wesen wie Ahriman über längere Zeit tragen. Er ist dem Leben so feindlich, daß es mehr eine Inkorporation werden wird.

W.W.: Wann wird diese Inkarnation bzw. Inkorporation Ahrimans sein?

Der Nasse: Das darf ich nicht sagen.

W.W.: Und wo wird er erscheinen?

Der Nasse: In Europa.

W.W.: Sind diejenigen Menschen, die heute leben, vor kürzerer Zeit schon einmal auf der Erde gewesen?

Der Nasse: Ja, viele. Das trifft z.B. auch auf viele Anthroposophen zu. Man muß aber immer die individuellen Karmawege sehen.

W.W.: Kannst Du die Kette der Inkarnationen einzelner Menschen erkennen?

Der Nasse: Wenn ich möchte, ja.

Zeit schaffen und Zeit vernichten

W.W.: Was ist Zeit, und wie entsteht Zeit?

Der Nasse: Zeit entsteht durch das menschliche Bewußtsein. Das menschliche Bewußtsein braucht die Zeit, um die Dinge der Welt in eine Ordnung einzufügen. Zeit in einem übergeordneten Sinne ist etwas vollkommen anderes, aber dafür fehlen die Begriffe in der deutschen Sprache. Russisch wäre dafür besser geeignet.

W.W.: Versuche es bitte trotzdem.

Der Nasse: Zeit ist ein Raum voller Möglichkeiten. Zeit muß man sich wie einen Raum vorstellen, nicht wie in der Mathematik als vierte Achse bzw. als vierte Dimension. Das ist Blödsinn. Zeit entspricht eher einem Gebilde wie Euer dreidimensionaler Raum, nur daß dieses Gebilde rund ist. Eine solche Vorstellung tut Euren Köpfen weh, ich weiß! Aber Du hast gefragt. In diesem Gebilde gibt es Ereignisse, die die Struktur der Zeit verändern. Und das ist Geschichte: Ereignisse innerhalb der Zeit.

Die Wesen der Dauer, zu denen ich nicht gehöre, haben eine ganz andere Existenz. Die beiden einzigen Wesen unserer Gemeinschaft, die Du hier kennenlernst, die auch in der Dauer leben können, sind der Feuergeist und der Große. Beide sind nicht nur von dieser Welt.

W.W.: Kann man als Mensch auch Zeit schaffen und Zeit vernichten?

Der Nasse: Ja. Zeit schaffst Du dann, wenn Du Deine Arbeit freudig erledigst. Du wirst auch Zeit schaffen, wenn Du unangenehme bzw. untergeordnete Arbeiten gerne oder freudig erledigst. Wenn Du z.B. den Fußboden aus der Notwendigkeit heraus gerne schrubbst, dann schaffst Du Zeit. Wenn man sich in diese Arbeit hineinquält und immer nur daran denkt, daß man nicht fertig wird, wird Zeit vernichtet.

Manchmal können wir Menschen Zeit schenken, wenn wir es für notwendig erachten. Das tun wir auch.

W.W.: Wie denn?

Der Nasse: Indem wir einen gewissen Zeitraum einfügen.

W.W.: Merkt der Mensch das?

Der Nasse: Manche, nicht alle.

W.W.: Kannst Du erklären, was Liebe ist?

Der Nasse: Ich bin ein Wasserwesen, und ich weiß, was Leben ist, aber nicht, was Liebe ist.

W.W.: Was ist Leben?

Der Nasse: Die Notwendigkeit des Seins auf dieser Erde. Leben ist die Möglichkeit, Dauer zu erzeugen. Und nur durch die Dauer kann wirklich Änderung bewirkt werden.

W.W.: Danke für das Gespräch.

Der Nasse: Bitte, gern geschehen.

W.W.: Hast Du noch eine Frage, die man Dir stellen sollte?

Der Nasse: Viele, aber das würde jetzt den Rahmen sprengen.

3. Kapuwu, der Steinerne

W.W.: Als nächstes würde ich gerne mit Kapuwu, dem Steinernen, sprechen. Bist Du da?

Der Steinerne: Ich bin immer da.

W.W.: Hallo.

Der Steinerne: Guten Tag.

W.W.: Was bist Du für ein Wesen, und welche Aufgaben hast Du?

Der Steinerne: Ich bin ein Stein gewesen, und ich werde auch ein Stein gewesen sein, je nachdem, von wo Du geschaut gehabt haben wirst. Solltest Du Probleme mit meinem Verbgebrauch gehabt haben, werde ich mich bemühen, langsamer gesprochen zu haben.

W.W.: Warum sprichst Du in dieser merkwürdigen gemischten Zeitform? Sie erinnert mich an einen Echoeffekt.

Der Steinerne: Weil sie notwendig ist, wenn man Materie ist. Materie ist immer gewesen gewesen, sonst könnte sie nicht sein.

W.W.: Du willst also mit Deiner Sprache eine Verbindung von Vergangenheit, Gegenwart und Zukunft ausdrücken?

Der Steinerne: Ja. Ich werde auch die Form der reinen Gegenwart benutzt haben. Das hat dann immer eine besondere Bedeutung gehabt. Es ist dann immer im Sinne der Materie. Manchmal ist diese Form aber auch notwendig, damit Ihr mich richtig versteht.

W.W.: Welches Verhältnis hast Du zu den Gnomen?

Der Steinerne: Es sind die kleinsten Aspekte meines Seins. Wo ich bin, müssen sie stets gewesen gewesen sein. Die Gnomen sind Wesen der Notwendigkeit, wie Kobolde.

„Ich bin immer mit dem Stein verbunden"

W.W.: Wie entsteht ein Steinwesen? Oder kann ein Steinwesen gar nicht entstehen, weil es immer dagewesen ist?

Der Steinerne: Ich bin immer dagewesen.

W.W.: Du bist niemals entstanden?

Der Steinerne: Niemals ist ein Begriff, der gegenüber der eigentlichen Materie keine Bedeutung gehabt haben wird. Ist der Tod immer dagewesen, oder wird er immer dasein, oder wird es einmal keinen Tod mehr gegeben haben?

W.W.: Es wird die Zeit kommen, in der es keinen Tod mehr gibt.

Der Steinerne: Dann ist die Materie auch nicht mehr notwendig gewesen. Dann wird es keine Materie jemals gegeben gegeben haben.

W.W.: Wie ist ein Steinwesen an einen physischen Stein gebunden?

Der Steinerne: Ich bin der Stein!

W.W.: Kannst Du ...

Der Steinerne: Nein.

W.W.: Ich hab meine Frage ja noch gar nicht gestellt.

Der Steinerne: Du wolltest gefragt haben, ob ich jemals von einem Stein fort kann. – Nein, das kann ich nicht. Ich bin *immer* da und immer mit einem Stein verbunden.

W.W.: Kannst Du reisen?

Der Steinerne: Nein.

W.W.: Auch nicht, wenn man einen Stein mitnimmt?

Der Steinerne: Nein.

W.W.: In welchem örtlichen Bereich lebst Du?

Der Steinerne: Ich bin verbunden mit der ganzen Erde, mit der Materie der ganzen Erde. Ich kann mich zusammengezogen haben bis zur Größe eines Atoms, um für Dich an einer bestimmten Stelle gewesen zu sein. Normalerweise bin ich so groß gewesen, wie die Fläche dieses Ortes gewesen ist.

W.W.: Aber Du kannst Dich über die ganze Erde ausdehnen?

Der Steinerne: Ja.

W.W.: Kannst Du dann jetzt sowohl in Afrika als auch hier sein?

Der Steinerne: Ja.

Steine können leiden

W.W.: Was geschieht mit einem Steinwesen, wenn ein Stein von einem Menschen bearbeitet wird?

Der Steinerne: Dann ändere ich mich.

W.W.: Kannst Du näher beschreiben, was sich dann bei Dir ändert?

Der Steinerne: In einer gewissen Hinsicht kann ich das beschrieben gehabt haben. Wenn ein Mensch wie Michelangelo einen Marmorblock bearbeitet gehabt hat, ist dieser Stein schön geworden. Dann ist auch das Wesen des Steines schön geworden gewesen. Genauso können wir häßlich gemacht geworden sein.

W.W.: Wodurch?

Der Steinerne: Durch die Bearbeitung eines Steines durch den Menschen. Steine leiden, wenn man sie zu Sand zerreibt. Das ist das unangenehmste, was man uns angetan gehabt haben kann. Denn wir sind Stein, kompakt, nicht Sand gewesen.

W.W.: Was passiert, wenn ein Stein zerspringt oder ein Stein zerschmettert wird?

Der Steinerne: Je nachdem. Wenn er von einer Felswand heruntergefallen ist, durch Verwitterung, Regen, Schnee oder Wind, geht ein Teil der Steinwesen in die Erde hinein, wird ein Teil der Wesen, die in diesem Stein gewesen sind, Erde gewesen gewesen sein. Der Rest ist dann ein kleineres Steinwesen.

W.W.: Seid Ihr auch mit künstlichen Steinen verbunden, die Menschen zum Bau ihrer Häuser herstellen?

Der Steinerne: Ja, leider. Dadurch entstehen verzerrte Steinwesen.

Erdbeben

W.W.: Wie entstehen Erdbeben?

Der Steinerne: Dadurch, daß sich die großen Steinwesen bewegen.

W.W.: Und wann entstehen Erdbeben?

Der Steinerne: Wenn es nötig ist.

W.W.: Und wann ist es notwendig?

Der Steinerne: Wenn sich die Kräfte im Erdinnern anders verteilt gehabt haben müssen, wenn sich in der Liebe der Erde etwas geändert gehabt hat.

W.W.: Tragen die Menschen daran Schuld, wenn es ein Erdbeben gibt?

Der Steinerne: Manchmal.

W.W.: Kannst Du das etwas näher erklären? Durch welche Verfehlungen der Menschen kann ein Erdbeben entstehen?

Der Steinerne: Manchmal wird es Erdbeben gegeben haben, damit anderen Menschen in dieser Gegend geholfen wird. Die Erdwesen haben ein Erdbeben gemacht, damit Hilfe gebracht werden kann, Bewußtsein für eine geschundene Gegend entstanden sein wird.

W.W.: Also damit den armen Menschen dieser Gegend geholfen wird, die das Erdbeben überlebt haben?

Der Steinerne: So ist es gewesen.

W.W.: Die Erdbeben treffen oft die Menschen in den ärmeren Gegenden.

Der Steinerne: Darum!

W.W.: Aber es sterben auch viele Unschuldige dabei.

Der Steinerne: Die würden sonst vielleicht vor Hunger gestorben sein. Der Tod *ist* nichts anderes, als die Materie selbst gewesen ist.

W.W.: Wird es in nächster Zeit auf der Erde weitere und stärkere Erdbeben geben?

Der Steinerne: Nicht unbedingt stärkere wird es gegeben haben, aber viele wird es gegeben haben.

W.W.: Wird es weitere Veränderungen in der Erde geben?

Der Steinerne: Für welche Dauer hast Du jetzt gefragt gehabt?

W.W.: Für die nächsten 20 bis 30 Jahre.

Der Steinerne: Ganz wenige.

„Hat der Tod Mitleid gehabt?"

W.W.: Habt Ihr Steingeister Mitleid mit denjenigen Menschen, die bei Erdbeben verletzt oder getötet werden? Oder ist Euch das egal?

Der Steinerne: Was ist Mitleid?

W.W.: Die Menschen haben Schmerzen, sie leiden; und meine Frage ist, ob Ihr dieses Leiden mitempfinden könnt. Einzelne Menschen verlieren bei Erdbeben ihren Mann oder ihre Frau oder ihre Kinder, und das ist schmerzhaft für sie.

Der Steinerne: Die Menschen nehmen Steine und machen Sand daraus. Haben die Menschen mit uns Mitleid gehabt gehabt, als sie dieses getan gehabt haben?

W.W.: Nein, haben sie nicht.

Der Steinerne: Hätten wir darum mit ihnen Mitleid gehabt haben sollen?

W.W.: Weiß ich nicht, es war nur eine Frage von mir.

Der Steinerne: Ich habe geantwortet. Wir Steinwesen *sind* tot. Hat der Tod Mitleid gehabt?

W.W.: Ihr seid tot?

Der Steinerne: Wir sind tot, weil wir Materie gewesen sind und gewesen sein werden. Die geistige Entsprechung von Materie ist der Tod. Von Eurem Standpunkt aus ist der Tod sehr lebendig.

W.W.: Kannst Du etwas darüber sagen, was an den Stellen in der Erde passiert, an denen sich Gestein mit Erzen verbindet? Ist dort etwas Besonderes los?

Der Steinerne: Ja! Dort ist sehr viel los gewesen! Metallwesen kommen von außen in die Erde hinein. Dieser Vorgang ist immer noch nicht abgeschlossen gewesen. Metallwesen durchziehen die ganze Erde in rhythmischen Bahnen. Ihr habt das Adern genannt gehabt. Diese Bahnen werden von uns besonders umschlossen gewesen sein. Metallwesen sind die Entsprechungen der Planeten gewesen, die die Erde gewesen sein wird und gewesen gewesen ist.

W.W.: Welches Verhältnis hast Du zu den Metallwesen?

Der Steinerne: Ein gutes.

W.W.: In Eurem Buchprojekt sprichst Du über zwei Menschengruppen, die nach und nach entstehen werden, die guten und die bösen. Wann hast Du zum ersten Mal gemerkt, daß solche zwei Menschengruppen entstehen?

Der Steinerne: Die Toten sind anders gewesen.

W.W.: Inwiefern?

Der Steinerne: Sie sind heller gewesen. Von den Schönen sind die Toten heller gewesen.

W.W.: Sie waren mehr lichtdurchdrungen?

Der Steinerne: Ja, und dieses Licht ist heller.

W.W.: Jeder Mensch hat einen Schutzengel. Wenn sich die Menschen in eine gute und in eine böse Gruppe teilen, teilen sich dann auch die Schutzengel dieser Menschen in zwei Gruppen?

Der Steinerne: Das kann ich nicht beantwortet gehabt haben. Das frage bitte den Großen.

W.W.: Vielen Dank.

Der Steinerne: Bitte sehr. Gute Reise gehabt zu haben. Mit Christus!

„Er ist unheimlich gnadenlos"

W.W.: Ist es schwer, mit dem Steinernen zu sprechen?

V. Staël von Holstein: Er ist schon anstrengend, aber ich habe eine ganz besondere Beziehung zu ihm, seitdem ich hier in der Wassermühle selbst Wurzeln geschlagen habe. Er ist alt und jung zugleich. Wenn man das Feuer betrachtet, ist der Stein ganz jung, aber dieses Verhältnis kann man auch umdrehen, indem man sich klarmacht, daß der Stein ganz alt und das Feuer ganz jung ist. Der Steinerne ist unheimlich klar und deutlich in seinen Standpunkten.

W.W.: Er scheint sehr konsequent zu sein.

V. Staël von Holstein: Er ist unheimlich gnadenlos. Für die Erde haben wir oft kein Bewußtsein. Wasser- und Luftverschmutzung ist den meisten Menschen heute ein Begriff, und sie versuchen, dagegen anzukämpfen. Daß aber aller Unrat letztendlich in die Erde geht und sie verschmutzt, interessiert die meisten Menschen nicht. Auch über Feuerverschmutzung sollten wir einmal reden.

Der Vergeistigungsprozeß der Erde

W.W.: Steinerner, ich habe doch noch einige Fragen. Wie empfindest Du es, daß fast alle Gifte der Menschen letztendlich im Boden landen?

Der Steinerne: Ich werde es furchtbar empfunden haben. Wenn die Menschen darüber nachgedacht haben, was sie alles dem Boden angetan gehabt haben, werden sie begreifen, daß wir selbst mit dem Boden zur Geistmaterie des Jupiter transformiert geworden gewesen sein müssen. Ein natürlich gewachsener Boden hilft, eine Müllhalde aus atomaren und anderen Giften stört den Vergeistigungsprozeß, den die Erde gehabt haben muß.

W.W.: Kann der vergiftete Bereich der Erde sich später nicht vergeistigen, bleibt er als Schlacke übrig?

Der Steinerne: Er kann schon vergeistigt werden, aber es wird sehr viel Kraft von den Menschen gefordert gehabt haben. Kraft, die vielleicht für andere Dinge sehr viel nötiger gewesen ist, wie z.B. anderen Menschen die Brücke über den Abgrund zu bauen gekonnt zu haben. Da müssen Entscheidungen getroffen werden, die endgültig sind, die todgleich sind.

W.W.: Die Menschen müssen also die gesamte Erde vergeistigen?

Der Steinerne: Es muß ein geistiges Abbild der Erde geschaffen werden, aber es muß nicht die gesamte Materie umgewandelt werden. Eine Schlacke wird bleiben müssen.

W.W.: Diese Schlacke wird dann den Jupiter wie ein physischer Mond umkreisen?

Der Steinerne: Nein. Das darf ich nicht sagen.

W.W.: Ich war in Tschernobyl und habe die verstrahlten Landschaften und den Reaktor gesehen und besucht. Wie wirkt solche Radioaktivität auf die Erde?

Der Steinerne: Ihr Menschen meint, Radioaktivität zerstört Materie. Das ist so nicht richtig. Denn aus einer anderen Sicht erschafft sie neue Materie, die sehr viel schwerer als die alte Materie gewesen gewesen ist. Und diese neue Materie wird wesentlich schwerer geistig umgeformt gewesen sein werden. Natürliche Radioaktivität ist für bestimmte Sachen notwendig, künstliche Radioaktivität erzeugt Verschlackungen. Speziell das

Plutonium ist gefährlich. Plutonium ist wie ein Dolch, der wie ein Hammer wirkt.

W.W.: Und er zerstört!

Der Steinerne: Ja, er zerstört, um unzerstörbarer zu machen. Unauflösbarer ist das richtige menschliche Wort gewesen.

W.W.: Wird man später neue Energieformen aus der Erde gewinnen können?

Der Steinerne: Ja, aus der Erde selbst.

W.W.: Wie werden diese Kräfte aussehen? Kann man sie schon beschreiben?

Der Steinerne: So, wie Es-Dur klingt.

W.W.: Danke.

Der Steinerne: Bitte. Mit Christus!

4. Walliniju, der Luftige

W.W.: Jetzt möchte ich gerne mit Walliniju, dem Luftigen, sprechen. – Sie sagen, Sie können ihn nicht sehen. Warum nicht?

V. Staël von Holstein: Er behauptet, weil ich ihm zu verwandt bin. Deswegen kann ich ihn nicht sehen. Ich bin in einem Luftzeichen, der Waage, geboren. Und ich bin der Luft sehr verbunden. Auf jeden Fall kann ich mit dem Luftigen sprechen, mehr als sprechen, aber ihn nicht direkt wahrnehmen.

W.W.: Hallo. Was bist Du für ein Wesen, und welche Aufgaben hast Du?

Der Luftige: Ich bin ein Wind. Meine Hauptaufgabe ist es, das Licht zur Erde zu bringen, dem Licht die Möglichkeit zu geben, die Erde zu erreichen. Eine andere Arbeit von mir ist gedankenähnlich: die Welt zu tragen, z.B. Blütenstaub und Wolken zu tragen. Und Wolken sind Wesen, aber das weißt Du ja.

W.W.: Wie alt bist Du, und wann wurdest Du geboren?

Der Luftige: Dafür gibt es in Eurer Sprache keine Begriffe.

W.W.: So alt?

Der Luftige: Ja, älter, als Du glaubst.

Stürme tragen die Gedanken

W.W.: Kannst Du etwas darüber sagen, wie ein Sturm entsteht?

Der Luftige: Zur Zeit entstehen viele Stürme, um Gedankengut aus Mitteleuropa in den vorderasiatischen Raum hinüberzutransportieren. Das

Tragen von Gedanken ist eine der Aufgaben der Stürme. Andererseits entstehen zur Zeit Stürme, um das Wasser anzuregen. Das geschieht in Absprache mit den großen Wassergeistern und uns. Es kommen bestimmte Informationen aus der Wärmesphäre, die wir Luftgeister übernehmen, und diese Informationen geben wir über die Strömungslinien an das Wasser weiter. Anschließend kommen die Steinwesen, die diese Informationen übernehmen, um daraus die Strukturen der Erde zu formen. Hier trifft sich das Wirken der Hierarchien, die diesen Prozeß initiieren, mit dem Wirken der Elementargeister. Das geschieht, indem die Willen der einzelnen Wesen aneinanderstehen.

W.W.: Kannst Du noch ein wenig näher erklären, welche Gedanken aus Mitteleuropa in den vorderasiatischen Raum hineingetragen werden?

Der Luftige: Alle. Die guten wie die bösen, die komplizierten wie die einfachen.

W.W.: Und warum werden gerade die Gedanken aus Mitteleuropa nach Vorderasien hinübergetragen?

Der Luftige: Das sind die nächsten, die die menschliche Kultur tragen. Jetzt sind die Menschen in Mitteleuropa dran. Diese werden jetzt alt, und die jungen Menschen aus Osteuropa und Vorderasien ziehen hierher.

W.W.: Warum ziehen die Gedanken nicht den umgekehrten Weg?

Der Luftige: Umgekehrt ziehen die Menschen. Die Menschen ziehen immer den Gedanken entgegen. Die Völkerwanderung läuft den Gedanken entgegen. Die Gedanken gehen von dem Alten zum Neuen, und die Menschen ziehen vom Neuen zum Alten. Das muß so sein. Das ist ein Grundgesetz der Erdenentwicklung.

W.W.: Seit wann ziehen diese Gedanken von Europa nach Vorderasien?

Der Luftige: Seit wenigen Jahren. Der Umschwung war vor kurzem. Es gab einen Kampf in den Hierarchien, der das ermöglicht hat.

W.W.: Wie zogen die Winde vorher?

Der Luftige: Sie zogen um die ganze Welt und haben die Globalisierung vorbereitet. Die Globalisierung ist ein Prozeß, der von der geistigen Ebene aus bereits abgeschlossen ist.

Boten des Lichts

W.W.: Wie hängt Ihr mit den Sylphen zusammen?

Der Luftige: Die Sylphen sind die kleinen, feinen Wesenheiten, die im lokalen Bereich die Pflanzen betreuen und die Blüten fördern. Die Sylphen sind eine Art Schwestern von mir.

W.W.: Wie hängen Luft und Licht zusammen?

Der Luftige: Das ist im Prinzip das gleiche. Das eine ist ein Aspekt des anderen. Schaust Du von der einen Seite, ist es Luft, schaust Du von der anderen Seite, ist es Licht.

W.W.: Wie ist das Wirken der Sylphen von den Luft- und Lichtverhältnissen abhängig?

Der Luftige: Die Abhängigkeit ist groß. Die Sylphen sind Boten des Lichts im kleinen Bereich. Die Sylphen sind keine großen Wesen. Aus menschlichen Verhältnissen heraus gesprochen sind sie kleiner als Kolibris. Sie sind auch sehr abhängig von dem Stand der Sterne. Beispielsweise ist derzeit der Uranus als Lichtplanet vor ein Lichtzeichen, den Wassermann, gewandert. Das geht so seit einigen Monaten, und seitdem haben die Sylphen eine andere Tätigkeit. Viele Menschen haben das Uranusgeschehen daran gemerkt, daß sie vom Aufenthalt in der Sonne Kopfschmerzen bekommen haben, obwohl die Sonne nicht stark geschienen hat. Das sind Uranuswirkungen. Diese Wirkungen sind sehr stark und rufen in gewissen Bereichen eine Art von Überreaktion hervor. Du wirst es bemerken, wenn Du die Blüten anschaust. Sie sind in diesem Jahr zum Teil stark verformt, in manchmal sehr witzigen Formen.

W.W.: Kannst Du etwas dazu sagen, wie sich das Licht durch die Auferstehung des Christus verändert hat?

Der Luftige: Es ist bunter und farbiger geworden.

W.W.: Hat sich auch die irdische Luft seitdem verändert?

Der Luftige: Natürlich.

W.W.: Wie denn?

Der Luftige: Ihre Zusammensetzung hat sich verändert, und zwar so, daß die Menschen mit der heutigen Lunge kurz vor Christi Geburt nicht in der Lage gewesen wären, schadensfrei zu leben. Sie hätten asthmatische Anfälle bekommen.

Lichtverschmutzung

W.W.: Wie verändert sich die Luft durch die Luftverschmutzung, und was bedeutet das für die Naturgeister?

Der Luftige: Für die Geistwesen bedeutet es sehr viel Arbeit, weil die Pflanzen trotzdem wachsen müssen und wir im Nahbereich der Pflanzen einen enorm erhöhten Arbeitsaufwand haben. Die Pflanzen selbst sind unschuldig. Und eine unserer wichtigen Aufgaben ist es, die Pflanzen so wenig wie möglich an der Luftverschmutzung leiden zu lassen. Das bedeutet, daß in einem sehr dünnen, in einem sylphendünnen Bereich die Luft um die Pflanzen herum noch gut ist. Deshalb ist es im Wald sehr viel angenehmer zu atmen. Wir tun, was wir müssen, und übergeben den Dreck der Luft dem Wasser. Und – überlegt das! – Ihr verunreinigt nicht nur die Luft, sondern auch das Licht.

W.W.: Womit?

Der Luftige: Mit der Luftverschmutzung. Das ist zugleich auch eine Lichtverschmutzung. Die geistige Entsprechung des Lichts ist die Weisheit. Und wenn die Luft durch menschliche Taten verunreinigt ist – manchmal geschieht dies auch durch Taten der Erde, z.B. durch Vulkanausbrüche mit Staub und ähnlichem –, dann kommt das, was die Luft mitbringt, die Weisheit des Himmels im Licht, verunreinigt auf der Erde an.

W.W.: Verunreinigt man auch mit Gedanken das Licht?

Der Luftige: Ja, natürlich. Das kann man.

Polarlicht

W.W.: Kannst Du etwas dazu sagen, was das Polarlicht ist?

Der Luftige: Das Polarlicht ist ein Teil der sichtbaren Sprache der Engel.

W.W.: Wollen die Engel mit dem Polarlicht den Menschen etwas mitteilen?

Der Luftige: Ja und nein. Sie wollen untereinander Schönheit zeigen, und sie wollen die geistige Welt in Erinnerung bringen. Menschen, die unter dem Polarlicht leben, haben eher die Fähigkeit, Naturwesen zu schauen. Menschen auf Island sehen z.B. noch das „Kleine Volk“. Das hängt auch mit dem Polarlicht zusammen.

W.W.: Was geschieht zur Zeit im Ätherischen der Erde?

Der Luftige: Viel. Alles, was mit der Geburt des Christuswesens im Ätherischen zusammenhängt. Und das verarbeiten wir jetzt. Diese Geburt hat schon stattgefunden, aber sie ist bisher relativ unbemerkt geblieben. Nur die wenigsten Menschen haben es bemerkt. Dadurch ist neues Licht zur Erde gekommen, und zwar ätherisches Licht. Dieses Licht muß in das Weltensein eingewoben werden.

W.W.: Was können die Menschen dafür tun, damit dieses ätherische Licht eingewoben wird?

Der Luftige: Weniger Auto fahren.

W.W.: Was noch?

Der Luftige: Beten. Beten hilft fast immer.

„Du hörst sie jede Nacht“

W.W.: Wie empfangen die Luftigen bzw. die Sylphen die Planetenkräfte, und wie leiten sie diese an die Menschen und die Pflanzen weiter?

Der Luftige: Die Planetenkräfte empfangen wir aus der Wärme, die die Erde umspannt und die eigentlich die Sonne ist. Die Sonne ist ein Wärmewesen und in einem geistigen Sinne das Christuswesen, zumindest ein Teil davon, ein kosmischer Aspekt. Aus dieser Sphäre wird die Weisheit genommen, und diese Weisheit wird zur Erde weitergegeben.

W.W.: Gibt es auch himmlische Musik?

Der Luftige: Ja.

W.W.: Kannst Du sie bitte etwas beschreiben?

Der Luftige: Du hörst sie jede Nacht. Aber Ihr Menschen könnt Euch nicht erinnern. Aber diese Zeit wird kommen. Hör Dir Mozart an, er kommt dieser himmlischen Musik am nächsten.

W.W.: Wie entsteht die himmlische Musik, und wie wirkt sie auf Euch?

Der Luftige: Wir Luftwesen sind an der Musik nicht ganz so stark interessiert. Wir transportieren sie auf der Erde. Die Töne holen die Engel heran, und das ist auch schön. Das Wasser ist eher Musik. Glas ist geronnene Musik.

W.W.: Gibt es einen Unterschied zwischen der Musik, die Menschen auf akustischen Instrumenten erzeugen, und der elektronischen Musik, die aus dem Lautsprecher kommt?

Der Luftige: Es gibt einen extremen Unterschied. Es kommt dabei auf den Ort an. Musik ist nur dann richtig, wenn sie an dem Ort klingt, an dem sie auch gespielt wird. Musik hat einen Ortscharakter. Wenn Musik über eine CD transportiert wird, ist sie nicht schädlich, aber sie ist eigentlich keine Musik mehr, sondern Geräusch. Musik ist nur Musik in dem Moment ihrer Entstehung. Aber elektronisch erzeugte Musik ist unschädlich.

W.W.: Viele wird es sicher verblüffen, daß Ihr Naturgeister elektronisch erzeugte Musik überhaupt kennt.

Der Luftige: Wir müssen sie transportieren. Ihr halst sie uns ständig auf.

W.W.: Kennst Du auch Filme, z.B. „Star Wars“?

Der Luftige: Ja.

W.W.: Was denkst Du darüber?

Der Luftige: George Lucas hat viele Gedanken, gute Gedanken, in eine Form gebracht, so daß sie zu vielen Menschen auf spielerische Art transportiert worden sind. Der Film ist dazu ein zeitgerechtes Medium, um überhaupt gute Gedanken an Menschen zu bringen. Das gilt jetzt speziell für „Star Wars“. Das gilt nicht generell für alle Science-fiction-Filme.

Astraler Gestank

W.W.: Gibt es Menschen, die eine Art astralen Gestank verbreiten?

Der Luftige: Ja.

W.W.: Kannst Du das ein wenig beschreiben?

Der Luftige: Ungern.

W.W.: Warum ungern?

Der Luftige: Weil es stinkt. Wenn ich es beschreibe, muß ich diesen Gestank quasi erzeugen. Wenn ein Mensch ein zerstörerisches Naturell hat, geschieht auf geistiger Ebene das gleiche wie in den Kadavern auf der physischen Ebene. Und genauso riecht es auch für uns.

W.W.: Was bewirken die schlechten Gedanken der Menschen in der geistigen Welt?

Der Luftige: Sie erzeugen schlechte Wesen. Jeder Gedanke entspricht einem Wesen. Mit allen Wesen, die erzeugt werden, haben wir Kontakt. Und wenn schlechte Wesen erzeugt werden, haben wir Streß – menschlich ausgedrückt.

Jeder Gedanke ist ein Wesen

W.W.: Was passiert, wenn ein Mensch meditiert oder betet?

Der Luftige: Wenn er meditiert, bildet er geistig einen Baum. Wenn er betet, spricht er mit der geistigen Welt. Was soll denn sonst passieren? Das ist wie eine Röhre zum Himmel.

W.W.: Ich dachte, daß man durch Meditation oder Gebete mehr Licht verbreiten würde.

Der Luftige: In der Röhre ist Licht, und der Baum erzeugt auch Licht, ja. Selbstverständlich.

W.W.: Schreibt sich jeder Gedanke, der von einem Menschen gedacht wird, in den Weltenäther ein?

Der Luftige: Jeder.

W.W.: Und bleibt er dort immer?

Der Luftige: Immer. Solange ich lebe, ist es schon so.

W.W.: Wenn ein Mensch einen Gedanken falsch denkt, muß dann dieser Gedanke von einem anderen Menschen irgendwann einmal richtig gedacht werden, um diesen falschen Gedanken auszugleichen?

Der Luftige: Das geht nicht. Man kann einen Gedanken radieren, aber die radierte Stelle sieht man trotzdem.

W.W.: Die Gedanken, die von den Menschen gedacht werden, sind dies Abdrücke in der ätherischen Welt, oder sind es auch Wesen?

Der Luftige: Sowohl als auch.

W.W.: Also jeder Gedanke, den ein Mensch denkt, wird ein Wesen?

Der Luftige: Ja, und er ist zugleich ein Abdruck.

W.W.: Ein Mensch kann also gar nicht denken, ohne daß er Elementarwesen schafft?

Der Luftige: So ist es, und diese Wesen sind alle den Luftwesen verwandt. Deswegen ist es für uns von besonderer Wichtigkeit, daß sich die Menschen darüber endlich einmal klarwerden. Das betrifft auch jeden einfachen Gedanken. Wenn die Menschen daran denken, daß sie sich eine Karte aus einem Fahrkartenautomaten ziehen, dann schaffen sie ein Fahrkartenwesen. Und das betrifft auch jeden unsinnigen und unrichtigen Gedanken.

W.W.: Also wäre es angebracht für die Menschen, mehr Verantwortung in die eigenen Gedanken zu legen?

Der Luftige: Das wäre sehr angebracht.

W.W.: Dann muß es ja von diesen Wesen wimmeln, es müssen ja unendlich viele sein.

Der Luftige: Ja.

W.W.: Ist das nicht schrecklich für Euch, daß so viele unsinnige und schlechte Gedankenwesen erzeugt werden?

Der Luftige: Sehr.

W.W.: Räumt Ihr mit diesen Wesen auf, sortiert Ihr sie, oder was macht Ihr mit ihnen?

Der Luftige: Wir erschüttern sie, wir versuchen, sie zu sortieren, und zum Teil sind sie überhaupt nicht lebensfähig. Viele von ihnen sind ganz klein, aber dann stören sie auch nicht besonders.

W.W.: Bleiben diese Wesen für immer bestehen?

Der Luftige: Sie verblassen. Wenn es ein Fahrkartenwesen ist, dann verblaßt es, und zwar in relativ kurzer Zeit, und wird zu einem allgemeinen Gedankenmus, wenn ich das einmal in Eurer komischen Sprache so ausdrücken darf.

W.W.: Aber die wichtigen Gedanken bleiben länger bestehen?

Der Luftige: Viel länger. Es gibt Gedanken, die sind ganz alt.

W.W.: Welches ist der älteste Gedanke?

Der Luftige: „Im Urbeginne war das Wort."

Der Fremde

W.W.: Wie weit reicht Euer Wirkensraum?

Der Luftige: Bis zu den Grenzen des Sonnenwesens. Es gibt außerhalb des Pluto noch einen Planeten. Wir haben ihm auch einen Namen gegeben, der allerdings nicht schön ist, und zwar Erebos. Bis dorthin reicht unser Wirkensraum.

W.W.: Was ist Erebos für ein Planet?

Der Luftige: Erebos ist sehr kalt. Er ist eine äußere Entsprechung der Erde. Er ist der erste Ort, auf dem der Fremde landen wird.

W.W.: Ist der Fremde Ahriman?
Der Luftige: Nein.
W.W.: Sondern?
Der Luftige: Ich kann den Namen nicht nennen.
W.W.: Meinst Du Sorath?
Der Luftige: Nein.
W.W.: Welche Aufgabe hat der Fremde?
Der Luftige: Frag den Großen.
W.W.: Vielen Dank für das Gespräch.
Der Luftige: Bitte.

Antworten vor den Fragen

W.W.: Der Luftige ist sehr schnell.

V. Staël von Holstein: Er ist so schnell, daß ich manchmal gar nicht alles aussprechen kann, was er sagt.

W.W.: Es war ein ganz anderer Eindruck als der von dem Steinernen. Als Sie die Gedanken des Steinernen wiedergaben, sprachen Sie ganz langsam, bei dem Luftigen ging es Zackzack.

Ich habe bemerkt, daß Sie bereits eine Antwort der Geistwesen bekommen, während ich meine Frage noch ausspreche. Ab welchem Moment meiner Fragestellung haben Sie bereits die Antwort? Ab welchem Moment des Aussprechens meiner Frage kennen die Geistwesen bereits meine Fragestellung? Dabei denke ich besonders an Fragen, die ich noch gar nicht ganz im Bewußtsein habe und für die ich noch einmal auf mein Blatt Papier schauen muß.

V. Staël von Holstein: Sie wissen schon alles, während Sie fragen, eigentlich schon mit dem ersten Fragewort. Und dann bekomme ich auch schon die Antwort.

5. Echnaton, der Feurige

W.W.: Dann zu dem Feurigen. Schönen guten Tag, Echnaton.
Der Feurige: Guten Tag.
W.W.: Kannst Du etwas über Dein Wesen sagen?
Der Feurige: Ich bin die Flamme.
W.W.: Welche Aufgaben hast Du?

Der Feurige: Ich brenne. Das ist meine Hauptaufgabe. Und ich ermögliche den Menschen in meiner Betrachtung einen direkten Blick in die geistige Welt. Wenn Du in eine Flamme blickst, schaust Du in die geistige Welt.

Ganz direkt. Ferner erwärme ich verschiedene Dinge. Außerdem bin ich das Sinnbild der Liebe, denn die Wärme ist die Liebe. Außerdem lasse ich die Früchte reifen, und das ist eine ungeheuer vielseitige Aufgabe. In den verschiedenen Jahreszeiten, sofern es von den Planetenstellungen her paßt, webe ich Wärme um die Welt. Und dann werden die Früchte gut. Dieses Jahr war wenig Wärme, und die Wasserwesen weben Kühle um die Welt. Deshalb wird es in diesem Jahr keine gute Nahrung geben.

„Ich bin immer neu"

W.W.: Wann wurdest Du geboren und wie?

Der Feurige: Ich werde ständig geboren. Ich bin immer neu. Ich werde durch jede Flamme neu geschaffen.

W.W.: Gab es keinen Anfang Deines Wesens?

Der Feurige: Nicht auf dieser Welt.

W.W.: Welche Beziehung hast Du zu den Salamandern?

Der Feurige: Das sind meine Brüder.

W.W.: Bist Du auch ein Salamander?

Der Feurige: Ja und nein.

W.W.: Warum nein?

Der Feurige: Weil ich mehr als ein Salamander bin.

W.W.: Können die Salamander und Feuerwesen nur im Feuer leben oder auch woanders?

Der Feurige: Nicht nur im Feuer, aber auf jeden Fall in der Wärme.

W.W.: Aus dem Bereich von Wärme und Feuer können sie nie raus?

Der Feurige: Nein, denn dann sind sie nicht mehr.

W.W.: Sind sie dann tot?

Der Feurige: Wir können nicht sterben. Wir werden ständig geboren, und das schließt den Tod aus. Es ist eine unendliche Geburt. Wenn Du uns töten willst, mußt Du das Christuswesen töten. Aber das solltet Ihr Menschen nicht versuchen.

„Ich trage die geistige Welt in mir"

W.W.: Welche Beziehung hast Du als Feuerwesen zu den anderen Naturgeistern?

Der Feurige: Sie haben Angst vor mir, weil ich direkt die geistige Welt in mir trage. Alle haben sie Angst vor mir, auch die Tiere.

W.W.: Wie kommunizierst Du mit den anderen Naturwesen, wenn sie alle Angst vor Dir haben?

Der Feurige: Ich kommuniziere wenig mit ihnen, und das ist mein Problem. Deswegen ist es schön, daß ich hier mit den anderen Naturwesen in ein Gespräch komme. Das ist etwas ganz Seltenes, weil sie normalerweise Angst vor mir haben.

W.W.: Hältst Du Dich momentan räumlich etwas abseits der anderen Wesen?

Der Feurige: Etwas. Sie sind dort, wo sie immer sind, aber sie befinden sich nicht innerhalb meiner Flamme.

W.W.: Was würde Müller dazu sagen, wenn Du diese Mühle abbrennen würdest? Kann so etwas geschehen?

Der Feurige: Ja. Aber ich werde es nicht tun, denn die Schwalben brüten hier noch.

W.W.: Kannst Du noch ein wenig das Wesen der Flamme und des Feuers beschreiben?

Der Feurige: Ganz viel und ganz wenig kann ich dazu sagen. Weil die Flamme etwas Geistiges ist, kann keine Materie die Flamme aushalten. Materie und Flamme schließen sich aus. Da, wo ich bin, kann Materie nicht bleiben, sie kann in der Flamme nur vergehen. Durch mich hindurch scheint dasjenige, was Du jede Nacht siehst, wenn Du eingeschlafen bist. Die Kinder wissen das noch.

W.W.: Du bist nicht nur Flamme, sondern auch Wärme. Wärme ist in allen lebendigen Körpern. Und vor der Wärme haben die anderen Wesen doch keine Angst.

Der Feurige: Das stimmt. Sie haben nur in meiner reinen Form Angst vor mir. Die Wärme ist ein anderer Aspekt von mir. Sie kann sich verteilen, auch sie ist nicht materiell. Wärme kann man auch seelisch empfinden. Im Wärmeprozeß verwandelt sich zwar auch etwas, aber keine Materie. Als Wärme kann ich überall sein, denn Wärme ist ganz ganz klein. Deswegen kann die Wärme auch überall hinein, sie kann alles durchziehen.

Blitz und Donner

W.W.: Kannst Du sagen, wie ein Blitz entsteht?

Der Feurige: Die Blitze entstehen dort, wo Willensäußerungen der Hierarchien getätigt werden.

W.W.: Welche Aufgaben haben die Feuerwesen bei einem Blitz?

Der Feurige: Sie müssen den Blitz begleiten, und sie werden mitgerissen. Da ein Blitz die geistige Welt im Irdischen ist, müssen die Feuerwesen auch mitwirken. Das geht nicht anders.

W.W.: Ist jeder Blitz ein Wesen?

Der Feurige: Ja und nein. Es ist ein Hauptwesen in Begleitung vieler kleiner. Es ist ein Wille aus vielen Wesen.

W.W.: Und wenn ein Blitz entsteht, werden diese Wesen geboren, und wenn der Blitz vergeht, verschwinden die Wesen wieder?

Der Feurige: Wir werden nur geboren, sterben tun wir nicht. Dann sind wir wieder woanders. Wir sind dann Wärme.

W.W.: Warum gibt es in letzter Zeit, speziell auch in diesem Jahr, immer mehr Gewitter?

Der Feurige: Weil es dran ist!

W.W.: Erkläre es bitte genauer. Warum sind Gewitter dran?

Der Feurige: Unter anderem deswegen, weil die Sterne in bestimmten Konstellationen stehen, weil die Menschen sich zum Teil sehr schlecht benehmen und weil die mittleren und höheren Hierarchien starke Willensimpulse auf die Erde herabschicken.

W.W.: Durch welche schlechten Gedanken, Gefühle oder Taten der Menschen entsteht ein Gewitter, wie hängt beides zusammen?

Der Feurige: Ein Gewitter entsteht z.B. dann, wenn Menschengruppen andere Menschengruppen versuchen auszubeuten, und zwar auf wirtschaftlicher Ebene. Unfairer Handel erzeugt sehr viele Gewitter.

W.W.: Im Zuge der Globalisierung gibt es sehr viel unfairen Handel.

Der Feurige: Genau.

W.W.: Meinst Du die Ausbeutung der Menschen in den armen Ländern?

Der Feurige: Ja, genau. Ich sehe, daß Du mich verstehst.

W.W.: Welche Willensimpulse der höheren Hierarchien kommen durch ein Gewitter auf die Erde?

Der Feurige: Frage den Großen.

Ewigkeit ist die Dauer des Feuers

W.W.: Was ist Ewigkeit, was ist Zeit?

Der Feurige: Ewigkeit ist die Dauer des Feuers, für Euch und für mich. Zeit ist eine andere Art von Raum. Zeit entsteht dort, wo sich die materielle Welt mit der geistigen Welt durchdringt, um die materielle Welt entstehen oder vergehen zu lassen oder zu verändern. Das ist der Grund des Vorhandenseins von Zeit.

W.W.: Gibt es die Ewigkeit nur außerhalb der Zeit oder auch in der Zeit?

Der Feurige: Jedes Ding hat seine eigene Ewigkeit. Solange es existiert, ist es für sich selbst ewig.

W.W.: Wieso verbrennt man seinen Finger, wenn man ihn in eine Flamme hält?

Der Feurige: Weil er dann die geistige Welt berührt.

W.W.: Kannst Du das näher erklären?

Der Feurige: Materie und geistige Welt können nicht an einer Stelle gleichzeitig existieren, zumindest noch nicht diese Materie.

W.W.: Was passiert mit dem Ätherleib des Menschen bei Verbrennungen?

Der Feurige: Bei jeder Verbrennung entstehen im Ätherleib Narben. Jede Verletzung des physischen Leibes gibt bestimmte Narben im Ätherleib. Bei Narben, die aus Verbrennungen herrühren, ist der Ätherleib dünner, bei Narben, die aus anderen äußeren Verletzungen herrühren, ist der Ätherleib dicker.

W.W.: Was bedeutet das? Ist der Mensch an den Stellen von Narben aus Verbrennungen sensibler für Geistiges oder ist er dort geschwächt?

Der Feurige: Er ist sensibler.

W.W.: Welches Verhältnis haben die Feuerwesen zur menschlichen Sprache?

Der Feurige: Eigentlich gar keins.

Schweres Feuer

W.W.: Und welches Verhältnis haben die Feuerwesen zur Elektrizität?

Der Feurige: Wenn wir uns opfern, entsteht Elektrizität.

W.W.: In welcher Weise opfert Ihr Euch für die Elektrizität?

Der Feurige: Wir metamorphosieren uns; das ist schwer zu beschreiben. In gewisser Weise sterben wir in eine tiefere materielle Ebene hinein.

W.W.: Ihr werdet also schweres Licht?

Der Feurige: Wir werden schweres Feuer.

W.W.: Wie beurteilst Du das Internet?

Der Feurige: Es entspricht dem Zeitgeist.

Der Steinerne: Es wird notwendig gewesen sein. Das Internet ist eine der Möglichkeiten, damit die ahrimanischen Wesenheiten existieren können. Und diese Wesenheiten sind notwendig.

W.W.: Wofür sind sie notwendig?

Der Steinerne: Um die Menschen zu Göttern zu machen.

W.W.: Aber die Menschen müssen sich vor diesen Wesenheiten schützen.

Der Feurige: Ja, natürlich. Sie müssen sie überwinden oder sich zumindest ihnen gegenüber behaupten. Sie müssen Mensch bleiben. Die ahrimanischen Wesenheiten haben kein Interesse daran, daß der Mensch Mensch bleibt, sondern sie sind daran interessiert, daß er möglichst wieder auf die Stufe des Tieres zurückfällt.

W.W.: Wenn sich die Feuerwesen opfern, in die Elektrizität hineinsterben, werden sie dazu von höheren Wesenheiten gezwungen?

Der Feurige: Wir sind nur quasi frei, aber wir erleiden keinen Zwang im menschlichen Sinne.

Hell- und Dunkelsichtigkeit

W.W.: Kannst Du etwas dazu sagen, inwiefern die Menschen langsam wieder hellsichtig werden?

Der Feurige: Das wird sehr schnell gehen, aber die meisten haben Angst davor und begreifen es aus diesem Grunde nicht.

W.W.: Wie kommt es, daß immer mehr Menschen hellsichtig werden?

Der Feurige: Weil es notwendig ist.

W.W.: Wofür ist es notwendig?

Der Feurige: Für das Weiterkommen der Menschheit.

W.W.: Was verändert sich in der Konstitution der Menschen, so daß sie hellsichtig werden?

Der Feurige: Sie werden innerlich wackelig.

W.W.: Werden die Menschen in näherer Zukunft auch noch andere Fähigkeiten, neue Seelenfähigkeiten, bekommen?

Der Feurige: Es gibt auch Dunkelsichtigkeit, also die Fähigkeit, mit schwarzer Magie größere Taten zu vollbringen. Das geschieht dann, wenn man mit den chemischen Kräften der Menschen Unsinn treibt.

W.W.: Werden in Zukunft immer mehr Menschen schauen können, wer sie in den letzten Erdenleben waren?

Der Feurige: Ja, viele Kinder können das schon.

W.W.: Und werden die Menschen, wenn sie eine Tat vollbringen, schon eine Art Vorausschau auf den karmischen Ausgleich dieser Tat in einem nächsten Leben haben?

Der Feurige: Wenn sie das erüben, werden sie diese Fähigkeit erlangen.

Nie vergessen können

W.W.: Haben die Naturwesen ein Gedächtnis?

Der Feurige: Wozu?

W.W.: Braucht Ihr kein Gedächtnis, weil Ihr ohnehin immer alles wißt?

Der Feurige: Wir sind Geistwesen. Wir Feuerwesen sind den Menschen sehr ähnlich. Wir haben einen ich-ähnlichen Leib. Wir brauchen kein Gedächtnis im menschlichen Sinne, denn wir sind nur ich-ähnlich. Wir haben einen gedächtnisähnlichen Zugriff auf den Weltenäther.

W.W.: Ihr seht immer alles?

Der Feurige: Ja, alles.

W.W.: Ist es schön oder unangenehm, nichts vergessen zu können?

Der Feurige: Wir kennen nichts anderes.

W.W.: Aber Du weißt, daß Menschen etwas vergessen können?

Der Feurige: Ja.

W.W.: Kannst Du Dir überhaupt vorstellen, wie das ist?

Der Feurige: Ich frage mich, wozu das gut ist.

W.W.: Wenn man z.B. etwas Unangenehmes erlebt hat und ewig daran festhält, kann es einen sehr behindern. Wenn man es dagegen irgendwann einmal vergißt, kann es auch heilsam sein.

Der Feurige: Das hat wohl etwas mit Freiheit zu tun.

W.W.: Möchtest Du einmal für kurze Zeit ein Mensch sein?

Der Feurige: Nein.

W.W.: Warum nicht?

Der Feurige: Weil ich ein Salamander bin. Ich könnte dann nicht mehr brennen.

„Dann bräche die Welt zusammen"

W.W.: Wo hast Du Dein Refugium?

Der Feurige: Hier im Kachelofen.

W.W.: Und wie oft begibst Du Dich dort hinein?

Der Feurige: Im Sommer sehr oft, weil der Ofen dann aus ist. Und dort gehe ich dann in den umgeklappten Zustand.

W.W.: Und wenn in dem Moment ein Mensch hier eine Kerze anzündet, mußt Du dann aus Deinem Refugium herauskommen?

Der Feurige: Nein, dann vertritt mich ein Sub.

W.W.: Es kann also nie sein, daß alle Naturwesen gleichzeitig ihre Refugien aufsuchen?

Der Feurige: Dann bräche die Welt zusammen. Das geht nicht.

V. Staël von Holstein: Diese Frage fand er vollkommen skurril.

Feuer in Liebe wandeln

W.W.: Welche Beziehung besteht zwischen Feuergeistern und der Liebe?

Der Feurige: Wir sind ein Aspekt der Liebe, und zwar der allgemeinen Liebessubstanz. Wir sind das, was von der Liebe bleibt, wenn der Mensch es nicht schafft, die wirkliche Liebe zu erschaffen. Wenn der Mensch das nicht schafft, gibt es „nur" normales Feuer.

W.W.: Also kann der Mensch das Feuer in Liebe umwandeln?

Der Feurige: Ja.
W.W.: Verwandelt er damit auch einen Salamander?
Der Feurige: Ja.
W.W.: Wird dieser Salamander dadurch ein höheres Wesen?
Der Feurige: Ja.
W.W.: Und Ihr liebt es, wenn Menschen diese Verwandlung vollbringen?
Der Feurige: Ja, weil wir dann selbst Liebe sind.
W.W.: Ihr werdet dann von Feuer- zu Liebewesen?
Der Feurige: Genau.

Der schwarze Aspekt des Feuers

W.W.: Was sind Kälteriesen?
Der Feurige: Sie wohnen in Niflheim. Sie sind das Gegenteil von uns, der schwarze Aspekt des Feuers. Wo kein Feuer ist, ist Kälte. Wo es lauwarm ist, sind beide gleich vertreten. Kälteriesen sind groß und kalt.
W.W.: Haben die Kälteriesen mit dem menschlichen Haß zu tun?
Der Feurige: Ja.
W.W.: Entstehen sie durch menschlichen Haß?
Der Feurige: Auch. Beide bedingen einander. Sie waren vor dem Menschen da, sind dann aber zu dem geworden, was dem Haß im Menschen entspricht.
W.W.: Haben die Kälteriesen nicht auch einen Sinn für die Natur?
Der Feurige: Wie wir alle! Wir hassen einander auch nicht. Das eine Ende des Waagebalkens haßt nicht das andere Ende.
W.W.: Kann es geschehen, daß Ihr miteinander kämpft?
Der Feurige: Das kann geschehen, aber das ist mehr Spiel. Das Schlimmste, was geschehen kann, ist, daß alles lauwarm wird.
W.W.: Dann ist alles gleichgültig?
Der Feurige: Ja, genau, dann ist wirklich alles egal.
W.W.: Vielen Dank.
Der Feurige: Bitte. Gutes Feuer!

6. Die vier Gruppen der Elementarwesen im Jahreslauf

W.W.: Ich möchte jetzt Euch vier Elementarwesen über gewisse Dinge im Jahreslauf und zum Pflanzen- und Tierreich befragen. Zuerst wieder zu Dir, Echnaton. Kannst Du beschreiben, was der Schmetterling geistig für eine Wesenheit ist?
Der Feurige: Warum fragst Du nicht den Luftigen?

W.W.: Kannst Du diese Frage nicht beantworten?

Der Feurige: Für mich ist der Schmetterling nicht sehr wichtig. Der Schmetterling ist eine Blüte, die sich vom Boden gelöst hat. Und für die Blüten ist der Luftige zuständig.

W.W.: Haben die Feuergeister nicht eine besondere Beziehung zu den Insekten?

Der Feurige: Ja, wenn wir in das sichtbare Leben treten würden, dann wären wir z.B. Schmetterlinge.

W.W.: Genau das wollte ich hören. Aber das ist doch eine ziemlich intensive Beziehung, oder etwa nicht?

Der Feurige: Einerseits schon, aber wir sind ja keine Schmetterlinge, solange wir Feuergeister sind. Ich versuche es zu erklären: In dem Moment, in dem wir durch den Layer hindurchgezwungen werden, müssen wir Schmetterlinge werden. Aber dann sind wir keine Feuerwesen mehr. Dann wäre die Luft für uns zuständig. Und das würde auch bedeuten, daß wir nicht zu Liebewesen geworden sind. Deswegen haben wir vor den Schmetterlingen Angst.

W.W.: Senden Schmetterlinge eine geistige Substanz in den Kosmos aus?

Der Feurige: So etwas Ähnliches wie Licht.

Ein Spinnennetz zieht in den Menschen

W.W.: Walliniju, welche geistige Bedeutung haben die Vögel?

Der Luftige: Die Vögel sind das Ende einer Entwicklungsreihe. Ihre Entwicklung ist nicht weitergegangen, sie sollten eigentlich nicht so werden, wie sie jetzt sind. Es hat jemand an ihrer Entwicklung manipuliert.

W.W.: Welche geistige Bedeutung haben die Fledermäuse?

Der Luftige: Die Fledermäuse haben etwas mit dem Feuer zu tun. Sie bewegen sich zwar durch die Luft, aber eigentlich fliegen sie durch ein ganz anderes Medium. Wenn man sie geistig schaut, sehen sie aus wie Silvesterraketen. Ich nenne sie deswegen immer Feuermäuse.

W.W.: Haben die Fledermäuse Angst?

Der Luftige: Ja, vor dem Menschen.

W.W.: Gibt es eine geistige Substanz, die die Vögel bei ihrem Tod der geistigen Welt übergeben?

Der Luftige: Ja, das ist etwas Chemisches. Es sieht aus wie dickflüssiges cremiges Wasser. Und es leuchtet.

W.W.: Gibt es auch eine Substanz, die die Fledermaus beim Fliegen hinterläßt?

Der Luftige: Im Geistigen oder im Irdischen?

W.W.: Im Irdischen.

Der Luftige: Sie hinterlassen Asche.

W.W.: Und im Geistigen?

Der Luftige: Glut.

W.W.: Und wenn der Mensch diese Glut bzw. diese Asche einatmet, ändert sich dann etwas bei ihm?

Der Luftige: Er bekommt dann mehr Struktur, dunkle Struktur. Es ist wie ein Spinnennetz, das in den Menschen einzieht.

W.W.: Hängt dieses Spinnennetz mit Ahriman zusammen?

Der Luftige: Ja und nein. Beide Widersachermächte sind an diesem Spinnennetz beteiligt. Das Spinnennetz ist eine Spur von luziferischen und ahrimanischen Wesenheiten. Das ist ein prozessualer Vorgang. Früher war diese Substanz mehr luziferisch, heute ist sie mehr ahrimanisch. Die Fledermäuse transportieren Strömungen, die aus den dunklen Welten stammen.

„Wir bewahren die kosmischen Kräfte in den Kristallen"

W.W.: Kapuwu, welche Tätigkeit übst Du zusammen mit den Gnomen zwischen den mineralischen Kräften der Erde und der Pflanzenwurzel aus?

Der Steinerne: Die Gnomen sind die Kleinen von den Meinen. Sie pflegen die kosmischen Kräfte. Im Herbst holen sie die kosmischen Kräfte aus den Pflanzenwurzeln heraus, und im Frühjahr geben sie sie wieder hinein, damit die Pflanze wachsen kann. Das Wichtige des Prozesses für uns ist das Herausholen der kosmischen Kräfte gewesen. Das andere ist eine Art Liebesdienst, sofern wir überhaupt lieben können.

W.W.: Die Pflanze holt im Frühling und im Sommer kosmische Kräfte in sich hinein, und diese bewahrt Ihr dann im Herbst und im Winter in der Erde?

Der Steinerne: So ist es gewesen, und so wird es gewesen sein.

W.W.: Wie bewahrt Ihr diese kosmischen Kräfte in der Erde?

Der Steinerne: Wir bewahren sie in den Strukturen der Kristalle. In den Kristallen gibt es etwas wie eine Matrix, und in diese werden die kosmischen Kräfte eingesickert. Das sieht sehr schön aus.

W.W.: Also leuchtet die Erde im Winter geistig?

Der Steinerne: So könnte man es genannt gehabt haben.

W.W.: Kannst Du diese kosmischen Kräfte, die Ihr im Herbst und im Winter in der Erde bewahrt, ein wenig näher beschreiben?

Der Steinerne: Es sind die Gedanken der Erzengel.

W.W.: Und diese Kräfte dienen dazu, daß im Frühling, wenn Ihr sie nach oben stoßt, eine neue Pflanze wachsen kann?

Der Steinerne: Fast richtig gewesen. Wir stoßen sie nicht, das tun die Undinen, und wir geben ihnen Bescheid.

Angst vor den Kröten

W.W.: Lieben die Gnomen eigentlich die Erde?

Der Steinerne: Nur Menschen werden lieben gekonnt haben.

W.W.: Welche Beziehung haben die Gnomen zu den Kröten?

Der Steinerne: Wir haben Angst gehabt vor den Kröten. Kröten sind so, wie wir ausgesehen haben müßten, wenn Ihr uns mit Euren normalen Augen geschaut haben könntet. Die Kröten sind ganz scheußliche Tiere.

W.W.: Kann ein Gnom zu einer Kröte werden?

Der Steinerne: Ja und nein.

W.W.: Wann ja?

Der Steinerne: Wenn eine Kröte angesehen wird, hat sie auch immer etwas Gnomenhaftes in sich.

W.W.: Meine Frage war, wann sich ein Gnom in eine Kröte verwandeln kann.

Der Steinerne: Wenn er sichtbar geworden sein will. Wenn er Leben im menschlichen, im irdischen Sinne gespürt gehabt haben will. Unser Leben ist anders gewesen als Eures. Wir leben so, wie Kristalle leben.

Die Weltenchemiker

W.W.: Etschewit, welche Aufgaben haben die Undinen beim Pflanzenwachstum?

Der Nasse: Wir transportieren das Leben in den Pflanzen. Wir sind das Leben in den Pflanzen. So wie der Blutkreislauf in Euch, so gehen die Undinen durch die Pflanzen, gestalten die Blätter und stellen den Kontakt zu den Sylphen her, damit durch sie das Licht der Sonne in die Blätter hineinkommen kann. Ihr nennt das Photosynthese.

W.W.: Können die Undinen auch zu Fischen werden?

Der Nasse: Ja, müssen sie aber nicht. Sie werden dann zu Fischen, wenn sie leben wollen.

W.W.: Wer entscheidet, ob Undinen zu Fischen werden? Sie haben ja keine Freiheit.

Der Nasse: Das entscheiden die Hierarchien.

W.W.: Wie binden und lösen die Undinen die Stoffe im Bereich der Pflanzen?

Der Nasse: Wenn dies ein Mensch tun würde, dann nähme er seine Hände, brächte die Stoffe zur Pflanze und gäbe sie dort wieder ab. Das entspricht der geistigen Aufgabe der Weltenchemiker, also der Undinen. Die chemischen Kräfte liegen für den menschlichen Verstand noch relativ im dunkeln. Diese chemischen Kräfte ermöglichen das teilweise Sublimieren eines Stoffes und sein Abstoßen an einer anderen Stelle. Das ist ähnlich, wie Echnaton das Feuer trägt. Es ist schwierig auszudrücken. Der Bereich der chemischen Kräfte ist für die Menschen noch weitgehend eine Geheimwissenschaft.

„Wir mögen die Vögel nicht"

W.W.: Walliniju, welche Musik nehmen die Sylphen durch den Vogelflug wahr?

Der Luftige: Die Sphärenmusik.

W.W.: Ist das schöne Musik?

Der Luftige: Je nachdem. Das hängt davon ab, welcher Vogel und welche Sphäre es ist. Es kann z.B. ganz fürchterlich kreischen.

W.W.: Welche Vögel machen die schönste Musik?

Der Luftige: Was ist Schönheit für Dich?

W.W.: Beschreibe einfach, welche Vögel die für Euch angenehmste Musik durch ihren Flug machen.

Der Luftige: Die Schwalben.

W.W.: Welche Beziehung haben die Sylphen zu den Vögeln?

Der Luftige: Wir tragen sie, aber wir mögen sie nicht.

W.W.: Können die Sylphen auch Vögel werden?

Der Luftige: Ja.

W.W.: Und welche Beziehung haben die Sylphen zu den Pflanzen?

Der Luftige: Sie weben um die Pflanzen herum. Sie überbringen die Kräfte des Lichts und übergeben diese an die Undinen. Das geschieht im Blatt- und Blütenbereich.

V. Staël von Holstein: Das ist ganz witzig, denn es sieht so aus, als wenn sie die Blüten herausziehen.

Die Feuerwesen und die Bienen

W.W.: Echnaton, welche Arbeit leisten die Salamander im Blütenbereich und bei den Samen der Pflanzen?

Der Feurige: Wir weben Wärme. Das gibt Frucht. Wir minimieren den Kosmos in ein Samenkorn. Jede Pflanze ist in der Lage, einen großen Teil des Makrokosmos in ihren Mikrokosmos Samenkorn einzubetten.

W.W.: Welche Beziehung haben die Salamander zu den Bienen?

Der Feurige: Die Bienen sind Sonnenwesen. Sie leben mit dem Sonnenrhythmus. Wir mögen sie nicht so gerne. Aber die Bienen sind sehr wichtig, weil sie in der Lage sind, das Licht in ihre Waben einzuweben. Deswegen sind die Waben so perfekt. Nur in diesem Gebilde kann dann Honig entstehen. Manchmal werden wir gezwungen, Bienen zu sein.

W.W.: Warum mögt Ihr die Bienen nicht? Weil Ihr Bienen werden könnt?

Der Feurige: Ja. Geistwesenheiten sind immer am liebsten so, wie sie sind, und sie mögen den anderen Zustand nicht, der ihnen entspräche, wenn sie in das irdische Leben müßten.

„Es ist schön, wenn der Mensch einem Stein ähnlicher wird"

W.W.: Kapuwu, es heißt, daß die Gnomen gerne den einschlafenden Menschen zuschauen. Was würde der Mensch sehen, wenn er die Gnomen während eines Einschlaftraums schauen könnte?

Der Steinerne: Der Anblick würde auf ihn gewirkt haben wie Juckpulver. Die Gnomen sind dann ameisenartig gewesen.

W.W.: Und warum schauen die Gnomen gerne den einschlafenden Menschen zu?

Der Steinerne: Weil der Mensch dann ein schönes Wesen gewesen ist. Weil es schön für uns Steinwesen gewesen ist, wenn der menschliche Körper einem Stein nähergekommen ist.

W.W.: Es geht also weniger um die Gedanken, die mit einem einschlafenden Menschen in die geistige Welt gehen, als um seinen im Bett bleibenden physischen Leib, aus dem Astralleib und Ich herausgezogen sind?

Der Steinerne: Genauso ist es gewesen.

Bösartige Elementarwesen

W.W.: Gibt es aus menschlicher Sicht gutartige und bösartige Gnomen?

Der Steinerne: Ja.

W.W.: Kannst Du diese ein wenig beschreiben?

Der Steinerne: Es gibt auch Gnomen, die beides gewesen sind. Gnomen, die mit dem Zement zusammengewesen sind, sind dem Menschen gegenüber keine gutartigen gewesen, weil sie sozusagen falsch zusammengesetzt geworden sind. Weil der Mensch quasi versucht, ein Schöpfer gewesen zu sein, aber keine Verantwortung ergriffen gehabt hat. Wenn ein Gnom in der Natur gewesen ist, z.B. im Harz oder in Norwegen, ist er – außer im Bergwerkbereich – relativ gutartig gewesen, weil er so gelebt gehabt haben kann, wie die höheren Hierarchien ihn sich gedacht gehabt haben.

W.W.: Entstehen die bösartigen Gnomen nur durch Zement und ähnliche Dinge oder auch in anderen Bereichen des Lebens?

Der Steinerne: Sie entstehen auch durch andere Sachen, aber nicht oft. Sie entstehen z.B. durch Quetschungen in der Erde. Das geschieht an manchen Stellen in den Bergwerken. Es gibt dort Bereiche, wo kosmische und steinerne Kräfte zusammentreffen, wo eine besondere Dichte herrscht, und dort entstehen sogenannte bösartige Gnomen. Diese Gnomen sind dichtgepackt, und das macht sie unzufrieden, würde der Mensch gesagt haben.

W.W.: Wie wirken diese bösartigen Gnomen auf die Menschen?

Der Steinerne: Unangenehm.

W.W.: Was können sie tun?

Der Steinerne: Den Menschen stolpern lassen. Sie können Häuser schlechtgemacht haben. Sie können negativ aus den Wänden und aus dem menschlichen Leib gestrahlt haben, sie können die Knochen weichgemacht haben. Sie können auch den Verstand zur Raffgier geführt haben, denn diese Eigenschaft liegt auch im Gnomenwesen! Damit hängen auch die Anhäufung von Geld und der Geiz zusammen. Der ewige Besserwisser ist auch ein Gnom.

W.W.: Walliniju, gibt es auch bösartige Sylphen?

Der Luftige: Ja, verschmutzte Luft macht bösartige Sylphen. Wenn Industriestätten und hohe Schornsteine an falschen Stellen stehen, gibt es Luftwirbel, die man sogar messen kann, und diese Luftwirbel können sehr bösartig werden. Für den Wind habt Ihr Menschen oft ein richtiges Gefühl. Ihr sprecht dann vom gefräßigen Wind und empfindet, daß der Wind Euch auffrißt. Ein Wind am Nordseestrand empfunden, ist dagegen schön und angenehm, auch wenn er stark ist. Aber ein Wind auf einem leeren Parkplatz, auf dem vielleicht eine leere Coladose herumkullert, wird als unangenehm, kalt und tot empfunden. Genauso fühlen sich die Wesen dieses Windes. Wir Windwesen können sehr leicht sein und alles fühlen. Wir fühlen alles, vergeßt das bitte nicht!

W.W.: Wie wirken die bösartigen Sylphen auf den Menschen?

Der Luftige: Sie erzeugen bösartige Gedanken. Es sind Gedanken, die zur Fiesheit neigen, zum Neid, zur Mißgunst.

W.W.: Etschewit, gibt es auch bösartige Undinen?

Der Nasse: Ja. Sie entstehen durch krankes Wasser. Aber sie können auch in manchen Sümpfen entstehen, und sie entstehen zwischen Skylla und Charybdis, also bei natürlichen Wirbeln im Meer. Sie entstehen durch die Quetschbewegungen des Wassers. Dies geschieht auch durch Schiffsturbinen. Wenn Turbinen Wasser quetschen, entstehen bösartige Undinen. Jedes Schiff, das mit Turbinen fährt, erzeugt bösartige Undinen.

W.W.: Wie wirken die bösartigen Undinen auf den Menschen?

Der Nasse: Sie wirken geistig auf den Empfindungs- und Lebensbereich des Menschen und erzeugen üble Gefühle. Sie können auch Krankheiten erzeugen. Sie bewirken Zerschlagenheitsgefühle, Lebensunlust und Depressionen. Bei diesen Gefühlen des Menschen kommen die bösartigen Undinen zum Tragen.

W.W.: Echnaton, gibt es auch bösartige Salamander?

Der Feurige: Ja. Sie entstehen durch bösartige Gedanken, durch Haß.

W.W.: Wie wirken sie auf den Menschen?

Der Feurige: Jeder Haß ist ein bösartiger Salamander. Wenn sie ganz groß werden, entstehen Kriege.

W.W.: Entsteht durch einen bösartigen Salamander bei einem Menschen ein Haßgefühl, oder erzeugen die Menschen durch ihre Haßgefühle bösartige Salamander?

Der Feurige: Das hängt davon ab, aus welcher Richtung Du es betrachtest. Blickst Du aus der einen Richtung, entsteht aus dem Haß der Salamander, blickst Du aus der anderen Richtung, entsteht aus dem Salamander der Haß.

W.W.: Beide bedingen also einander?

Der Feurige: Ja und nein. So wie jede Geburt eine neue ist, ist auch jeder Haß ein neuer. Und jeder Salamander ist auch ein neuer.

W.W.: Wenn ein bösartiger Salamander aus einem Menschen den Haß hervorkitzeln möchte, wie kann sich der Mensch davor schützen?

Der Feurige: Lieben.

W.W.: Durch Liebe wird ein bösartiger Salamander abgewehrt?

Der Feurige: Ja, dann muß er sich zurückziehen. Liebe ist das beste Gegenmittel gegen Haß.

Über der Ostsee

W.W.: Etschewit, stimmt es, daß die Undinen todessehnsüchtig sind und im Sommer über der Ostsee von Engeln und Erzengeln als geistige Nahrung verzehrt werden wollen?

Der Nasse: Ja, natürlich.

W.W.: Kannst Du das bitte näher erklären?

Der Nasse: Die Undinen sind das Leben, folglich ist ihre andere Seite der Tod. Das muß so sein. Eine Undine ist immer auch gerne bereit zu sterben, weil sie pures Leben ist – geistig gesehen. Leben kann nicht ohne Tod sein. Das ewige Leben im körperlichen Sinne ist nur eine Wunschvorstellung des Menschen. Im Irdischen gibt es kein ewiges Leben. Das ewige Leben ist auf einer höheren Stufe. Tod und Leben müssen sein, und zwar immer gleichzeitig. Wenn Ihr den Tod abschafft, schafft Ihr auch das Leben ab.

W.W.: Warum möchten die Undinen gerade über der Ostsee von höheren Wesen eingeatmet werden?

Der Nasse: Das darf ich nicht sagen.

W.W.: Ist es nur über der Ostsee?

Der Nasse: Nein, auch über der Sargassosee.

W.W.: Walliniju, wie sterben die Sylphen?

Der Luftige: Sie sterben in der Dunkelheit, in der Umkehrung.

V. Staël von Holstein: Es ist eine schwierige Frage für ihn, er antwortet nicht sehr konsequent darauf.

Der Luftige: Sie sterben in der Umwandlung von Licht in Dunkelheit. Mit dem Erscheinen der Dunkelheit ist der Tod einer Sylphe verbunden.

7. Der Grosse

W.W.: Guten Tag. Wer bist Du, und welche Aufgaben hast Du?

Der Große: Ich bin ein Mitglied der Hierarchien. Und zur Zeit passe ich auf uns auf.

W.W.: Ich hörte, daß es für die Menschen sehr schwer ist, mit Dir zu reden. Warum?

Der Große: Weil mein Sein für Menschen schwer erträglich ist. Ich bin zu direkt. Meine Brüder und ich haben den Menschen die Sprache gegeben. Diese Brüder sind die Sprachgeister. Und für einen einzelnen Menschen ist es relativ schwierig, uns auszuhalten. Jedes höhere geistige Wesen, jeder Engel, jeder Erzengel ist schrecklich.

W.W.: Welche Beziehung hast Du zur Sonne?

Der Große: Ich bin das Antlitz der Sonne. Ich bin der Wächter der Sonne und der jetzigen Zeit.

W.W.: Welche Beziehung hast Du zu Christus?

Der Große: Ich stehe vor ihm. Hinter mir steht Christus.

W.W.: Welche Beziehung hast Du zu Deinen Mitbrüdern?

Der Große: Wir geben den Zeitenkreis unter uns weiter und stimmen uns ab. Mit einigen meiner Brüder komme ich leicht in Kontakt, mit anderen ist es dagegen sehr viel schwerer. Es gibt ihrer viele, aber Ihr Menschen habt nur einigen von ihnen Namen gegeben. Mit dem Planetengeist des Saturn ist es sehr schwierig, das ist Euch schon bekannt. Aber ich darf darüber nicht alles sagen, denn das würdet Ihr nicht aushalten.

8. Das Papierwesen

W.W.: Guten Tag.

Das Papierwesen: Guten Tag.

W.W.: Was bist Du für ein Wesen?

Das Papierwesen: Ich bin Geduld. Ich bin das Wesen, das entstehen mußte, als die Menschen das Papier erfunden haben. Ich trage Eure Informationen, die Ihr dem Papier anvertraut.

„Ich kenne die Inhalte aller Bücher"

W.W.: Kennst Du jeden Inhalt eines jeden Papiers?

Das Papierwesen: Ja, jeden Inhalt!

W.W.: Oh Gott. Bist Du denn für das gesamte Papier auf der Welt zuständig?

Das Papierwesen: Mein großer Aspekt, ja.

W.W.: Also kennst Du auch die Inhalte aller Bücher?

Das Papierwesen: Ja. Ich kenne auch die Inhalte aller Zettel, aller Notizen, aller Comics usw.

W.W.: Wenn man bedenkt, was alles geschrieben wird, dann muß das ja entsetzlich sein.

Das Papierwesen: Das ist entsetzlich, Du sagst es. Ich kenne allerdings auch die Worte Gottes auf dem Papier, also die Weiheschriften und die heiligen Bücher. Die sind schön.

W.W.: Wann entstand das erste Papier?

Das Papierwesen: Papier im weitesten Sinne im alten Ägypten.

W.W.: Dann trägst Du auch die Schriften auf dem Papyrus?

Das Papierwesen: Ja. Im Prinzip vertrete ich auch die Tierhäute und ähnliches, das beschrieben worden ist; das waren Vorstufen des Papiers. In dem Moment, in dem Informationen aufgeschrieben werden, bin ich zuständig. Meine Wesenheit ist die erdgebundene Information.

Bücherverbrennungen

W.W.: Was geschieht dabei, wenn ein Mensch ein Stück Papier nimmt und darauf schreibt?

Das Papierwesen: Er schreibt nicht nur auf dem Papier, sondern auch in den Weltenäther. Und das ist nie wieder auslöschbar. Es gibt Wahnsinnige, die Bücherverbrennungen initiieren, um den Inhalt dieser Bücher auszulöschen. Aber damit tun sie das Gegenteil. Denn dann schreiben sie den Inhalt dieser Bücher mit Feuer in den Weltenäther.

W.W.: Also die Nazis.

Das Papierwesen: Ja, aber nicht nur, auch christliche Mönche, die Taliban und viele andere haben es gemacht. Die Christen haben im arabischen Raum viele Bücher verbrannt. Die Inhalte dieser Bücher sind so für den Menschen unlesbar geworden, aber sie sind in den Weltenäther eingebrannt.

W.W.: Nach allem, was Du erzählst, wohnst Du bevorzugt auch in Bibliotheken.

Das Papierwesen: In Massen.

W.W.: Bist Du *ein* Wesen, oder hast Du viele Subs?

Das Papierwesen: Ich bin *ein* Wesen, und ich bin *ganz viele* Wesen. Mit jedem Buch ist ein Aspekt meines Seins verbunden, aber das sind keine Subs wie bei den Hausgeistern. Papier hängt zusammen, alles Papier ist im Endeffekt *ein* Papier. Es ist nur in unzählige Stücke zerteilt. In gewisser Weise bin ich sogar auch für die digitale Datenaufzeichnung zuständig, allerdings nicht ganz, aber ich bin daran auch nicht ganz unbeteiligt.

W.W.: Welcher Unterschied besteht zwischen einem Buch mit einem schönen Inhalt und einem mit einem schlechten Inhalt?

Das Papierwesen: Das ist doch ganz einfach, das weiß jedes Kind. Wenn es ein Buch aufmacht, das ihm gefällt, trifft es seine Freunde. Macht es dagegen eines auf, das schlecht ist und das ihm nicht gefällt, dann trifft es seine Feinde. Im Papier sind Welten.

W.W.: Ist ein schlechtes Buch für Dich so wie ein Krebsgeschwür für einen Menschen?

Das Papierwesen: In etwa. Je nach Schlechtigkeit bis hin zu einem Krebsgeschwür.

Die Wesen der Dummheit

W.W.: Kennst Du Wesen, die Toren genannt werden?

Das Papierwesen: Die Du so gerne um Dich sammelst?

W.W.: Was sind das für Wesen?

Das Papierwesen: Das sind die Bleigewichte der Gedanken. Sie umschwirren die intelligenten Menschen und ernähren sich durch die klugen Worte und Gedanken.

W.W.: Und wieso sammle ich die Toren gern um mich?

Das Papierwesen: Weil Du gerne kluge Gedanken denkst und aussprichst. Jeder dieser Toren, dieser Wesen der Dummheit, gibt einem klugen Gedanken Halt. Es muß ein Gleichgewichtszustand hergestellt werden. Die Toren sind hungrig nach klugen Gedanken und essen sie auf.

W.W.: Ist es gut, daß man solche Wesen um sich hat?

Das Papierwesen: Für die Welt ist es gut.

W.W.: Stimmt es, daß diese Wesen auch auf Friedhöfen wohnen?

Das Papierwesen: Ja, bei den Gräbern kluger Menschen. Die Toren, die ein Mensch während des Lebens um sich gesammelt hat, sind dort, wo der Leichnam begraben ist.

W.W.: Sind diese Toren kraftmäßig nötig, wenn man einen klugen Gedanken bildet?

Das Papierwesen: Ein Waagebalken hat immer zwei Enden.

W.W.: Haben Menschen mit dummen Gedanken solche Toren nicht um sich?

Das Papierwesen: Nein. Sie sind ja selbst Toren.

Die Wesen der Häßlichkeit

W.W.: Kannst Du auch etwas über die Wesen der Häßlichkeit sagen, die dazu da sind, daß ein Künstler ein schönes Kunstwerk in die Welt stellen kann?

Das Papierwesen: Das ist nicht mein Gebiet. Frag den Gläsernen. Der ist schöner als ich.

W.W.: Glasmännchen, kannst Du einmal kommen?

Glasmännchen: Du mußt mir erst einen Tagesnamen geben.

W.W.: Warum?

V. Staël von Holstein: Das Glasmännchen bekommt jeden Tag einen neuen Namen. Sonst wird es zickig.

W.W.: Kann es auch ein menschlicher Name sein?

V. Staël von Holstein: Irgendein Name.

W.W.: Dann nenne ich Dich Gamila.

Glasmännchen: Fein, das ist ein schöner Name.

W.W.: Zwar ist es ein weiblicher Name, aber er bedeutet auf arabisch „Schöne". – Kannst Du mir etwas über die Wesen der Häßlichkeit sagen, die nötig sind, damit schöne Kunst entsteht?

Glasmännchen: Ihr Menschen müßt versuchen, diese Zusammenhänge zu verstehen. Ihr Menschen seid in fast jeder Hinsicht der Punkt, auf dem die Waage aufliegt. Das ist Euer Sein. Ihr entscheidet, ob Ihr Euch mehr zu Luzifer oder zu Ahriman neigt. Ihr müßt versuchen, die Mitte zu halten. In Eurem ganzen Erleben geht es immer um ein Mittehalten. Wenn Ihr Schönheit seht, muß Häßlichkeit da sein. Ohne die Häßlichkeit kann die Schönheit nicht sein. *Noch* ist es so, daß das eine nicht ohne das Gegenteil vorhanden sein kann. Wenn Ihr Schönheit erzeugt, wird diese von den Wesen der Häßlichkeit gegessen, und dadurch wird die Schönheit noch schöner. Das ist ganz wichtig. So ist es fast überall.

W.W.: Demnach ist ein schönes Kunstwerk von diesen Wesen der Häßlichkeit umgeben.

Glasmännchen: Ja. Und dadurch hebt sich die Häßlichkeit auf. Durch das von den Menschen geschaffene Kunstwerk wird die Häßlichkeit kompensiert.

W.W.: Und wenn ein Kunstwerk häßlich ist, was dann?

Glasmännchen: Dann müssen die Menschen es schaffen, bis zum Ende der Welt ein Schönheitswesen zu erzeugen, das dieses häßliche Kunstwerk ausgleicht. Hier kommt die Zeitkomponente in Betracht. Der Ausgleich muß nicht zeitgleich mit der Erschaffung eines Werkes vorhanden sein.

„Das Papier ist mein Sein"

W.W.: Papierwesen, was passiert, wenn Papier hergestellt wird? Ist das ein Prozeß, an dem Du auch beteiligt bist?

Das Papierwesen: Ja und nein. Es wird so fürchterlich viel Papier hergestellt. Bei der Herstellung von Papier breite ich mich aus. Das ist ziemlich langweilig.

W.W.: Was passiert, wenn Papier zerrissen wird?

Das Papierwesen: Das ist so, wie wenn Du Deine Haare schneidest.

W.W.: Es gibt verschiedene Sorten Papier. Ist es für Dich gleichgültig, aus welchem Material Papier hergestellt wird?

Das Papierwesen: Nein, das ist ganz und gar nicht gleichgültig. Das Papier ist mein Sein, aber für die Information, die auf dem Papier steht, ist es gleichgültig. Für mich selbst ist es allerdings mein Körper, so wie Ihr einen physischen Leib habt. Ich werde natürlich lieber aus verträglichem Material hergestellt. Ich bin auch gerne schön, mag auch gerne einmal Büttenpapier sein. Ich bin nicht so gerne Klopapier.

W.W.: Vielen Dank für das Gespräch.

Das Papierwesen: Bitte.

Der graue Schleicher

W.W.: In Ihrem Buch schildern Sie, wie Sie mit einem Mal den grauen Schleicher entdeckt haben. Können Sie diese Begebenheit einmal erzählen?

V. Staël von Holstein: Ihn entdeckte ich eines Morgens, als ich die etwa 30 m vom Haus zum Stall hinüberging. Und ich schaute ihn, wie er über die Wiese lief. Der graue Schleicher ist ein ganz trauriges Wesen, und er sieht etwa so aus wie ein vornübergebeugter Telegrafenmast mit einem grauen Mantel. Die Begegnung war ziemlich schauderhaft. Dann habe ich meine

Freunde gefragt, was dies für ein Wesen sei. Und sie sagten, daß es ein Dürrewesen sei. Es war im Frühling des Jahres 2000, und bald danach setzte eine Dürreperiode ein, die im Mai für viele Pflanzen viel zu früh kam. Wegen dieser Dürreperiode gab es auch viele Schädigungen an den Pflanzen. Das war ein spannender Vorgang, zuerst dieses Dürrewesen zu schauen und später tatsächlich die Dürre zu erleben.

W.W.: Was mich dabei erstaunt, ist, daß Sie dieses Wesen des grauen Schleichers zuerst geschaut haben, und nicht die Naturwesen, vor allem die nicht, die für den Wasserhaushalt und die Pflanzen zuständig sind.

V. Staël von Holstein: Naturwesen sind in einer gewissen Beziehung Fachidioten. Sie haben nicht den Rundumblick, wie ihn der Mensch hat. Sie haben auch nicht die umfassende Neugier des Menschen, sie interessieren sich nicht für alles. Sie beherrschen ihr Gebiet und sind auch in bezug auf ihr Gebiet neugierig, aber sie beobachten nicht alles. Die Naturwesen waren erstaunt, daß der graue Schleicher schon so früh gekommen war. Sie hatten mit ihm gerechnet, allerdings nicht so früh.

W.W.: Waren die Naturwesen dankbar, als sie von Ihnen auf die Anwesenheit des grauen Schleichers hingewiesen wurden?

V. Staël von Holstein: Ja.

W.W.: Müller, kannst Du die Bedeutung des grauen Schleichers ein wenig erläutern?

Müller: Der graue Schleicher wird von den Gestaltern des Wetters eingesetzt, und diese Wettermacher sehen die Notwendigkeit, mit einer Dürre zu stören.

W.W.: Was empfinden die anderen Naturwesen gegenüber diesem grauen Schleicher?

Müller: Die Grünen haben vor dem grauen Schleicher große Angst, weil die Pflanzen ihre Schützlinge sind. Der Nasse fürchtet ihn auch, aber er ist alt genug und weiß, daß er schon viele Dürreperioden überstanden hat. Mich als Hauswesen berührt der graue Schleicher kaum.

W.W.: Wenn es eine Dürreperiode gibt, kommen dann viele graue Schleicher oder nur einer?

Müller: Das ist genau wie bei allen Naturwesen. Es ist eine Pyramide von grauen Schleichern mit einem Wesen an der Spitze. Meine Menschin hat *einen* grauen Schleicher gesehen.

Wie die Menschen das Wetter beeinflussen

W.W.: Gnunno, kannst Du erzählen, wodurch diese grauen Schleicher Nahrung bekommen?

Der Grüne: Sie bekommen vor allem dadurch Nahrung, daß die Menschen das sonnige Wetter als das beste, tollste und lobenswerteste Wetter ansehen und daß sie es als schönes Wetter bezeichnen. Feuchtes und regnerisches Wetter bezeichnen sie dagegen als schlechtes Wetter. Im Frühjahr fordern die Menschen von der Natur, daß sie blühen und wachsen soll, aber das Wetter soll trotzdem sonnig und trocken sein. Das ist ein Unding. Aus solchen verdrehten Anschauungen entstehen die Dürrewesen viel leichter.

W.W.: Sie entstehen auch aus den Gedanken der Menschen?

Der Grüne: Ja, sie entstehen auch aus den Gedanken und Wünschen der Menschen. Gerade weil die Menschen das Wetter in Gut und Schlecht teilen, werden solche Wesen stark beeinflußt. Regen sei schlechtes Wetter, Sonne sei gutes Wetter. Das aber entspricht überhaupt nicht unserem Naturgeisterleben.

W.W.: Entstehen solche Dürrewesen auch in Solarien?

Der Grüne: Ganz kleine, ja.

W.W.: Bekämpft Ihr als Pflanzenwesen diese Dürrewesen?

Der Grüne: Ja und nein. Wir versuchen, unsere Schützlinge zu behüten. Das ist ein wenig anders, als aktiv zu kämpfen. Wir sind nicht frei.

W.W.: Wie schützt Ihr denn die Pflanzen vor den Dürrewesen?

Der Grüne: Indem wir versuchen, mit dem Nassen und allen Wasserwesen Bewässerungen durchzuführen. Wir versuchen, auch durch kleinste Mengen den Pflanzen Wasser zukommen zu lassen.

Sie gehören der dunklen Seite der Macht an

W.W.: Etschewit, kannst Du noch etwas über die Aufgaben eines Dürrewesens erzählen?

Der Nasse: Die Dürrewesen wollen nicht gesehen werden. Sie entziehen dem Wasser Lebenskraft. Und damit entziehen sie der Erde Lebenskraft. Das hängt damit zusammen, daß die Menschen falsche Lebensauffassungen ausbilden.

W.W.: Warum wollen die Dürrewesen nicht gesehen werden?

Der Nasse: Um es mit George Lucas auszusprechen: Weil sie der dunklen Seite der Macht angehören. Erkenntnis schadet diesen Wesen. Bringe Licht in die Dunkelheit, und die Dunkelheit vergeht.

W.W.: Wollen diese Dürrewesen, daß die Erde stirbt?

Der Nasse: So ist die Frage falsch formuliert. Sie würden es nicht verhindern, wenn die Erde stirbt. Es ist aber nicht ihre Absicht, etwas sterben zu lassen. Sie sind Dürrewesen, und deswegen sehen sie in ihrem Schaffen etwas Berechtigtes.

W.W.: Aber dort, wo etwas stirbt, sind diese Dürrewesen anwesend?

Der Nasse: Ja, aber nur, wenn es ein trockener Tod ist. Wenn man ertrinkt, empfindet man keine Dürrewesen.

W.W.: Wie stark sind diese Dürrewesen in einer Wüste, z.B. in der Sahara?

Der Nasse: Dort sind sie beherrschend.

W.W.: Sind das riesige Wesen?

Der Nasse: Es sind viele Wesen, riesig sind sie nicht. Wärmewesen – und die Dürre gehört dazu – sind eher klein, aber sie sind mächtig. Das widerspricht sich nicht, denn auch etwas Kleines kann mächtig sein.

W.W.: Welches Verhältnis haben die Dürrewesen einer Wüste zu einem Menschen, wenn er durch die Wüste geht?

Der Nasse: Er interessiert sie nicht. Aber wenn ein Mensch sich nicht besonders gut in der Wüste auskennt, wird er die Dürre nicht überleben. Allerdings haben die Dürrewesen kein Interesse am Töten.

W.W.: In welchen Bereich der Naturwesen gehören die Dürrewesen?

Der Nasse: Es sind keine Dämonen. Sie gehören zu den grauen Wesen. Die Dürrewesen sind auch notwendig. Jetzt, während eines nassen Spätsommers, würden viele Bauern die Dürrewesen begrüßen.

W.W.: Und Ihr würdet sie jetzt auch zulassen?

Der Nasse: Das entscheiden wir nicht. Wir sind nicht frei.

W.W.: Können die Menschen helfen, damit ein harmonisches Gleichgewicht zwischen Wasser- und Dürrewesen entsteht?

Der Nasse: Ja, wenn sie sich endlich aufraffen könnten, das Wetter als harmonisches Wetter zu begreifen und den Regen, wenn er in Maßen kommt, genauso zu loben wie die Sonne, wenn sie in Maßen scheint. Damit würden die Menschen der Natur sehr helfen. Jeder einzelne Mensch sollte an dieser Stelle Bewußtsein entfalten. Alle nur persönlich wertenden Begriffe sollten herausgenommen werden, wenn man über das Wetter spricht. Von schlechtem Wetter zu sprechen, nur weil man in einem Regenschauer naß wird, ist vollkommen unangebracht.

9. Das Böse

Lügendämonen

W.W.: Was sind Dämonen?

Der Nasse: Dämonen sind Wesenheiten der absteigenden Mächte aus dem schwarzen Bereich, die u.a. durch Lügen der Menschen hervorgerufen werden. Sie entstehen auch durch die falschen Gedanken der Menschen. So wie wir Kinder der Engel sind, sind die Dämonen Kinder bzw. Abspaltungen der gefallenen Engel.

W.W.: Schafft jede Lüge, die ein Mensch spricht, einen Lügendämon?

Der Nasse: Jawohl. Und wenn es eine kleine Lüge ist, ist es ein Dämönchen, ist es dagegen eine schwerwiegende Lüge, entsteht ein ausgewachsener Dämon.

W.W.: Wie wirken diese Lügendämonen in der Welt, nachdem sie geschaffen worden sind?

Der Nasse: Sie ziehen herum und zerstören, was sie können. Sie zerstören die guten Gedanken und wirken dem Aufsteigenden der Weltentwicklung entgegen. Sie versuchen, das Gleichgewicht zugunsten der Widersachermächte zu destabilisieren.

W.W.: Können diese Lügendämonen Menschen auch so beeinflussen, daß diese Menschen dadurch neue Lügen aussprechen?

Der Nasse: Ja, natürlich. Sie können sogar so groß und stark werden, daß sie Menschen besetzen. Es gibt ja in der Geschichte und in Schilderungen der Bibel sogenannte Dämonenaustreibungen, und die sind ganz real zu nehmen.

W.W.: Wenn Christus die Dämonen aus Menschen austreibt, flüchten sie z.B. in Schweine. Ist das eine richtige Schilderung?

Der Nasse: Das ist nicht unbedingt erstrebenswert. Frage den Braunen. Aber es ist denkbar. Schweine haben ohnehin den Hang, im Schmutz zu wühlen, und entsprechen so im Grunde bildhaft der lügnerischen Seite des Menschen.

Spektren

W.W.: Wenn eine Menschengemeinschaft über eine gewisse Zeit hinweg viele Lügen ausspricht, bleiben die erschaffenen Lügendämonen dann im Umkreis dieser Menschengemeinschaft?

Der Nasse: Wenn eine Menschengemeinschaft Lügen ausspricht, sich bestimmten Lügen hingibt, entstehen schon größere Dämonen. Diese Wesen heißen Spektren. Wenn diese Spektren von der Menschengemeinschaft nicht durch positives Denken bearbeitet werden, kommen sie immer wieder zu der Gemeinschaft zurück, und sie begegnen den Menschen auch nach dem Tode und sogar bei ihrer nächsten Geburt.

W.W.: Angenommen, man erschafft einen Lügendämon oder ein Spektrum. Wie kann man diese wieder aus der Welt schaffen?

Der Nasse: Wenn man aus Versehen gelogen hat, dann hilft es, daß man gleich anschließend widerruft. Wenn man nach einer solchen Lüge einen guten Gedanken hinzusetzt, dann gleicht sich das Verhältnis aus, und der

Lügendämon löst sich wieder auf. Bei Spektren ist es sehr viel schwieriger, weil es sehr schwer ist, eine Menschengemeinschaft zu gleichen positiven Aspekten zu bringen. Deswegen lösen sich die Spektren sehr viel schwerer auf. Die Menschen-Iche sind frei, und wenn heute eine Menschengemeinschaft gemeinsam ein Spektrum durch eine Lüge schafft, ist es für die freien Iche schwer, am nächsten Tag unter umgekehrten Vorzeichen wieder zusammenzutreffen. Aber wenn sich einige Menschen aus dieser Gemeinschaft bemühen, können auch positive Wesen entstehen, die dann in einen Kampf mit den Spektren eintreten. Die Spektren und die Kämpfe mit ihnen belasten das Erdenkarma, das gesamte Erdenumfeld, und zur Zeit gibt es viele solcher Kämpfe, die auch Gewitter erzeugen. Bei diesen Kämpfen wirken die michaelischen Scharen auf der guten Seite mit.

W.W.: Ich kenne eine Gemeinschaft, in der über eine gewisse Zeit hinweg sehr viele Lügen ausgesprochen worden sind, die weitgehend nicht richtiggestellt wurden. Da dies aber schon viele Jahre zurückliegt, sind auch neue Menschen in diese Gemeinschaft eingetreten, die mit diesen Lügen nichts zu tun haben. Wie können sich diese neu hinzugetretenen Menschen vor den diese Gemeinschaft umschwirrenden Lügendämonen und Spektren schützen?

Der Nasse: Die müssen die Menschengemeinschaft verlassen.

W.W.: Und wenn das nicht geht?

Der Nasse: Es gibt keinen anderen Weg. Sonst müssen diese Menschen die Belastungen der Gemeinschaft in ihrem Karma unterbringen.

W.W.: Gibt es individuelle Schutzmechanismen, um sich vor Lügendämonen schützen zu können?

Der Nasse: Beten.

W.W.: Kannst Du etwas über den Doppelgänger des Menschen sagen? Was ist das für eine Wesenheit?

Der Nasse: Nein, ich bin kein Engelwesen.

W.W.: Darüber kann also nur der Große sprechen?

Der Nasse: Ja.

Das Böse während einer Sonnenfinsternis

W.W.: Was passiert geistig bei einer Sonnenfinsternis?

Der Nasse: Das ist eine gute Frage. In dem verfinsterten Streifen, der während einer Sonnenfinsternis über die Erde zieht, werden die großen zerstörerischen Besetzungen vorgenommen, weil in diesem Moment der Christus dort nicht hinschaut.

W.W.: Können die bösen Kräfte des Kosmos in diesem Moment auf die Erde einströmen?

Der Nasse: Ja.

W.W.: Ist dies während der Sonnenfinsternis 1999 auch geschehen?

Der Nasse: Ja.

W.W.: Betreffen diese Besetzungen einzelne Menschen oder die gesamte Menschheit?

Der Nasse: Sowohl als auch. Alle Löcher können während einer Sonnenfinsternis besetzt werden. Alle Hohlräume, die Ihr in der Erde schafft, können sich in so einem Moment mit sehr großen negativen Wesen füllen.

Die Anderen und der Sonnendämon

W.W.: Ihr sprecht über die Anderen und den Sonnendämon. Was sind das für Wesen?

Der Nasse: Die Anderen ist eine generelle Bezeichnung für Dämonen, Spektren, Dürrewesen, also die kleineren Geistwesen der grauen und dunklen Seite. Alle kleineren Naturwesenheiten haben Angst vor dem großen Sonnendämon und haben Angst, seinen Namen zu nennen. Seinen Namen ertragen nur wir Großen.

W.W.: Was ist die Aufgabe des Sonnendämons?

Der Nasse: Er stört die Wirksamkeit des Christuswesens.

W.W.: Wodurch wird er genährt?

Der Nasse: Durch schwarze Magie, durch Unglaube, durch Haß, durch schwarze Gedanken und durch permanenten Materialismus. Dieser Materialismus macht ihn dick und fett.

W.W.: Kann er auch Menschen, die entsprechend denken, besetzen?

Der Nasse: Ja, und er lenkt sie bzw. stiftet sie zu Taten an. Allerdings ist er derzeit noch sehr vorsichtig, um nicht zu deutlich aufzutreten. Er ist auch noch nicht ganz da. Aber seine Kraft wird steigen. Man sollte so wenig wie möglich seinen Namen aussprechen, wenn der Raum nicht von Gebeten erfüllt ist.

W.W.: Warum soll man den Namen des Sonnendämons nicht aussprechen?

Der Nasse: Namen inkarnieren. Schreiben und Lesen ist möglich, aber der Name sollte *nicht ins Wort* kommen.

Luzifer und Ahriman

W.W.: Was ist Luzifer für ein Wesen?

Der Nasse: Er ist ein sehr schönes Wesen und war einst ein hoher Engel. Er ist ein gewaltiges Wesen.

W.W.: Ist er das schönste Wesen des Kosmos?

Der Nasse: Das ist eine ganz schwierige Formulierung. Nein, so würde ich es nicht ausdrücken. Für mich als Wasserwesen ist etwas anderes schön.

W.W.: Welche Aufgaben hat Luzifer?

Der Nasse: Die Menschheit zu befeuern und voranzubringen. Aber er versucht immer, alles viel zu früh zu machen. Luzifer begeistert und bringt Dinge in die Menschheit, die sie weiterführt. Er bringt Hohes aus der geistigen Welt und gestaltet es zu Fähigkeiten der Menschen um. So gesehen ist er für die Menschheit sehr hilfreich. Dieser Aspekt der Widersachermächte muß immer gesehen werden: Sie bringen im Hintergrund durch ihre Taten sehr große Opfer. Das heißt jetzt aber nicht, daß man alles, was die Widersachermächte vollbringen, gutfinden sollte.

W.W.: Hat der Mensch die Aufgabe, diese Widersachermächte eines Tages zu erlösen?

Der Nasse: Ja.

W.W.: Wird der Mensch das schaffen?

Der Nasse: Das weiß ich doch nicht.

W.W.: Was ist Ahriman für ein Wesen?

Der Nasse: Er ist kalt, er ist kalt wie eine CD. Und er ist ausgesprochen klug. Er ist brillant, aber nicht befeuernd. Er ist viel klüger, als Ihr es Euch vorstellen könnt. Aber er ist häßlich.

W.W.: Wie sieht er denn aus?

Der Nasse: Es gibt eine schöne Statue, die ihn am besten darstellt, die Rudolf Steiner geschnitzt hat. Er hat ein langes Kinn und eine hohe Stirn und eine Brille auf dem Gesicht.

W.W.: Wieso hat er eine Brille?

Der Nasse: Zur Zeit hat er eine Brille.

W.W.: Weswegen trägt Ahriman zur Zeit eine Brille?

Der Nasse: Weil das dem Bild von sich selbst entspricht, das er den Menschen von heute vermitteln möchte. Er wirkt aber sehr im Verborgenen, ganz im Gegenteil zu Luzifer. Das ist einer der interessantesten Unterschiede zwischen beiden. Der eine tritt gern auf, während sich der andere so gut wie möglich versteckt.

W.W.: Ahriman haßt es, wenn man ihn erkennt.

Der Nasse: Genau.

W.W.: Ist es eine Art Schutz vor Ahriman, wenn man weiß, wie Ahriman wirkt und was die Charakterzüge seines Wesens sind?

Der Nasse: Noch seid Ihr alle nicht stark genug, um Euch vor Ahriman zu schützen. Dazu müßt Ihr Euch selbst sehr viel besser kennenlernen. Erkenne Dich selbst: Das schützt Dich am meisten vor ihm.

W.W.: Ist ein Teil eines jeden Menschen von Ahriman besetzt?

Der Nasse: Zur Zeit ja. Das muß so sein.

W.W.: Welche notwendigen Aufgaben hat Ahriman?

Der Nasse: Er bildet das Gegengewicht zu Luzifer, was das Allernotwendigste überhaupt ist. Er verfestigt die Materie und verhindert, daß die Erde sich in eine Feuerkugel verwandelt. Nur durch das Gleichgewicht beider kann die Materie sein.

Die Asuras kommen ohne Einladung

W.W.: Was sind die Asuras für Wesen?

Der Nasse: Sie kommen aus einer anderen Welt.

W.W.: Kann man diese Welt beschreiben?

Der Nasse: Nein, das darf ich nicht. Es ist eine Welt hinter unserem Kosmos.

W.W.: Und wie wirken die Asuras hier in unserer Welt?

Der Nasse: Wie Krebs. Sie fressen einen Teil des Ich auf.

W.W.: Wodurch öffnet sich der Mensch diesen Wesenheiten?

Der Nasse: Die Asuras sind hinterkosmischer Natur. Mit ihnen kommen eher Angriffe von außen.

W.W.: Kann sich der Mensch vor diesen Angriffen nicht schützen?

Der Nasse: Nicht ohne weiteres. Aber der Mensch lädt sie nicht ein, wie er dies in bezug auf Ahriman und Luzifer tun muß. Sie kommen, ohne daß sie eingeladen werden.

W.W.: Wann kommen sie besonders?

Der Nasse: Sie kommen immer öfter, aber ihre Wirkung ist noch nicht so stark. In der Zukunft wird es schlimmer.

W.W.: Aber es muß ja irgendeine Art von Schutz geben, wie sich der Mensch dieser Asuras erwehren kann.

Der Nasse: Der Mensch kann immer beten und sich der Führung der guten geistigen Wesen anvertrauen. Dies tut er, indem er sein Karma christlich trägt. Wichtig ist auch, daß er mit seinem Leben zufrieden ist, denn Unzufriedenheit macht angreifbar.

W.W.: Haben die Asuras etwas mit Ahriman zu tun?

Der Nasse: Nein, sie sind ganz eigenständig.

W.W.: Zu welcher Hierarchie gehören sie?

Der Nasse: Zu überhaupt keiner.

W.W.: Was passiert bei einer schwarzen Messe?

Der Nasse: Es werden Dämonen, Spektren und Phantome angelockt und in die schwarze Messe eingebunden. Darüber hinaus werden die Heerscharen der gefallenen Engel angesprochen und in die anwesende Gemeinde eingebunden. Oder es wird ein Wesen in einer schwarzen Messe freiwillig oder unfreiwillig besetzt. Hierbei gibt es verschiedene neue und alte Formen von schwarzen Messen.

W.W.: Gibt es heute noch Schwarzmagier?

Der Nasse: Ja.

W.W.: Viele?

Der Nasse: Was heißt viele? Zu viele!

W.W.: Wissen alle Schwarzmagier, was sie tun?

Der Nasse: Es gibt einige, die musen nur herum. Und dann gibt es viele, die auf dem schwarzen Weg eingeweiht sind.

10. Jahreslauf und christliche Feste

Die Natur hält den Atem an

W.W.: Was geschieht kosmisch und auf der Erde am Gründonnerstag?

Der Nasse: An welchem Gründonnerstag? Am ersten oder an jedem?

W.W.: An jedem.

Der Nasse: Mit dem Namen Gründonnerstag haben die Menschen einen schrecklichen Namen geprägt. Wie kann man einen so schönen Tag nur so schrecklich benennen? Es ist der Tag der Einsetzung der Eucharistie, an ihm sind die Gemeinden entstanden, und dies wird jedes Jahr an diesem Tag erneuert. Für uns Naturwesen bedeutet dieser Tag, daß die Engel sich an diesem Tag in besonders intensiver Art um die Gemeinden kümmern.

W.W.: Ist an diesem Tag in der Natur etwas anders?

Der Nasse: Am Gründonnerstag bereiten wir uns auf das Warten vor.

W.W.: Was geschieht Karfreitag kosmisch und auf der Erde?

Der Nasse: Karfreitag bleibt alles stehen, die Natur hält den Atem an. Das ist eine ganz schreckliche Pause. Wir Naturwesen wissen nicht – auch ich als Nöck nicht –, ob es in jedem Jahr erneut wieder Ostern wird.

W.W.: Du meinst, es könnte geschehen, daß es in einem Jahr nicht Ostern wird?

Der Nasse: Ja, wir halten die Luft an. Alles bleibt stehen, es bewegt und tut sich gar nichts mehr. Wenn die Karfreitags- und Karsamstagsruhe gestört wird, ist dies eine ganz schwere Schädigung der Welt. Die Welt ist an diesen Tagen tot.

W.W.: Den ganzen Karfreitag?

Der Nasse: Ab Mittag, und es geht bis zum Zeitpunkt, an dem die Ostersonne aufgeht.

W.W.: Wodurch kann die Karfreitagsruhe gestört werden?

Der Nasse: Durch verschiedene Tätigkeiten, vor allem dadurch, daß die Menschen nicht wissen, was dieser Tag bedeutet. An diesen Tagen sollte man nicht töten und auch kein Fleisch bearbeiten. Man sollte kein Blut fließen lassen. Man sollte nicht operieren, den Erdboden nicht stören und keine Pflanzen abschneiden.

W.W.: Haben die Naturwesen in der Passionszeit eine bestimmte Aufgabe?

Der Nasse: Ja. Wir bereiten die neue Geburt vor. Die Passionszeit ist immer im Frühling. Das hat seine Gründe. Die Passion ist nicht im Herbst, und die Menschen sollten sich vielmehr Gedanken darüber machen, warum die Passionszeit im Frühling ist und nicht in der dunklen Jahreszeit.

W.W.: Eigentlich ist es ja ein Gegensatz.

Der Nasse: Es ist *kein* Gegensatz. Aber das versteht Ihr noch nicht.

W.W.: In der äußeren Natur wächst und aufersteht etwas, im Inneren stirbt etwas.

Der Nasse: Jeder Karfreitag entspricht in gewisser Weise einer Sonnenfinsternis. Und am echten Karfreitag war sogar eine Sonnenfinsternis.

W.W.: Vollzieht sich der Sterbeprozeß Christi an jedem Karfreitag neu?

Der Nasse: Ja, an jedem Karfreitag.

W.W.: Wie empfindet Ihr Naturwesen diesen Sterbevorgang?

Der Nasse: Ganz extrem schmerzhaft. Die ganze Natur leidet an diesen Tagen.

W.W.: Kann der Mensch Euch hierbei helfen?

Der Nasse: Indem der Mensch Ruhe bewahrt, mitdenkt, mitfühlt, mitleidet. Übet das Mitleid!

W.W.: Also wißt Ihr ja doch, was Mitleid ist!

Der Nasse: Der Mensch hat Mitleid, nicht wir. Wir wissen aber, was Mitleid ist, aber wir können es nicht selbst hervorbringen. Ihr wißt auch, was Geist ist und könnt ihn trotzdem nicht schaffen.

W.W.: Hilft in dieser Zeit auch ein Kultus?

Der Nasse: Ja, natürlich. Das Erleben der Naturprozesse in Verbindung mit dem Kultus ist ganz wichtig, um die Erde gesundzuhalten. Je mehr diese Vorgänge von der Erde verschwinden, desto eher wird die Erde sklerotisieren und krank werden.

„Ostern singen und tanzen wir"

W.W.: Kannst Du schildern, was am Ostersonntag in der Natur geschieht?

Der Nasse: Sie jubelt. Sie jubelt, ob es regnet oder nicht. Meistens scheint am Ostersonntag wenigstens eine Zeitlang die Sonne. Die Natur jubelt einfach, sie freut sich, es ist eine ungeheure Schönheit. Wir singen und tanzen alle miteinander. Die Steine tanzen mit dem Feuer, das Feuer tanzt mit dem Wasser. Wir feiern die Erneuerung der Welt. Ohne Ostern gäbe es diese Welt nicht mehr. Und so ist es jeden Ostersonntag.

W.W.: Wie lange feiert Ihr? Einen Tag, 40 Tage oder 50 Tage?

Der Nasse: Bis Himmelfahrt, also 40 Tage.

W.W.: Was machen die Naturgeister in der Walpurgisnacht?

Der Nasse: An diesem Tag tanzen die Naturgeister auch, aber es kommen die menschlichen Geister hinzu. Es ist der Tag der Hexen, eigentlich ein sehr alter Kultus, der sich auf die Geschlechtlichkeit bezieht. An diesem Tag verbindet sich das Männliche mit dem Weiblichen: Es entsteht Neues. Für uns hat das natürlich nur in einem übergeordneten Sinne eine Bedeutung.

W.W.: Ist das für Euch ein schöner Tag?

Der Nasse: In letzter Zeit wird er leider sehr verzerrt. Wichtig für diesen Tag ist die Vereinigung, die Grundidee der Zeugung. Das weibliche Prinzip vereinigt sich mit dem männlichen Prinzip. Daß die alten Völker diesen Tag begangen haben, indem sie die Zeugung auch im Fleisch durchgeführt haben, ist vollkommen in Ordnung. Es würde der Welt auch heute guttun, wenn Menschen es an diesem Tage täten – verbunden mit einem übergeordneten Bewußtsein.

Wir leben im Zeitalter der Himmelfahrt

W.W.: Was bedeutet Himmelfahrt für die Menschen und die Erde?

Der Nasse: Himmelfahrt ist jetzt, wir leben im Zeitalter der Himmelfahrt. Himmelfahrt bedeutet, daß sich das Christuswesen mit dem Erdenäther verbindet. Das ist für uns Ätherwesen in etwa das gleiche, was für Euch Ostern ist. Für uns ist es eine Art von Auferstehung. Und jetzt ist die Auferstehung im Ätherischen greifbar. Der ätherische Christus wandelt jetzt bei uns in der Ätherwelt.

W.W.: Wer ist der Heilige Geist, und welche Aufgaben hat er zu Pfingsten?

Der Nasse: Es ist nicht meine Aufgabe, darüber zu sprechen. Hier endet meine Kompetenz als Wasserwesen.

W.W.: Kannst Du trotzdem sagen, was Pfingsten in der Natur passiert?

Der Nasse: Pfingsten in der Natur ist Freude und Heilung. Die Seite, die wir Naturwesen von Pfingsten verstehen, ist die Wirkung des heilenden Geistes. Es ist die freiwillige Heilung aus den Weltenhöhen.

W.W.: Es kommen also heilende Kräfte, die in die Natur einströmen?

Der Nasse: Ja. Viele Wunden, die uns die Menschen und die Anderen geschlagen haben, werden in dieser Zeit geheilt.

W.W.: Was geschieht Johanni in der Natur?

Der Nasse: Johanni beginnt die Kristallisation der kosmischen Kräfte im Erdboden.

W.W.: Feiert Ihr diesen Tag?

Der Nasse: Ja. Wir geben unsere besten Kräfte zu den Kristallen hinzu.

Michaeli werden die Blätter golden

W.W.: Was bedeutet Michaeli für die Naturwesen und für die Erde?

Der Nasse: Michaeli beginnt die Erde, das Licht der Sonne zurückzugeben. Die Auferstehung der Erde beginnt, sich vorzubereiten. Die Blätter werden golden und leuchten zurück. Und dieser Prozeß endet Weihnachten.

W.W.: Was bedeutet Advent?

Der Nasse: Advent ist die Schwangerschaft, die Himmel öffnen sich.

W.W.: Also stimmt es, daß die Engel in der Adventszeit auf die Erde schauen?

Der Nasse: Ja.

W.W.: Sind die Menschen deshalb so unruhig?

Der Nasse: Eigentlich sollten sie ruhig sein. Unruhig werden nur die, die keinen Glauben haben. Sie spüren die Nähe der Engel, und das empfinden sie als beunruhigenden Widerspruch zu ihrem Leben.

Während der 13 heiligen Nächte ist der Himmel offen

W.W.: Was bedeutet die Weihnachtszeit für die Natur?

Der Nasse: Das sind die zwölf heiligen Tage und die 13 heiligen Nächte. Vergeßt nie, daß es *13* heilige Nächte sind! Die erste Nacht ist die vom 24. auf den 25. Dezember, und die letzte Nacht ist die auf den 6. Januar.

W.W.: Was geschieht in diesen Tagen und Nächten mit der Natur?

Der Nasse: Die Natur nimmt in diesen Zeiten die kosmischen Kräfte ganz direkt auf. Der Himmel ist dann ganz offen, und die Menschen sollten eigentlich ihr Leben so weit vorbereitet haben, daß sie an diesen zwölf Tagen und 13 heiligen Nächten nichts tun, sondern am besten nur meditieren. Zumindest wäre dies der beste Zustand. Aber das ist für einen normalen menschlichen Tagesablauf nicht zu machen. In diesen Tagen und Nächten treten die Hierarchien in der Welt in Erscheinung, immer eine an einem Tag bzw. in der Nacht. Deswegen müssen es 13 sein.

W.W.: Aber es gibt doch nur neun Engelhierarchien, oder wie ist das jetzt zu verstehen?

Der Nasse: Das Mineralreich, das Pflanzenreich, das Tierreich, die Menschen und die neun Engelhierarchien. Eigentlich gibt es über den Engelhierarchien noch weitere, aber die sind so weit weg, deshalb spielen sie keine Rolle.

W.W.: Und jede dieser 13 Hierarchien hat ihre besondere Nacht?

Der Nasse: So ist es. Die Nacht vom 24. auf den 25. Dezember ist die Nacht des Mineralreiches, weil der Christus in die Erdenwelt gekommen ist. Und dann kommt die Nacht der Pflanzen, die Nacht der Tiere usw.

W.W.: Hat Silvester eine besondere Bedeutung?

Der Nasse: Ja, Silvester liegt in der Mitte der zwölf heiligen Tage und 13 heiligen Nächte und teilt auch die Jahre. Es ist ein ganz wichtiger Tag. Es ist der Tag des Rückblicks.

W.W.: An diesem Tag sollten die Menschen einen Rückblick halten?

Der Nasse: Auf jeden Fall.

W.W.: Hat Silvester auch eine Bedeutung für die Natur?

Der Nasse: Nur eine untergeordnete. Die Natur hält keinen Rückblick. Das ist unnötig!

W.W.: Was bedeutet Epiphanias?

Der Nasse: Das ist der Tag der Geburt des zweiten Jesusknaben, dessen Geschichte im Matthäusevangelium geschildert wird. Das weißt Du doch! Auch wenn die meisten Menschen es heutzutage leider nicht mehr wissen. Dieser Jesusknabe ist der zukünftige.

W.W.: Welche Bedeutung hat dieser Tag für die Natur?

Der Nasse: Die gleiche wie der 25. Dezember. In der Nacht zum 25. Dezember wurde der Jesus geboren, den alle kennen, der vergangene. Seine Geburt wird im Lukasevangelium geschildert. Eigentlich sollten die Menschen Weihnachten am 6. Januar feiern. Denn der Königssohn ist jetzt der wichtigere. Unsere Menschen haben wir überzeugt, am 6. Januar Weihnachten zu feiern.

W.W.: Vielen Dank für Deine Ausführungen.

Der Nasse: Bitte.

V. Staël von Holstein: Etschewit hat es nicht so markant ausgedrückt, aber den Naturwesen ist es ganz wichtig, daß die Menschen ein Bewußtsein für die zweite Hälfte von Weihnachten erlangen. Die meisten Menschen packen ihre Weihnachtssachen Neujahr fort. Und das ist eine ungeheure Wirkung der ahrimanischen Wesenheiten, daß der Matthäus-Jesus in Vergessenheit geraten ist. Der Matthäus-Jesus hängt mit der Erkenntnis zusammen, während der Lukas-Jesus mit dem Gefühl zusammenhängt und von den Menschen oft verkitscht wird. Er wird süßlich gemacht. Und das finden die Naturwesen ganz entsetzlich. Sie betonen immer wieder, daß wir uns auf den zukünftigen, den kosmischen, den wissenden Jesus und auf den Christus besinnen müssen. Er ist der Träger der Weisheit und nicht des Gefühls.

11. Kollii, der vom Bruch

V. Staël von Holstein: Du siehst aber schlammig aus.

W.W.: Guten Tag.

Der vom Bruch: Guten Tag.

W.W.: Warum siehst Du so schlammig aus?

Der vom Bruch: Weil ich eben unten im Bruch war.

W.W.: Was hast Du dort gerade gemacht?

Der vom Bruch: Ich habe einen Wasserdurchgang neu geöffnet. Zur Zeit ist in diesem Flußtal genug Wasser, und deswegen legen wir neue Wasserkanäle.

W.W.: Kannst Du Dein Wesen einmal beschreiben?

Der vom Bruch: Ich bin ein Wesen der Dauer und der Bruchwälder hier. Der Umkreis meines Wirkens umfaßt etwa 50 km.

W.W.: Wie alt bist Du?

Der vom Bruch: Mich gibt es, seit es hier Bruchwälder gibt. Sie sind nach der letzten Eiszeit entstanden. Ich bin etwas jünger als der Nasse, denn er war vor mir hier.

„Ich bin ein Moorgeist“

W.W.: Wurdest Du geboren, oder wie bist Du entstanden?

Der vom Bruch: Ich werde geboren, denn ich bin ein Moorgeist. Und das Moor gebiert sich selbst.

W.W.: Kannst Du diesen Prozeß beschreiben?

Der vom Bruch: Es hat sich eine ganz besonders große Sumpfgasblase gebildet, und aus dieser bin ich extrahiert worden. Ich bin Euch relativ verwandt.

W.W.: Inwiefern?

Der vom Bruch: Meine Form ähnelt der des Menschen, und mein Verhalten ist ebenfalls dem menschlichen recht ähnlich. In meinem Wesen mischen sich die Gnomen, die Grünen und die Baumgeister. In der früheren nordischen Kultur waren wir sehr wichtig. Leider ist diese Tradition sehr verschüttet, und sie sollte wiederkommen. Die hier lebenden Menschen sollten sich darauf besinnen, daß diese Gegend der nordischen Kultur angehört, nicht der humanistischen. Früher gingen die Menschen in das Moor, um Gericht zu halten, weil sie wußten, daß dort die Kräfte des Entstehens und des Vergehens wirken, der ewige Umwandlungsprozeß, der Leben und Tod gebiert.

Schuldige wurden zu Irrlichtern

W.W.: Was haben die Menschen früher bei einem solchen Gericht gemacht?

Der vom Bruch: Die Ältesten – die biologisch gar nicht unbedingt die Ältesten waren, aber die ältesten Seelen – hielten Gericht. Zu diesen Ältesten konnte auch ein Kind zählen. Ein Kind konnte auch Stammesführer sein, wenn es am 25. Dezember geboren wurde. Diejenigen, über die zu Gericht gesessen wurde, wurden in das Moor hineingestoßen, und wer unschuldig war, überlebte diesen Vorgang. Man saß zu Gericht über Menschen, die z.B. Ehebruch und Diebstahl begangen hatten.

W.W.: Und wenn ein Mensch unschuldig war, habt Ihr ihn beschützt?

Der vom Bruch: Genau. Und wenn er schuldig war, wurde er zum Irrlicht.

W.W.: Was sind Irrlichter?

Der vom Bruch: Umherirrende Seelen, die aus den damaligen Stammesverbänden ausgeschlossen und ins Moor gestoßen wurden. Sie leben weiterhin im Moor, nachdem sie als Mensch dort gestorben sind.

W.W.: Leben auch heute noch Irrlichter im Moor?

Der vom Bruch: Ja.

W.W.: Sind das die im Moor gestorbenen Menschen aus der Zeit, von der Du jetzt berichtet hast?

Der vom Bruch: Nicht unbedingt, denn nach etwa 1.000 Jahren kann ein Irrlicht aufhören zu irrlichtern. Die Strafe für die Menschen besteht in solchen Fällen darin, daß ihnen Inkarnationsmöglichkeiten entgehen.

W.W.: Weil sie sich nicht inkarnieren können, solange sie noch Irrlicht sind?

Der vom Bruch: Genau. Erst wenn sich das Irrlicht aufgelöst hat, kann sich dieser Mensch wieder inkarnieren.

W.W.: Löst sich das Ich nicht von dem Teil des Menschen, der als Irrlicht über das Moor huscht?

Der vom Bruch: Das Ich ist nicht in dem Bereich des Irrlichtes, trotzdem ist es nicht ganz von ihm gelöst und hängt an ihm fest. Es ist wie durch einen kleinen Draht mit ihm verbunden und kann deshalb nicht in einen physischen Leib zu einer neuen Geburt auf die Erde kommen. Das Moor konserviert.

Nordische Götter

W.W.: Wie kann man eine neue Beziehung zu den nordischen Göttern schaffen?

Der vom Bruch: Beten. Die nordischen Götter entsprechen Engelwesenheiten. Das sollte allgemein bekannt sein, ist es aber wohl nicht mehr. Man sollte sich bewußt machen, daß hier ein Odin, ein Thor, ein Freyr und eine Nerthus umherwandeln. Sie gehören hierher und nicht Venus und Jupiter.

W.W.: Wir haben wegen der Nazis eine gestörte Beziehung zu diesen Göttern.

Der vom Bruch: Während der Nazizeit gab es eine schwere Besetzung durch dunkle Wesenheiten. Und gerade deshalb sollte jetzt die Beziehung zu den nordischen Göttern bewußt ergriffen werden. Es gab eine schwere Besetzung des Wesens, das die Nazis hervorgerufen haben.

W.W.: Was ist das für ein Wesen?

Der vom Bruch: Das war ein Phantom.

W.W.: Kannst Du dieses Wesen näher beschreiben?

Der vom Bruch: Das darf ich nicht, dazu bin ich nicht groß genug.

„Ich pflege die kranken Naturwesen"

W.W.: Kannst Du einmal erzählen, was Du für Aufgaben im Bruch hast?

Der vom Bruch: Ich bewahre das Werden und Entstehen im Bruch. Ich muß jetzt das tun, was früher Menschen taten. Es hat dem Bruch nie geschadet, daß Weidenzweige in ihm geschnitten wurden, ganz im Gegenteil. Aber heute schneidet kein Mensch mehr Weiden im Bruch. Aber das täte dem Bruch sehr gut. Trotzdem bemühe ich mich im Kleinen, einen Bruch zu erhalten. Ich habe damit sehr viel Arbeit.

Eine Hauptaufgabe von mir ist mittlerweile die Pflege der Stadtwesen, die durch die Menschen krank gemacht worden sind. Den kranken Naturwesen aus den Städten oder Industriegebieten fehlen einzelne Teile. Bildlich auf Euren Leib bezogen, haben sie z.B. keinen Kopf oder kein Herz mehr, oder sie sind ganz durchsichtig, oder sie haben Löcher. Für sie mache ich Moorpackungen, und dann heilen sie. Denn die Lebenskraft ist im Moor ganz ganz stark.

W.W.: Und dann ziehen die Naturwesen wieder an ihre ursprünglichen Stätten zurück?

Der vom Bruch: Ja, aber sie ziehen nicht gerne in die Stadt zurück. Aber da sie nicht frei sind, müssen sie zurück. Ihre Aufgaben erfüllen sie wie wir alle eigentlich gerne, aber die Menschen machen es ihnen sehr schwer.

W.W.: Welche Wesen kommen als kranke Naturwesen zu Dir?

Der vom Bruch: Pflanzenwesen, aber hauptsächlich Baumwesen, denn sie sind am schlimmsten dran. Sie kommen vorwiegend aus Hamburg.

W.W.: Was kann der Mensch für die Baumwesen in den Städten tun, damit sie nicht so krank werden?

Der vom Bruch: Die Luft gesünder machen. Man kann sich auch einen Baum in der Stadt aussuchen und ihm jeden Tag „Guten Morgen" sagen. Das hilft dem Baum sehr viel. Wenigstens sollte man es einmal in der Woche tun. Man kann ihm auch, wenn es ganz heiß ist, einen Eimer Wasser bringen. Auf diese Weise kann man eine Baumpatenschaft beginnen. So etwas gibt es hier und da, und solche Initiativen sind ganz wichtig für die Baumwesen. Aber die Patenschaften müssen dann auch durchgehalten werden, und das bereitet den meisten Menschen Schwierigkeiten.

Bei einer Mondfinsternis verschwindet die Vergangenheit

W.W.: Kannst Du schildern, wie ein Bruch aussieht, der ganz Deinen Vorstellungen entspricht?

Der vom Bruch: Warum soll ich das schildern? Geh raus und schau ihn Dir an. Dort draußen ist er.

W.W.: Die Menschen, die unser Buch lesen, können das nicht.

Der vom Bruch: Mache ein Foto. *(Siehe Abb. nächste Seite.)* Aber ich werde mich bemühen: Es ist ein Wald, der am Boden naß ist, der morastig ist und in dem Schwarzerlen, Weiden, Faulbäume, Schlingpflanzen wachsen. Dieser Bruch enthält Schilf, Blumen im Frühling, im Herbst gibt es Überschwemmungen – ein Wald, der einfach toll ist! Meine Menschen waren bei der letzten Mondfinsternis bei mir im Bruch. Das war sehr schön.

V. Staël von Holstein: Das ist eine ganz eigenartige Stimmung, speziell wenn man von so einem Naturwesen eingeladen wird. Bei einer Mondfinsternis in einem Bruch zu sein, ist ein unheimliches Erlebnis.

W.W.: Was passiert mit den Naturwesen bei einer Mondfinsternis?

Der vom Bruch: Die Vergangenheit verschwindet. Wenn der Mond für das Sonnenwesen durch die Erde verdeckt ist, ist an dem Ort, an dem die Mondfinsternis ist, keine Vergangenheit mehr vorhanden.

W.W.: Was bedeutet das?

Der vom Bruch: Der Ort ist anders, wenn die Mondfinsternis vorbei ist.

W.W.: Wie wird während einer Mondfinsternis etwas von der Vergangenheit ausgelöscht?

Der vom Bruch: Nicht gelöscht, aber verändert.

W.W.: Kannst Du dazu einmal ein Beispiel nennen?

Der Bruch

Der vom Bruch: Das sind für Euch Menschen schwierige Beispiele. Bei einer Mondfinsternis wurde z.B. der Fäulnisprozeß ein ganz klein wenig verändert. Das sind durch einen makrokosmischen Einfluß entstandene mikrokosmische Veränderungen. Du verstehst zu wenig von Moorprozessen, und auch Deine Leser werden von diesen Fäulnisprozessen wenig verstehen.

W.W.: Hast Du auch ein Refugium?

Der vom Bruch: Ja. Es ist nicht im Bruch, sondern hier in der Mühle. Ich bin Müllers Freund. Müller und ich wohnen hier schon so lange, und wir haben die gleichen Baumwesen zum Freund.

W.W.: Vielen Dank.

Der vom Bruch: Bitte.

12. Mondlicht, die Silberne

W.W.: Guten Tag.

Die Silberne: Sei dem Mondlicht immer gut.

W.W.: Was meinst Du damit?

Die Silberne: Ich bin Mondlicht.

W.W.: Kannst Du Dein Wesen noch ein wenig näher beschreiben?

Die Silberne: Ich bin der persönliche Aspekt des Silbers. Silber ist die Entsprechung einer kosmischen Macht. Silber ist ein Planetensein, das sich in der Erde ausdrückt. Ohne die Kräfte des Silbers gäbe es für die Erde keine Vergangenheit.

W.W.: Bewahrt das Silber die Vergangenheit auf?

Die Silberne: Silber spiegelt das Licht und leitet die Wärme, und dadurch kann die Vergangenheit bewahrt und gutgeliebt werden.

„Wir bauen eine Silberbrücke"

W.W.: Wo ist Dein Wohnort?

Die Silberne: Ich komme aus dem Harz. Früher gab es dort Silberminen. Und jetzt wohne ich hier im Mühlenkeller bei den anderen Naturwesen.

W.W.: Und bleibst Du jetzt für immer hier?

Die Silberne: Ich habe mich verpflichten lassen, hier auf verschiedenes aufzupassen.

W.W.: Und wie bist Du hierhergereist?

Die Silberne: Durch die Erde. Ich reise durch das Metall, und wenn kein Metall vorhanden ist, bauen wir eine Silberbrücke.

W.W.: Was ist eine solche Silberbrücke?

Die Silberne: Das ist ein Regenbogen aus ätherischem Silber, und über diese Silberbrücke kann ich dann von einem Ort zum anderen fliegen.

W.W.: Kannst Du Dich einmal für die Menschen, die Dich nicht schauen können, beschreiben?

Die Silberne: Hast Du einmal ein filigranes Moscheeminarett gesehen?

W.W.: Ja.

Die Silberne: Stell es Dir aus Silber vor und noch sehr viel filigraner. So sehe ich aus. Ich sehe aus wie ein Moscheeminarett aus gesponnenem Silber.

W.W.: Hast Du die Silbermine im Harz alleingelassen?

Die Silberne: Ja und nein. Sie wird jetzt von meinem Spiegel behütet. Das ist mein Doppelgänger. Ich bin gedoppelt. Allerdings leben wir uns jetzt langsam auseinander.

W.W.: Und dieses Doppelgängerwesen von Dir ist nur deshalb entstanden, weil Du hierher zur Mühle gereist bist?

Die Silberne: Jawohl. Vorher war es noch nicht da.

W.W.: Wie ist der Prozeß des Entstehens eines Doppelgängerwesens zu verstehen? Mußt Du diese Verdoppelung Deines Wesens mit höheren Wesen besprechen?

Die Silberne: Das hat der Große gemacht. Er hat mich gefragt, ob ich dazu bereit bin. Und in diesem Fall ist eine solche Frage bereits die Antwort, denn dann ist man bereit.

„Mein silbernes Netz schützt vor Spektren“

W.W.: Kannst Du bitte Deine Aufgaben ein wenig beschreiben?

Die Silberne: Ich spinne ein silbernes Netz um das Wesen, das ich beschütze, damit es seine Tätigkeiten so ungestört wie möglich durchführen kann.

W.W.: Ist das ein Schutz vor Dämonen?

Die Silberne: Hauptsächlich vor Spektren, vor Dämonen nicht. Die Dämonen sind zu fein und können durch so ein Netz hindurchschlüpfen. Es ist wie bei einem Küchensieb: Feiner Sand rieselt durch ein solches Sieb hindurch.

W.W.: Kannst Du die Spektren etwas beschreiben?

Die Silberne: Spektren sind die Gegenwesen zu den menschlichen Gruppenwesen.

W.W.: Wodurch entstehen Spektren?

Die Silberne: Durch schlechtes Benehmen von Institutionen oder einzelnen Gruppen. Es gibt kleine und große Spektren. Wenn ein Staatswesen unsaubere Entscheidungen trifft, entsteht sofort ein großes Spektrum.

Schlechte und gute Gesetze

W.W.: Auch durch schlechte Gesetze?

Die Silberne: Auf jeden Fall.

W.W.: Kannst Du dazu einmal ein Beispiel nennen?

Die Silberne: Das sind alle ungerechten Gesetze. Das Gesetz über die Landrückgabe in den neuen Bundesländern ist ein ganz schlechtes Gesetz. Dadurch sind sehr viele Spektren entstanden. Hierdurch wurde das Gerechtigkeitsempfinden der beteiligten Naturwesen verletzt. Man hätte jeden einzelnen Fall individuell betrachten müssen. Es gibt Menschen, die in den Häusern der DDR gelebt haben, die ganz schlecht für die Häuser und den jeweiligen Ort waren, und es gibt Menschen, die dort nicht wohnten, aber die Treue zu dem Ort hielten. Diese unterschiedlichen Beziehungen hätte man organisieren müssen und auch können, obwohl es schwierig ist. Man hätte Einzelfallentscheidungen treffen müssen, um einmal Eure Rechtsbegriffe zu benutzen.

W.W.: Hast Du noch ein anderes Beispiel für ein schlechtes Gesetz?

Die Silberne: Das derzeitige Scheidungsgesetz ist in meinen Augen schlecht, und zwar deshalb, weil die Kinder geteilt werden. Die Entscheidung bezüglich der Kinder sollte endgültig sein. Die Kinder sollten nur bei einem der beiden Ehepartner leben.

W.W.: Hast Du auch ein Beispiel für ein gutes Gesetz?

Die Silberne: Fast alle Gesetze haben Ecken, aber es gibt auch gute Gesetze. Die alte TA-Luft – ein Emissionsgesetz – war sehr gut, allerdings ist sie in letzter Zeit wieder verändert worden. Gesetze zur Abgasreduzierung bei Fahrzeugen sind sehr gut. Sie gehen bloß nicht weit genug. Die Gesetze in Europa, die nach und nach die Grenzen überflüssig machen, sind sehr wichtig und auch gut und schaffen sehr viel Platz für gute Gruppenwesenheiten. Es ist immer gut, wenn die Menschen ein gemeinsames Verantwortungsbewußtsein bekommen.

W.W.: Kennst Du auch Gesetze in anderen Staaten?

Die Silberne: Ja, natürlich. Ich bin Silber.

W.W.: Wie stehst Du zur Scharia in islamischen Staaten?

Die Silberne: Das ist ein uraltes Recht, dessen Gesetze nicht mehr dem Menschenbild der heutigen Zeit entsprechen.

W.W.: Werden sich diese Gesetze ändern?

Die Silberne: Sie werden sich ändern müssen. Und wenn die Menschen dazu nicht alleine fähig sind, wird es ihnen aufgezwungen werden. Der Große hat jetzt seine Zeit.

W.W.: Bei schlechten Gesetzen entstehen Spektren, aber die Wesen, die bei guten Gesetzen entstehen, sind mir noch nicht ganz deutlich. Was sind das für Wesen?

Die Silberne: Es sind Räume, mit denen sich höhere Geistwesenheiten verbinden können. Es sind Gruppenwesenheiten, für die meine Menschin keinen vernünftigen Namen hat. Höhere, dem Menschen übergeordnete gute Geistwesenheiten verbinden sich mit diesen Räumen, aber es sind keine Engel.

W.W.: Sind es harmonische Elementarwesen?

Die Silberne: Ja, dieser Begriff paßt.

Mit dem silbernen Messer die Vergangenheit abschneiden

W.W.: Welche Geheimnisse bewahren die Metallwesen auf?

Die Silberne: Das Silber ist das geistige Messer und bewahrt die Vergangenheit. Wir können Dich von Deinen geistigen Wurzeln trennen.

W.W.: Heißt das, daß Ihr einen Menschen von seinem Karma trennen könntet?

Die Silberne: Auch.

W.W.: Wird es manchmal gemacht?

Die Silberne: Schwarzmagier tun es gerne. Manchmal ist es auch notwendig, kleinste Teile des Karmas in einem guten Sinne aufzulösen, um z.B. überalterte Mutter-Kind-Verhältnisse zu zerschneiden. Bei jeder alten Verbindung, bei der eine dringend notwendige Lösung ansteht, kann man die Verbindung mit einem silbernen Messer zerschneiden. Die Bilder der alten Druiden, die mit einem silbernen Messer geschnitten haben, sind sehr real.

W.W.: Wer gibt Euch bei einer solchen Karmazerschneidung den Auftrag?

Die Silberne: Die eingeweihten Menschen, und der Große hilft dabei. Die Schwarzmagier rufen natürlich nicht den Großen, sondern seinen Gegenpart.

Raumschiffe verändern unsere Vergangenheit

W.W.: Welche Aufgaben haben die Metalle für den Kosmos?

Die Silberne: Sie spiegeln die kosmischen Kräfte in der Erde, und diese gespiegelten Kräfte strahlen in die Erde hinein. Bedenket, daß Ihr das Silber des Mondes ändert, wenn Ihr eine Sonde zum Mond schickt. In einem hochsensiblen Labor könnte man diese Silberveränderung des Mondes sogar physikalisch messen, aber es hat bisher noch kein Mensch getan.

W.W.: Was geschieht genau, wenn man ein Raumschiff auf den Mond schickt?

Die Silberne: Ihr verändert Eure Vergangenheit, wißt Ihr denn das nicht?

W.W.: In welcher Weise wird diese Vergangenheit verändert?

Die Silberne: Ihr seid freie Wesen, und wenn Ihr solche Taten ungestört ausführt, dann verändert Ihr Eure Vergangenheit auf eine Art, die ich nicht auszudrücken vermag. Ihr hüpft auf der Vergangenheit der Menschheit rum, wenn ich das einmal so unverblümt aussprechen darf. Das ist ein Thema, das mir keine Freude bereitet. Und wenn Ihr eine Sonde zur Venus schickt, wird das Kupfer verändert. Und Ihr wißt überhaupt nicht, was Ihr dem Mond und Euch selbst antut, wenn Ihr Sonden auf dem Mond stehen laßt. Ihr ändert alles!

W.W.: Bitte beschreibe einmal genau, was verändert wird.

Die Silberne: Es werden z.B. die Entstehungsphasen der Gebirge verändert, rückwirkend. Das bedeutet, daß die innere Struktur der Erde anders wird. Dadurch werden auch die Lehrer auf dem Mond, die Urlehrer der Menschheit, verändert. Die Weisheit des Mondes wird geändert. Das Problem ist, daß in dem Moment, in dem die Veränderung geschieht, die ursprüngliche Vergangenheit nicht mehr existiert. Aber was diese Veränderungsprozesse in der Zukunft bewirken, wissen nicht einmal wir. Denn es ist aus Eurer Freiheit heraus geschehen. Und Freiheit habt einzig Ihr.

W.W.: Hast Du vor diesen Veränderungsprozessen Angst?

Die Silberne: Ja. Und wenn das Metall Angst hat, hat der Kosmos Angst.

Der Kultus strahlt über die ganze Erde

W.W.: Kannst Du sagen, wie Sprachgestaltung, Eurythmie oder ein Kultus der Christengemeinschaft auf die ätherische Welt wirken?

Die Silberne: Heilend. Sprachgestaltung erschafft gesunde Worte, und jedes einzelne gesunde Wort erzeugt ein gesundes Wesen. Jede Gruppe, die solche Tätigkeiten ausübt, erzeugt größere gesunde Wesen, die heilend durch die Welt ziehen und die sich opfern, dasjenige zu reparieren, was andere Menschen vorher geschädigt haben. Sie neutralisieren die üblen Kräfte. Der Kultus der Christengemeinschaft öffnet an der jeweiligen Stelle die Himmel und läßt die höheren Hierarchien direkt zu der Gemeinde hindurch, und diese Kräfte strahlen dann über die ganze Erde hinweg. Die Christengemeinschaft enthält viel Zukünftiges, was auch die Zelebrierenden teilweise überhaupt noch nicht verstehen.

W.W.: Kennst Du Deine Zukunft?

Die Silberne: Ja.

W.W.: Kannst Du darüber etwas berichten?

Die Silberne: Nein.

W.W.: Aber es wird eine andere Aufgabe als bisher sein?

Die Silberne: Wenn mein Mensch tot ist, auf jeden Fall.

W.W.: Vielen Dank, Silberne.

Die Silberne: Bitte.

W.W.: Zu welcher Gruppe gehört die Silberne?

V. Staël von Holstein: Zu den Metallwesen. Das ist eine eigene Gruppe. Es sind kosmische Naturwesen. Es sind Wesen, die sich hier auf der Erde befinden, aber ihr Ursprung liegt im Kosmos. Einige der Silberwesen befinden sich auch auf dem Mond. Und zwischen ihnen und z.B. den Gnomen kann es zu Reibungen kommen.

W.W.: Die vier Elementarwesengruppen sind also auf der Erde geboren?

V. Staël von Holstein: Sie stammen aus den vorangegangenen planetarischen Verkörperungen der Erde, wobei die Feuerwesen den Übergang zu den kosmischen Wesen bilden. Nur der Steinerne ist die Erde selbst. Er lebt hier und jetzt. Dadurch ist er alt und neu. Deshalb hat er einen anderen

Umgang mit der Zeit. Der Braune erlebt in etwa die Zeit, die auch ein Mensch empfindet. Die Elementarwesen und die kosmischen elementaren Wesen erleben die Zeit vollkommen anders. Dies zu beschreiben, ist allerdings außerordentlich schwer, denn dafür gibt es keine Worte.

13. Glasmännchen

W.W.: Guten Tag.

Glasmännchen: Guten Tag.

W.W.: Was bist Du für ein Wesen?

Glasmännchen: Musik. Ich bin Musik in einer anderen Form.

W.W.: Welche Aufgaben hast Du?

Glasmännchen: Ich bewahre, was immer Ihr mir anvertraut. Alles, was man in ein Glas hineingibt, bewahre ich. Ich bewahre sauber, rein und unverändert. Ich gebe nichts von mir an den Inhalt ab. Eigentlich bin ich eine Flüssigkeit und fließe ständig.

W.W.: Wie bist Du mit einem Glas verbunden?

Glasmännchen: Ich bin das Glas, und ich bin mit jedem Glas verbunden. Mit manchen Gläsern bin ich nicht gern verbunden, da sie nicht schön sind. In schönen Gläsern bin ich lieber. Es gibt auch geistiges Glas. Das wird von den Nöcks benutzt, um ihren Algenpunsch zu transportieren.

W.W.: Stellst Du dieses geistige Glas her?

Glasmännchen: Du meinst das Richtige, aber es ist falsch ausgedrückt. Die Nöcks brauchen das geistige Glas, und wir werden es. Wir stellen es nicht her. Es gibt die Möglichkeit, physisches und geistiges Glas zu sein. Das geistige Glas ist eine Art von Musik.

W.W.: Musik hat also eine geistige Form?

Glasmännchen: Ja.

W.W.: Welche Beziehung hast Du zu dem Sand?

Glasmännchen: Er ist meine Vergangenheit und wird meine Zukunft sein.

„Glas ist viel mehr, als Ihr denkt"

W.W.: Wohnst Du in den Gläsern hier am Ort, oder wohnst Du überall in allen Gläsern auf der Erde?

Glasmännchen: Ich bin hier, sofern ich „ich" sagen kann. Ich bin das Glas dieses Hauses. Ich kann mich aber ausbreiten.

W.W.: Bist Du schon überall auf der Welt gewesen?

Glasmännchen: Ja. In Murano, in Italien, gibt es sehr schönes altes Glas in einer uralten Glasmanufaktur.

W.W.: Wie alt bist Du?

Glasmännchen: Wie alt ist Glas? Glas ist auch schon durch Schmelzprozesse der Erde entstanden. Ich bin uralt.

W.W.: Was passiert beim Prozeß des Glasblasens durch einen Menschen?

Glasmännchen: Er formt uns und macht Schönheit aus dem Glas. Und dabei formt sich ein persönliches Glaswesen für dieses Glas. Das Glas ist eine Gesamtheit. Glas ist mehr als ein Werkstoff, als ein Zustand der Erde. Glas ist Sand, Glas ist Stein, Glas ist durchsichtiger Stein und viel mehr, als Ihr normalerweise denkt.

W.W.: Gibt es bei Euch auch ein oberes Glaswesen und verschiedene Hierarchiestufen der Glaswesen?

Glasmännchen: Ja, und bei uns gibt es noch einige Besonderheiten. Wenn ein Glas kaputtgeht, entstehen viele kleine Glaswesen. Und wenn die Glassplitter zerrieben werden, entstehen Sandwesen. Wir sind mit dem Sandwesen und dem Steinernen verwandt und sind Zukunft, Vergangenheit und Gegenwart der Erde.

W.W.: Ist es für ein Glaswesen ein schmerzlicher Prozeß, wenn ein Glas kaputtgeht?

Glasmännchen: Ja. Es ist so, als wenn man zerrissen würde. Es ist schmerzhaft hell. Das Zerreißen von Glas ist ein unheimlich hohes scharfes Geräusch.

W.W.: Kannst Du einmal Deine Beziehung zur Musik etwas näher erläutern?

Glasmännchen: Ich bin Musik, ich bin Form gewordener Ton, sichtbar gewordener Ton. Manchmal mache ich Musik und löse dazu die Töne aus mir heraus. Für Euch Menschen würde das etwa so klingen, wie eine Reihe von Gläsern, die man mit einem Finger zum Klingen bringt. Dabei zeigt ein Mensch das, was wir ohnehin können, indem er mit Gläsern Töne erzeugt. Es gibt aber auch Töne, mit denen man das Glas zum Zerspringen bringen kann.

W.W.: Hörst Du die Musik, die die Menschen machen?

Glasmännchen: Ja.

W.W.: Auch die, die aus den Lautsprechern dringt?

Glasmännchen: Das ist Geräusch, keine Musik.

W.W.: Weißt Du über Deine Zukunft Bescheid?

Glasmännchen: Ja.

W.W.: Wirst Du immer ein Glasmännchen bleiben?

Glasmännchen: Ich kann mich auch verwandeln, und zwar in Sand, Stein oder in Licht. Aber das wird erst viel später geschehen.

W.W.: Möchtest Du einmal für einen kurzen Moment ein Mensch sein?

Glasmännchen: Nein. Ich will die Freiheit nicht.

W.W.: Nicht einmal für einen kurzen Moment?

Glasmännchen: Nein, das ist unsinnig für uns.

W.W.: Vielen Dank, Glasmännchen.

Glasmännchen: Bitte.

14. Kahain, das Salzkind

W.W.: Dann haben wir noch das Salzkind.

V. Staël von Holstein: Das ist schon ganz quengelig.

W.W.: Guten Tag.

Das Salzkind: Guten Tag, ich heiße Kahain.

W.W.: Wer hat Dir diesen Namen gegeben?

Das Salzkind: Das ist die Form, in der Ihr meinen Namen aussprechen könnt. Ich habe ihn zusammen mit meinen Menschen entwickelt.

W.W.: Wann bist Du geboren worden?

Das Salzkind: Diese Frage ist unsinnig.

W.W.: Warum?

Das Salzkind: Salz ist Struktur, und solange es Salz gibt, bin ich gewesen.

Das Ich benötigt Salz

W.W.: Welche Wirkung hat kristallines Salz auf den Menschen?

Das Salzkind: Es gibt dem Ich die Möglichkeit, sich zu formen.

W.W.: Und was geschieht, wenn sich ein Salzkristall in Wasser auflöst?

Das Salzkind: Salz bleibt immer Kristall, beim Auflösungsprozeß werden es nur fortwährend kleinere Kristalle. Im Endeffekt sind die Kristalle allerdings so klein, daß Ihr sie nicht mehr sehen könnt. Auch in Dir drinnen sind ganz viele kleine Salzkristalle, vor allem in Deinem Blut. Denn das Ich, das sich mit dem Blut verbindet, benötigt das Salz. Ich und Salz sind sehr eng verknüpft.

W.W.: Sind mit dem Auflösen von Salz im Wasser und mit dem Kristallisieren von Salz bestimmte geistige Prozesse verbunden?

Das Salzkind: Mit allem ist ein geistiger Prozeß verbunden, und mit dem Kristallisieren von Salz ist ein spezieller Prozeß verbunden, weil die Struktur vergrößert wird. Dort, wo das Salz im Boden wächst, wachsen die

Ich-Fähigkeiten der dort lebenden Menschengruppe. Dort, wo das Salz sich löst, kann Leben entstehen.

W.W.: Wie wirkt Salz auf das Bewußtsein des Menschen?

Das Salzkind: Strukturbildend. Es ermöglicht die Bewußtseinsprozesse, die Ich-Formungsprozesse, das Klarwerden, das Erkennen des Ich überhaupt, den Zugang zum menschlichen Ich. Ein Körper ohne Salz könnte kein Ich tragen.

Eine Großtat der ahrimanischen Wesenheiten

W.W.: Kann man auch zu viel Salz zu sich nehmen?

Das Salzkind: Ja. Die Menschen essen heute zu viel Salz. Vor allem essen sie verschmutztes Salz.

W.W.: Woran denkst Du dabei?

Das Salzkind: An das jodierte Salz. Die Menschen fügen der geistigen Reinheit Salz eine Unreinheit zu. Und es ist ganz wichtig, sich klarzumachen, daß man, wenn man verunreinigtes Salz ißt, sein eigenes Ich verunreinigt. Etwas anderes ist es, wenn man Meersalz ist. Aber das künstlich jodierte Salz ist eine Großtat der ahrimanischen Wesenheiten, indem sie die verantwortlichen Menschen überzeugt haben, das Salz zu jodieren.

W.W.: Was geschieht mit dem Menschen, wenn er jodiertes Salz zu sich nimmt?

Das Salzkind: Er verändert seine Fähigkeiten, sein Ich zu erkennen. Es wird viel undurchsichtiger. Jod im Originalzustand ist kein Kristall. Das Ich wird durch das Jod von einer Jodhülle umgeben. Durch das jodierte Salz wird erschwert, die eigenen Ich-Kräfte zu ergreifen.

W.W.: Durch das Jod wird der Mensch also dumpf gegenüber seinem Ich?

Das Salzkind: Ja. Dumpf ist ein gutes Wort.

W.W.: Findet er dadurch nicht richtig zu sich selbst, z.B. nicht zu seinen Aufgaben, die er sich vor der Geburt gestellt hat?

Das Salzkind: So ist es. Schlimm wäre es, wenn bei der Taufe jodiertes Salz verwendet werden würde. Kannst Du es veranlassen, daß in der Christengemeinschaft keine Taufen mehr mit jodiertem Salz durchgeführt werden?

W.W.: Ich würde mich bemühen, aber wird es denn in der Christengemeinschaft überhaupt gemacht?

Das Salzkind: Das Problem ist nicht allen Pfarrern bewußt.

W.W.: Welches Salz soll man denn nehmen?

Das Salzkind: Steinsalz. Ganz normales Salinensalz.

V. Staël von Holstein: Man muß ganz genau hinschauen, denn es gibt bereits jodiertes Meersalz, und das sogar im Reformhaus oder im Bioladen. Es muß reines, unjodiertes Salz oder normales Meersalz sein. Das natürliche Jod, das im Meer ist, hat eine andere Art der Entstehung und schadet nicht. Die billigsten Salze sind meist die besten. Das, was für Jod gilt, gilt natürlich auch für Fluor.

Das Salzkind: Fluor ist ein Halogen. Halogene führen dazu, daß den besetzenden Wesenheiten der Zugriff auf die Ich-Wesen der Menschen vereinfacht wird.

W.W.: Um welche Wesen geht es dabei?

Das Salzkind: Um viele. Es gibt positive Besetzungen durch negative Wesen, die zur Genialität führen, die teilweise notwendig sind. Bei Genialität liegt eine Besetzung durch höhere luziferische Wesenheiten vor, die ihre eigenen Prozesse verpaßt haben und sie jetzt in diesen Menschen nachholen. Und dann gibt es die Besetzungen aus dem Phantom- und Dämonenbereich, die zum Teil nur vorübergehend sind. Auf der anderen Seite gibt es aber auch Menschen, die dauerhaft besetzt sind. Es ist ein ungeheurer Wunsch in der Welt der Anderen, so viele Menschen wie möglich dauerhaft zu besetzen. Denn dadurch können sie vielmehr ausrichten. Bei einem Teil der Menschen reicht es, sie einfach dumpf zu halten. Bei den etwas aktiveren und wacheren Menschen versuchen sie, diese Menschen durch eine Besetzung zu schädlichen Taten anzustiften. Und vergiß nie, Mensch, Du bist frei, und wenn Du Dich besetzen läßt, mußt Du hinterher dafür geradestehen!

W.W.: Demnach ist das jodierte und fluorierte Salz ja ein genialer Schachzug der Widersachermächte.

Das Salzkind: Das ist wirklich genial.

W.W.: Gibt es andere Stoffe in der Nahrung, die ähnlich wirken?

Das Salzkind: Im Salz nicht. Frag meine Freunde, ich bin Salz.

W.W.: Vielen Dank.

Das Salzkind: Bitte. Halte Dein Salz rein!

15. Harmonische Elementarwesen

„Wir warten auf die Rufe der Menschen"

W.W.: Welche Bedeutung hat der Engel einer Gemeinde?

Der Große: Da rufst Du ja geradezu nach mir. Der Engel der Gemeinde fühlt, daß er eine Vaterfigur für eine Gemeinde ist, um es mit menschlichen

Begriffen zu benennen. Heutzutage muß er allerdings gerufen werden. Früher kamen wir von uns aus zu den Menschen, heute warten wir auf die Rufe der Menschen. Das ist ein ganz wichtiger Unterschied. Der Mensch ist derjenige, der jetzt alles leitet.

W.W.: Wie wirken die Gedanken einer Gemeinde auf die Erde und die geistige Welt, wenn diese Menschen in einem Kultus sitzen?

Der Große: Sie erheben gemeinsam ihre Seelen und ermöglichen dadurch, daß für gute Wesenheiten Raum geschaffen wird, daß sich gute Wesenheiten aus den Himmelshöhen inkarnieren können – wobei der Begriff inkarnieren nicht ganz richtig ist.

W.W.: Inkorporieren?

Der Große: Nein, es ist kein materieller Corpus, es ist ein geistiger Corpus, ein geistiger Raum. Man benutzt den Begriff Inkorporieren eigentlich nur, wenn ein physischer menschlicher Leib vorhanden ist. Der entstehende geistige Raum ist durch den Kultus selbst geschützt, und in diesen Raum hinein können sich positive Elementarwesen setzen, die dort wachsen können und dort wachsen müssen. Jedes Mal, wenn ähnliche Bedingungen erneut entstehen, entwickeln sie sich weiter. Das ist eine der vielen Hauptaufgaben des Kultus: die Schaffung solcher Räume, in die Elementarwesen und höhere Wesenheiten einziehen können. Wesen benötigen immer Raum, und auf Erden geschaffener Raum füllt sich immer mit Wesenheiten.

W.W.: Ich möchte diese höheren Elementarwesen einmal harmonische Elementarwesen nennen. Werden sie neu geschaffen, oder begeben sie sich in die im Kultus geschaffenen Räume hinein?

Der Große: Sie kommen neu herein, verändern sich ein wenig, inkarnieren sich in gewisser Weise. Dadurch wird ihre eigene Entwicklung gefördert, und bei späteren Entwicklungsprozessen des Kosmos werden sie dadurch Aufgaben übernehmen können, die sie nicht erfüllen könnten, wenn man ihnen nicht auf Erden diese Räume geschaffen hätte.

W.W.: Der Mensch gibt ihnen aus Freiheit neue Kraft, neue Möglichkeiten und eine neue Qualität?

Der Große: Eine neue Qualität ist der beste Begriff, obwohl Worte sich nicht gut eignen, diese Vorgänge zu beschreiben.

W.W.: Welche Aufgaben werden diese Wesen in der Zukunft übernehmen können?

Der Große: Sie werden Führungsaufgaben im Geistbereich übernehmen. Und sie werden eine qualitativ andere Führung übernehmen als die unsere. Sie helfen dem Menschen auch bei geistigen Aufgaben, leiten ihn an, geistige Aufgaben durchzuführen, die er jetzt noch nicht überblicken kann.

W.W.: Also ist es wichtig für die Menschen, die an einem Kultus teilnehmen, nicht egoistisch an sich selbst zu denken, sondern die Gedanken u.a. auf das Herbeirufen dieser harmonischen Elementarwesen zu richten, weil man damit der Erde und der geistigen Welt dient?

Der Große: Es wäre positiv, wenn Menschen das täten. Störend ist es dagegen, wenn unter ihnen ein Mensch ist, der seine Bilanzen durchdenkt. Aber es stört nicht, wenn einer träumt oder schläft.

W.W.: Was geschieht, wenn Menschen am Kultus teilnehmen, die sich überhaupt nicht mögen? Stört das den Ablauf des Kultus?

Der Große: Ja und nein. Es gibt karmische Zusammenhänge, die dazu führen, daß Menschen sich hassen. Aber ein solcher karmischer Zusammenhang stört den Kultus nicht. Jedoch stört es die beiden Menschen und ihr Erleben des Kultus. Karma ist einerseits sehr übergeordnet, andererseits sehr persönlich. Aber die Abläufe des Kultus werden dadurch nicht gestört.

W.W.: Gibt es auch andere Gruppen außer Religionsgemeinschaften, in denen Menschen zusammensitzen und solche harmonischen Elementarwesen hereingerufen werden?

Der Große: Ja, natürlich. Eigentlich jede positiv denkende Gemeinschaft, die es schafft, ihre Egoismen zu überwinden, und die sich geistig strebend bemüht. Solche Räume werden auch geschaffen, wenn man Freundschaft mit Tieren schließt; in diese Räume ziehen dann kleinere Wesenheiten ein. Durch eine richtige Freundschaft mit Tieren wird das Tier ein wenig individualisiert, obwohl sein Ich noch sehr weit fort ist. Das Wesen, das in diese Räume einzieht, ist nicht groß, aber der Vorgang ist ein sehr wichtiger Prozeß in der Welt. Das betrifft alle Tiere, ob es nun Hunde, Pferde oder Kanarienvögel sind.

W.W.: Welche Beziehung haben die harmonischen Elementarwesen zu Dämonen, bzw. wie wirken sie auf diese?

Der Große: Dämmend. Die harmonischen Elementarwesen sind sehr viel größer als Ihr Menschen.

W.W.: Kannst Du diese Wesen einmal etwas näher beschreiben?

Der Große: Das kann ich, aber ich werde es nicht tun.

W.W.: Welche Aufgaben übernehmen diese Wesen heutzutage?

Der Große: Sie sind noch dabei, sich zu orientieren. Ihre weitere Aufgabe wird es sein, weiteren „Nachkommen" von ihnen bessere Bedingungen zu schaffen. Sie stützen auch die Gemeinschaften. Leider gibt es noch außerordentlich wenig Menschen, die wach sind. Rein rechnerisch ist es gegenüber den Grauen nicht ausreichend. In diesem Bereich sind die harmonischen Elementarwesen stützend, helfend, heilend tätig.

W.W.: Seit wann gibt es diese harmonischen Elementarwesen in unserer Sphäre? Erst seit kurzem?

Der Große: Ja und nein. Vorbereitet wurden diese Zusammenhänge vor langer Zeit, deutlicher auftreten tun diese Wesen jetzt, weil der Mensch erst jetzt, wenigstens ansatzweise, seine Ichheit entdecken konnte. Und eine Gruppe von Menschen kann die entsprechenden geistigen Räume für sie schaffen. Die Wesen selbst gibt es selbstverständlich schon lange außerhalb der Zeit. Im Bereich der Menschen erscheinen sie allerdings erst, seitdem sich die Bewußtseinsseele des Menschen entwickelt und die dunkle Zeit zu Ende ist. Während der dunklen Zeit war dies nicht möglich.

W.W.: Was ist die dunkle Zeit?

Der Große: Das sogenannte Kali Yuga, das ungefähr bis zum Ende des 19. Jahrhunderts dauerte.

W.W.: Vielen Dank für das Gespräch.

Der Große: Bitte.

16. Beziehung zwischen Menschen und Naturwesen

W.W.: Müller, wie kann der Mensch den Naturwesen helfen?

Müller: Indem er sie gern hat. Darüber hinaus kann er ihnen helfen, indem er ihnen Gefallen tut, indem er versucht, sie wahrzunehmen. Aber das Wichtigste für uns sind die positiven Gefühle der Menschen, das ist wie Nahrung für uns.

Die Natur liebevoll betrachten

W.W.: Rudolf Steiner spricht darüber, daß beim bloßen Anglotzen eines Baumes die Elementarwesen in den Menschen hineinschlüpfen, dann bis zu seinem Tod in ihm leben und nach dem Tod des Menschen nicht erlöst werden, sondern wieder in die physische Welt verzaubert bzw. gebannt werden. Wenn dagegen ein Mensch einen Baum in seiner Schönheit betrachtet, schlüpfen die Elementarwesen genauso in ihn hinein, werden aber nach seinem Tod aus der materiellen Welt erlöst. Stimmt das?

Müller: Ja. Das ist eines der Grundgesetze der Natur und der geistigen Welt. Wenn Du möchtest, kannst Du die gesamte Erde auflösen, indem Du sie liebevoll und bewußt anschaust. Wenn alle Menschen diesen Prozeß lange und intensiv vollbringen würden, wäre eines Tages die gesamte Materie fort.

W.W.: Wenn alle Menschen es tun würden, dann würde sich die Erde schneller vergeistigen?

Müller: Viel schneller. Allerdings dauert es eine Weile.

W.W.: Angenommen, man schaut einen Baum eine Weile liebevoll an, wie viele Elementarwesen schlüpfen dann in diesem Moment in einen Menschen hinein?

Müller: Es kommt auf den Baum und den Menschen an. In Zahlen kann man das sehr schlecht ausdrücken. Aber es können Tausende sein.

W.W.: Dann müssen ja Massen von diesen Wesen fortwährend in den Menschen hineinströmen.

Müller: Ja, es sind Massen. Es sind ja ganz kleine Wesen.

W.W.: Jeden Tag schlüpfen also Tausende von diesen kleinen Wesen bei allen Prozessen, die der Mensch alltäglich vollbringt, in ihn hinein?

Müller: Ja.

W.W.: Der Mensch ist demnach voll von ihnen.

Müller: Ja und nein.

W.W.: Warum nein?

Müller: Weil er sich dieser Fülle von Wesen nicht bewußt ist. Sie sind ja nicht in seinem materiellen Leib, sondern in seinem Ätherleib. Und sie sind mit ihm wie durch ein Band verbunden.

W.W.: Kannst Du beschreiben, wie sich ein Elementarwesen freut, wenn ein Mensch einen Stein, eine Blume, einen See, einen Baum oder andere Naturbereiche liebevoll anschaut?

Müller: Freude ist universell. Sie freuen sich genauso wie Du, wenn Du Dich freust. Es wird innerlich warm, es wird in diesem Wesen heller.

Jeder Mensch hat seinen Baum

W.W.: Wäre es eine gute Methode, wenn ein Mensch Elementarwesen helfen will, sich einen Naturgegenstand vorzunehmen, ihn bewußt und liebevoll anzuschauen und dabei auch an die Freude der Elementarwesen zu denken?

Müller: Ja. Dadurch entwickelt sich auch eine Freundschaft. Am ehesten geht dies mit einem Baum. Jeder Mensch hat irgendwo seinen Baum. Er muß ihn in seinem Leben überhaupt nicht finden, er hat ihn aber trotzdem. Wenn sich der Mensch einen Baum aussucht – es muß nicht *sein* Baum sein –, dann kann eine richtige Freundschaft zwischen Mensch und Baumwesen entstehen. Beide können dann richtig miteinander kommunizieren. Kinder können das meistens spontan. Kinder wissen oft, wie sich ein Baum fühlt, und das kann so weit gehen, daß richtige Gespräche zwischen ihnen entstehen können. Baumwesen sind dem Menschenwesen relativ nah. Über sie kommt man am einfachsten mit Naturwesen in Verbindung. Die Bäume sind dem Menschen gegenüber sehr offen, aber man muß erst Freundschaft schließen, wie meine Menschen und ich. Das verbraucht natürlich etwas von Eurer Zeit.

W.W.: Welche Menschen haben welche Bäume?

Müller: Verschiedene Gruppen gibt es da nicht. Das ist ganz individuell.

W.W.: Wie kann ein Mensch herausbekommen, welcher Baum ihm zugehörig ist?

Müller: Fühlen.

W.W.: Weißt Du, welchen Baum ich habe?

Müller: Ja. Der steht aber nicht hier. Es ist ein Kirschbaum. Er wächst auf einer Wiese, in der Nähe ist ein Bach. Im Frühjahr blühen in der Nähe viele Rapsfelder.

Kleine Opfer bringen

W.W.: Gibt es weitere Dinge, die der Mensch für die Elementar- und Naturwesen tun kann?

Müller: Ja. Früher gab es die schöne Angewohnheit, daß man den Naturwesen etwas von seinen Getränken abgab, indem man Trankopfer spendete. Man kann dies auch draußen in der Natur durchführen, indem man von dem Getränk, das man gerade trinkt – gleich welches –, einen Schluck an die Natur abgibt. Es reicht, diesen Schluck einfach in die Natur zu gießen. In der Wohnung kann man ihn auch einfach in den Ausguß gießen. Besser ist es allerdings, diesen Schluck irgendwo in der Wohnung hinzustellen.

Es geht dabei um die Geste des Opferns. Es geht darum, daß man etwas von dem abgibt, was man als Mensch gerne hat. Man sollte sich nicht hinsetzen und darüber nachgrübeln, was z.B. der Hausgeist am liebsten mag. Gib ab, was Du am liebsten magst, und stell es hin, bis es verschimmelt. Ein etwas größeres Mahl kann man an bestimmten Tagen hinstellen oder auch als Dank, weil etwas sehr gut geklappt hat. Eine gute Lösung ist es, wenn man dieses Nahrungsopfer oben auf einen Schrank stellt. Dort hat es Ruhe.

W.W.: Gibt es weitere Möglichkeiten?

Müller: Die Naturwesen liebhaben, Musik im Haus spielen. Wir lieben es, wenn Menschen musizieren. Man kann uns auch ein Lied singen. Das muß nicht die Arie der „Königin der Nacht" sein, es reicht ein einfaches Kinderlied. Wichtig ist es auch, künstlerische Gegenstände aufzustellen, die Wohnung schön zu gestalten. Genauso sollten die Räume der Natur schön gestaltet werden. Wir essen Eure Sympathien, und durch Liebe werden wir rund und glücklich.

W.W.: Was macht Ihr mit der Nahrung, die man Euch hinstellt? Saugt Ihr sie ätherisch aus?

Müller: Ja. Wir nehmen die Lebenskräfte der Nahrung ab, und dann verschimmelt die Nahrung im Regelfall relativ schnell. Dieser Schimmel ist kein schlechtes Zeichen für ein zurückgewiesenes Opfer. – Aber baut uns bitte keine Altäre. Das ist nicht der richtige Weg. Altäre sind für die Götter, nicht für die Naturwesen.

Fragen an die Menschen

W.W.: Welche Fragen haben eigentlich die Naturwesen an die Menschen?

Müller: Was ist Liebe? Was ist Freiheit? Warum seht Ihr uns nicht? Warum ergreift Ihr nicht Eure Verantwortlichkeit? Warum produziert Ihr häßliche Sachen? Warum verzehrt Ihr die Erde durch die Produktion von Plastik? Es gäbe viele weitere Fragen, die wir haben, aber das würde jetzt den Rahmen sprengen. Wir Hausgeister interessieren uns darüber hinaus speziell dafür, warum Ihr Menschen häßliche Häuser baut und warum Ihr Eure Lebensmittel in Plastikgefäße packt. Die Tierwesen interessiert, warum Ihr miteinander ins Bett geht. Die Feuerwesen interessieren sich für die komischen Heizanlagen oder dafür, warum Ihr Licht und Feuer verschmutzt. Und je nach Gruppe der Elementar- und Naturwesen gibt es andere Fragen.

W.W.: Wissen die Naturwesen denn nicht, was Liebe ist?

Müller: Nicht so wie Ihr. Wir wissen *von* der Liebe, aber wir wissen nicht, *was* sie ist. Wir können sie nicht empfinden. Liebe ist das Eigentliche des Menschen. Die Engel haben etwas anderes gebracht, die Erzengel wieder etwas anderes. Und deshalb interessiert es alle, auch die Hierarchien, was die Liebe ist.

W.W.: Können sich Elementarwesen und Naturwesen auch entwickeln?

Müller: Natürlich. Wir kommen weiter, wenn wir uns mit neuen Sachen auseinandersetzen. Für uns Wesen in diesem Haus war es ein ungeheurer Schritt, mit Menschen ins Gespräch zu kommen. Wir mußten sehr viel lernen, damit es überhaupt ein Gespräch wurde. Wir Naturwesen mußten auch viel lernen, um miteinander ins Gespräch zu kommen.

W.W.: Vielen Dank für das Gespräch Euch allen. Wie ist dieses Interview für Euch gewesen?

Chor der Geistwesen: Du bist hier willkommen. Gerne reden wir weiter mit Dir. Wir würden auch gerne den Menschen Fragen stellen. Laßt uns zusammenwirken, wir helfen Euch gerne!

(Ende des ersten Besuchs.)

17. Madelein, die Kieferndame

Ein Stein kann Wärme geben

W.W.: Ich habe hier einen kleinen rundgeschliffenen Stein von einer dänischen Insel mitgebracht. Wohnt in ihm auch ein Steinwesen?

V. Staël von Holstein: Ja, ein kleines Steinwesen, das einstmals viel größer war. Besonders die rundgeschliffenen Steine haben sehr viel Kraft. Ich habe auch solche Steine, und wenn ich einmal „schlecht drauf bin", nehme ich einen von ihnen in die Hand und ziehe aus diesem Stein Wärme, auch wenn der Stein an sich kalt ist. Man kann so einen Stein als Kraftreserve mitnehmen.

W.W.: Sind jetzt wieder alle Wesen anwesend, und heute auch Eichbine, die Kieferndame und Quadrom?

V. Staël von Holstein: Ja, sie sind alle da und sagen alle „Guten Tag".

W.W.: Guten Tag.

V. Staël von Holstein: Sie sind alle sehr zappelig, mit Ausnahme des Großen.

W.W.: Ich möchte mit der Kieferndame beginnen.

V. Staël von Holstein: Sie ist besonders zappelig und sehr nervös.

W.W.: Kannst Du einmal erzählen, was Du für ein Wesen bist? Und welche Aufgaben hast Du?

Die Kieferndame: Ich bin die Beschützerin der Kiefern vom Sonnenhang. Das ist eine Fläche hier in der Nähe, auf der nichts mehr angebaut wird, weil der Boden ziemlich schlecht ist. Dort lebe ich und passe auf alle meine Kiefern auf. Wir schauen uns ziemlich mißtrauisch an, was die Menschen mit dem Wald machen und welche merkwürdigen Vorstellungen sie sich vom Wald machen.

Ich habe mich sehr gefreut, daß ich bei diesen Projekten mitmachen und mit Menschen sprechen darf. Ich habe auch einen Namen, ich heiße Madelein. Eigentlich geht es mir und den Kiefern recht gut, weil sich um unsere Fläche kaum noch ein Mensch kümmert.

W.W.: Gehörst Du zu einer oder zu mehreren Kiefern?

Die Kieferndame: Zu mehreren.

W.W.: Hast Du viele Subs?

Die Kieferndame: Ja, ich habe viele Subs. Aber die ganz kleinen Wesen mögen nicht mit den Menschen direkt Kontakt aufnehmen. Ich selbst habe auch einen Baum, dem ich zugehöre. Ich bin nicht der Wald, aber die Chefin der Kiefern.

W.W.: Wann wurdest Du geboren?

Die Kieferndame: Das ist schwer mit menschlichen Begriffen auszudrücken. Ich bin vor langer Zeit mit den Kiefern entstanden. Aber als Einzelwesen Madelein bin ich so alt wie mein jetziger Kiefernbaum, und das sind jetzt 32 Jahre. Aber die Substanz meines Wesens ist sehr viel älter.

Wenn der Wald Angst hat

W.W.: Kannst Du schildern, was der Wald für ein Wesen ist?

Die Kieferndame: Ein normaler Wald ist eine Mischung verschiedener Bäume. Daher entsteht ein Waldwesen, das – um es mit Euren Worten auszudrücken – eine Mischung aus Boden-, Ort- und Baumwesen ist und umfassend wie eine Art Glocke über dem Wald sitzt. Dieses Wesen spürt ganz besonders die Wege eines Waldes in sich, und zwar die Wege der Tiere und die Wege der Menschen.

W.W.: Was passiert, wenn sich Tiere durch einen Wald bewegen? Was geschieht z.B., wenn ein Reh durch einen Wald geht, was geschieht, wenn sich eine Amsel auf eine Baumspitze setzt? Ändert sich dann etwas im Ätherischen des Waldes?

Die Kieferndame: Das empfinden wir nicht als Veränderung, sondern als Sein. Das Reh gehört in den Wald und hat dort seine Heimstatt. Die Vögel haben noch eine andere Substanz um sich. Das ist wie eine Datenleitung, die sich durch den Wald zieht, wenn sie in ihn hineinfliegen. Sie bringen Informationen aus anderen Sphären in den Wald.

W.W.: Und was geschieht mit dem Wald, wenn ein Mensch hindurchgeht?

Die Kieferndame: Dann hat der Wald Angst.

W.W.: Warum?

Die Kieferndame: Weil Menschen z.B. mit modernen Maschinen Schneisen in den Wald schlagen, wie das hier bei uns vor kurzem geschehen ist. Dadurch entsteht Zerstörung, und diese Zerstörung verbinden wir mit dem Menschen an sich. Es kann aber auch anders sein, z.B. wenn sich ein Mensch Zeit nimmt, sich hinsetzt und einen Moment lang er selbst ist.

W.W.: Könnt Ihr die unterschiedlichen Menschen spüren? Bemerkt Ihr einen Menschen, der mit Interesse durch den Wald geht, im Unterschied zu einem stumpf dahintrottenden Menschen?

Die Kieferndame: Selbstverständlich. Der eine versucht, uns zu sehen, auch wenn er dies gar nicht bewußt vollzieht, und der andere Mensch schließt uns von vornherein aus. Letzterer läuft wie in einem Kristall durch die Gegend. Wenn ein materialistisch gesinnter Mensch durch den Wald geht, empfinden wir es so, als würde ein Kristall durch den Wald gehen, der

Der Sonnenhang der Kieferndame

Kälte ausströmt. Bei dem anderen Menschen dagegen entsteht etwas Warmes. Menschen bemerken wir vor allem durch die andere Art der Wärme bzw. Kälte, die sie im Unterschied zu Tieren, Vögeln oder Pflanzen ausströmen. Ich unterscheide bewußt Tiere und Vögel.

Fremde Bäume schmerzen

W.W.: Welcher Unterschied besteht zwischen den Kiefern und anderen Bäumen? Gibt es zwischen ihnen Kommunikation?

Die Kieferndame: Wir Nadelbäume haben keine großen Probleme, miteinander zu sprechen, denn wir haben die gleichen Herren. Mit den Laubbäumen zu kommunizieren ist schon schwieriger. Aber wenn wir kommunizieren wollen, nutzen wir das Waldwesen. Die Laubbäume haben andere Herren. Aber wir tun einander nicht weh, sondern versuchen, uns gegenseitig zu helfen. Problematisch wird es immer erst dann, wenn Bäume gepflanzt werden, die uns unbekannt sind. Das sind die Bäume, die der Mensch aus anderen Regionen mitbringt.

W.W.: Welches Problem entsteht mit ihnen?

Die Kieferndame: Bäume aus fremden Ländern sind für uns sehr schmerzhaft. Durch sie entsteht ein Prozeß, der uns sehr wehtut. Aber wir bewältigen diese Schwierigkeiten, denn die Erde hilft uns.

W.W.: Ich verstehe nicht genau, warum andere Bäume für Euch schmerzhaft sind. Könnt Ihr nicht mit ihnen sprechen?

Die Kieferndame: Sie reden eine andere Sprache, die wir nicht verstehen.

W.W.: Und wie geht es den fremden Bäumen unter Euch?

Die Kieferndame: Genauso. Ein weiteres Problem ist noch, daß sie andere Substanzen aus dem Boden aufnehmen. Und das paßt nicht immer mit dem zusammen, was wir nötig haben. Deshalb kann es sein, daß einige von uns sterben. Es kann auch sein, daß die fremden Bäume sterben. Und der Tod ist ein kalter Prozeß.

W.W.: Vielen Dank, Kieferndame.

Die Kieferndame: Bitte. Das war ja gar nicht so schlimm!

18. Eichbine

W.W.: Hallo Eichbine.

Eichbine: Hallo.

W.W.: Was bist Du für ein Wesen?

Eichbine: Eine Eiche.

W.W.: Nur *eine* Eiche?

Eichbine: Eichwesen haben jeder einen Eichbaum.

W.W.: Wo wächst Du?

Eichbine: Hinter dem Haus, nahe dem Bruch. Es ist die größte Eiche, sie steht am nächsten zum Haus.

Eichen sind Schutzbäume

W.W.: Welche Aufgaben hast Du?

Eichbine: Ich bin Eiche. Eichwesen beschützen. Eichen haben die Funktion eines Schutzbaumes für die Menschen. Früher wußten die Menschen das noch, heutzutage haben sie es vergessen. Die Eichen hier im ländlichen Raum wurden alle als Schutzbäume gepflanzt.

W.W.: Wovor schützen die Eichbäume?

Eichbine: Sie schützen vor den Anderen.

W.W.: Was geschieht, wenn es in einem Gebiet keine Eichen mehr gibt?

Eichbine: Dann kommen die Anderen besser an die Menschen heran und können gewisse Schutzdämme unterlaufen.

W.W.: Also ist es gut, wenn man in gewissen Abständen eine Eiche pflanzt?

Eichbine: Ja, es ist gut, wenn die Menschen Eichen um Häuser herum pflanzen. Eichenhaine in Orten sind auch sehr wichtig. Darin könnt Ihr auch Eure Schweine mästen.

W.W.: Wie dicht muß ein Netz von Eichbäumen sein, damit ein Schutz gegen die Anderen gewährleistet ist?

Eichbine: Das kommt auf die Größe der Eichen an. Je größer eine Eiche wird, desto größer ist das beschützte Umfeld, das sie abdeckt. Ich selbst decke einen Umkreis mit einem Radius von 80 m ab.

W.W.: Gibt es andere Bäume, die ähnlich schützend wirken, oder sind dies nur die Eichen?

Eichbine: In dem angesprochenen Sinne schützen nur die Eichen. Andere Bäume haben andere Aufgaben. Die Linden haben eine andere Schutzfunktion und dienen den Sonnenwesen, während die Eschen die Christuskräfte binden. Die Kirschbäume erzeugen die Süße des Lebens.

W.W.: Wurdest Du geboren, als Deine Eiche aus einer Eichel hervorwuchs, oder gab es Dich schon vorher?

Eichbine: Es gab mich vorher nicht nicht.

W.W.: Das habe ich nicht verstanden.

Eichbine: Das versteht Ihr Menschen immer nicht. Ich wurde geboren, als diese bestimmte Eiche wuchs. Aber obwohl ich mit diesem Baum geboren wurde, war ich auch vorher schon. Wir sind immer in der Ewigkeit, auch wenn wir jetzt die Gestalt haben, die wir zur Zeit angenommen haben. Damit habt Ihr Menschen immer Probleme, obwohl es bei Euch genauso ist. Du bist auch nur Wolfgang, weil Du vorher schon jemand anderes warst.

W.W.: Welche Verwandtschaft besteht zwischen Menschen und Bäumen?

Eichbine: Jeder Mensch hat seinen Baum. Das ist so, weil wir Bäume Euch sehr ähnlich sind. Bäume sind die Form der Pflanzen, die Gott gedacht hat, als er noch dachte, Menschen aus Pflanzen entstehen zu lassen.

W.W.: Gibt es bestimmte Menschentypen, die zu verschiedenen Bäumen eine Verwandtschaft haben?

Eichbine: Ja. Und alle Menschen, die zur Eiche eine Verwandtschaft haben, haben gleichzeitig eine Verwandtschaft mit dem Mars. Wenn Du dem Eisen und dem Mars verwandt bist, bist Du auch der Eiche verwandt. Viele Bäume gehören zur Venus. Die Birke und die Birne sind z.B. beides Venusbäume. Zum Mars gehören nicht so viele Bäume, die Eiche ist der typischste. Aber unter den Eichen gibt es viele verschiedene Sorten, Stieleichen, Haineichen und diverse Wuchsformen, die wir selbst alle sehr viel genauer unterscheiden als Ihr Menschen. Und unter diesen hat jeder Baum seinen Menschen.

W.W.: Zu welchen Bäumen gehören heute die meisten Menschen?

Eichbine: Zu den Nadelbäumen.

W.W.: Warum?

Eichbine: Weil die Menschen eine Erwärmung brauchen. Nadelbäume sind schlichter und nicht so kompliziert wie Laubbäume.

Marssonden

W.W.: Warum stirbt der Wald?

Eichbine: Weil Ihr Menschen angefangen habt, ihn zu verändern. Wenn Ihr z.B. Pflanzen in den Wald hineinbringt, die nicht in ihn hineingehören, braucht der Wald Jahrzehnte, um diese neuen Pflanzen zu assimilieren. Dann gibt es eine Art neuen Wald. In der Zwischenzeit ist er aber ziemlich krank.

Dann kommt eine weitere Störung durch die Menschen hinzu. Wenn Ihr Menschen die Planeten stört, die uns direkt betreuen, dann stört Ihr auch den Wald. Wenn Ihr Sonden zum Mars schickt, stört Ihr die Eichen, macht Ihr die Eichen krank. Am schlimmsten sind die Mondbäume dran. Denn auf dem Mond liegt schon etlicher Müll von Euch Menschen.

W.W.: Vielen Dank.

Eichbine: Bitte. Ihr könnt mich nachher gerne einmal besuchen kommen.

19. Quadrom

W.W.: Hallo Quadrom.

Quadrom: Hallo.

W.W.: Was bist Du für ein Wesen?

Quadrom: Ich bin der nächste unter dem Hausgeist Müller. Ich bin sozusagen der oberste Sub der Hausgeister in dieser Mühle.

W.W.: Vertrittst Du ihn, wenn Müller nicht anwesend ist?

Quadrom: Jawohl.

W.W.: Welche Aufgaben hast Du?

Quadrom: Meine Aufgaben hängen mit dem Feucht-Warmen in diesem Haus zusammen. Ich regele die feuchte Wärme, also alles, was mit dem warmen Wasser zu tun hat. Ihr nennt das Heizung. Diese Zusammenhänge sind in diesem Haus jetzt sehr kompliziert geworden, denn früher gab es hier nur Öfen. Außerdem gab es nur Pumpen und ein Feuer, das mit Öl genährt wurde. Das ist jetzt anders, und deswegen mußten wir einen von uns aus der Gruppe der Subs so verändern, daß er diese neue Aufgabe mit der Heizung bewältigen kann. Ich bin als dieses Wesen erst während der letzten sieben Jahre entstanden. Vorher war ich viel gesichtsloser.

W.W.: Du wirst also bedeutender dadurch, daß Du neue Aufgaben innehast?

Quadrom: Mit Hilfe von Müller, den Feuer- und Wasserwesen haben wir mich umgebaut. Jetzt kann ich in diesem Haus die Warmwasseranlage betreuen.

„Wir können keine Fehler machen"

W.W.: Welches Verhältnis hast Du zu Müller?

Quadrom: Ein gutes.

W.W.: Ist er ein guter Chef?

Quadrom: Er spinnt manchmal ein bißchen, aber dann bekommt er Ärger.

W.W.: Kann es sein, daß Du manchmal Fehler machst? Und wenn ja, wie reagiert dann Müller?

Quadrom: Wir können keine Fehler machen. Das geht nicht.

W.W.: Das ist für einen Menschen eine sehr schwierige Vorstellung.

Quadrom: Ihr Menschen seid sehr unzulänglich. Ihr könnt vergessen, wir nicht.

W.W.: Kann es denn sein, daß eine Aufgabe, die Du bewältigen mußt, zu schwer für Dich ist?

Quadrom: Das kommt manchmal vor. Dann hole ich Hilfe. Oder es geht etwas kaputt. Manchmal stellt Ihr Menschen uns auch Aufgaben, die wir nicht bewältigen können. Dann ist aber die Aufgabe dumm, nicht wir.

W.W.: Was genau machst Du mit Wasser, Dampf und der Heizung?

Quadrom: Ich passe auf alles auf, und zwar in einer Art und Weise, wie Ihr Menschen das nicht einmal denken könnt. Denn schließlich seid Ihr unzulänglich. Ich umschließe ununterbrochen, 24 Stunden am Tag, 365 Tage im Jahr, das Wasser und begleite es bei jeder seiner Bewegungen durch die Heizung. Das ist eine schwere Aufgabe, und ich habe sehr viel damit zu tun. Das ist eine permanente Willensanstrengung.

W.W.: Und wenn Du dieses Wasser nicht ständig begleiten würdest, würde dann z.B. ein Rohr brechen, und alles würde schiefgehen?

Quadrom: Jawohl. Die Heizung fiele aus.

W.W.: Vielen Dank.

Quadrom: Bitte. Ich bleibe hier bei Dir.

20. Knut, der Sandige

W.W.: Hallo Sandiger. Kannst Du bitte ein wenig Deine Aufgaben schildern?

Der Sandige: Hallo. Ich bin Sand. Ich bin der Sand hier in der Gegend. Sand ist weder Stein noch Erde. Sand ist das, woraus zum größten Teil die hiesigen Endmoränen bestehen. Sand ist das, was die Eisriesen erzeugt haben, als sie aus dem Norden kamen.

W.W.: Welcher Unterschied besteht zwischen Sand und Erde?

Der Sandige: Erde lebt.

W.W.: Der Sand nicht?

Der Sandige: Nein, nicht so, zumindest nicht organisch. Versuche einmal, eine Blume in reinem Sand zu pflanzen. Dann wirst Du sehen, was mit ihr geschieht. Nichts. Sie verdurstet. Wir Sandigen können nämlich nicht das Wasser halten.

W.W.: Aber wenn man in einem Gefäß Sand mit Wasser mischt, wachsen dort doch Pflanzen.

Der Sandige: Ja und nein. Dann entsteht eine Hydrokultur.

Die Salzwüsten als Inkarnationspunkte

W.W.: Bestehen die Wüsten aus Sand?

Der Sandige: Das kommt auf die Wüsten an.

W.W.: Wenn es in der Wüste einmal regnet, dann wächst dort eine ganze Menge.

Der Sandige: Dann besteht diese Wüste nicht nur aus Sand. Dann ist sie aus trockener Erde. Ich war noch nicht in der Wüste und müßte mich erst einmal schlaufragen.

V. Staël von Holstein: Jetzt fragt er.

Der Sandige: Diese Wüsten müssen aus Erde bestehen. In diesen Wüsten sind die Sonne und die Trockenheit so mächtig geworden, daß das gesamte Wasser zum Himmel gestiegen ist. Wenn es dort regnen würde, würde dort auch etwas wachsen. Es gibt aber auch reine Sandwüsten, und es gibt Wüsten, in denen sich zusätzlich zum Sand große Mengen Salz befinden. Diese Salzwüsten sind ganz besondere Kristallisationspunkte. Es sind sehr wichtige Stellen auf der Erde.

W.W.: In welcher Hinsicht sind die Salzwüsten wichtige Kristallisationspunkte?

Der Sandige: Das sind die Orte, zu denen die ehemals ausgelagerten Iche herabsteigen.

W.W.: Was bedeutet das?

Der Sandige: Es gibt Menschen-Iche, die lange auf anderen Planeten waren. Manchmal kommen sie in Scharen wieder zur Erde zurück. Die Orte ihres Eindringens in die Erdensphäre sind dann die Salzwüsten.

W.W.: Wie lange sind diese Menschen nicht mehr in einem physischen Leib gewesen?

Der Sandige: Das kann ich nicht verstehen!

W.W.: Was sind das für Menschen?

Der Sandige: Es sind Menschen, die sich auf einen neuen Inkarnationszyklus vorbereiten. Sie haben auf den anderen Planeten bestimmte Aufgaben erledigt. Beispielsweise waren sie lange auf dem Saturn und kommen nun als Gruppe zur Erde zurück.

W.W.: Gibt es heutzutage viele solcher Gruppen?

Der Sandige: Zur Zeit gibt es viele solcher Gruppen. Deshalb ist es so voll hier unten auf der Erde.

W.W.: Kannst Du solche Gruppen benennen?

Der Sandige: Da mußt Du den Großen befragen.

„Bin ich eines, oder bin ich viele?“

W.W.: Entsteht ein Sandwesen, wenn man einen Stein zermörsert?

Der Sandige: Ja.

W.W.: Eines oder viele?

Der Sandige: Das ist eine schwere Frage. Bin ich eines, oder bin ich viele? Bin ich Sandkorn, oder bin ich Sand? Ich kann auch Sandkorn sein, wenn Du möchtest.

W.W.: Entscheide Du es.

Der Sandige: Das kann ich nicht, das mußt Du tun.

W.W.: Gibt es von Deiner Art nur ein Wesen auf der Erde, oder gibt es viele?

Der Sandige: Beides. Wir teilen uns regional auf. Und es gibt unterschiedliche Sandqualitäten, je nach dem Stein, aus dem der Sand entstanden ist. Nur der ganz große Sand umfaßt alle Sandkörner.

W.W.: Bedeutet es Schmerz für einen Steinernen oder auch für die entstehenden Sandigen, wenn man einen Stein zerkleinert?

Der Sandige: Lust für einen Sandigen und Schmerz für einen Steinernen.

W.W.: Dein Entstehungsprozeß war also die pure Lust?

Der Sandige: Ja. Wir Sandigen und Steinernen sind ungleiche Brüder. Immer wenn ich da bin, ist der andere dagewesen.

W.W.: Ihr seid auf *einen* Stein bezogen nie gleichzeitig vorhanden? Wenn man einen Stein zerkleinert, entsteht ein Sandwesen, und der Steinerne muß weichen?

Der Sandige: Genau.

W.W.: Wohin geht der entweichende Steinerne?

Der Sandige: In den Ätherkosmos der Erde.

W.W.: Empfindet Ihr Mitleid füreinander? Tut es Euch leid, daß ein Steinerner leidet, wenn Ihr lustvoll entsteht?

Der Sandige: Was ist Mitleid?

W.W.: Mitleid bedeutet z.B., den Schmerz und das Leid eines anderen Wesens mitzufühlen.

Der Sandige: Das ist für uns ein sehr schwieriger Begriff. Aber da wir mit den Menschen geredet haben, haben wir eine annähernde Vorstellung davon. Wir wissen, daß es den Steinernen wehtut, aber es ist notwendig. Fühlen können wir ihre Schmerzen nicht.

W.W.: Vielen Dank.

Der Sandige: Bitte.

21. Mondlicht, die Silberne

W.W.: Guten Tag.

Die Silberne: Guten Tag.

W.W.: Welche Beziehung hat der Mensch zum Mond?

Die Silberne: Der Mond regelt Euren Fortpflanzungsprozeß. Ohne den Mondenzyklus könnten keine Babys zur Welt kommen. Deswegen verändern sich auch die Kinder – wenn ich gleich weitersprechen darf –, wenn Ihr den Mond mit Metallen bestückt. Die Kinder nehmen andere Stoffe mit zur Inkarnation.

Die Sternenkinder

W.W.: Kannst Du dafür bitte einmal ein Beispiel nennen?

Die Silberne: Ein Beispiel sind die Kinder, die Ihr Sternenkinder nennt. Eigentlich ist dies ein schöner Begriff, weil die Metalle von den Sternen stammen. Normalerweise wirken auf die Kinder in den ersten sieben Lebensjahren hauptsächlich die Mondenkräfte. Wenn aber der Mond mit Eisen, Aluminium, Titan, Wolfram, Molybdän usw. bestückt wird, gelangen verschiedene dieser Metalle in die physischen Leiber der neugeborenen Kinder hinein. Und das führt dann zu Veränderungen wie bei den Sternenkindern.

W.W.: Sind das die sogenannten Indigokinder?

Die Silberne: Indigokinder ist ein dummes Wort, Sternenkinder ist ein besseres.

W.W.: Daß diese Kinder Besonderheiten zeigen, liegt daran, daß wir Raketen zum Mond geschickt haben?

Die Silberne: Wenn Ihr Metalle zum Mond schickt, verändert Ihr den Mond.

W.W.: Und das entspricht nicht dem Wesen des Mondes?

Die Silberne: Wenn Ihr es so wollt, wird es dem Wesen des Mondes entsprechen müssen.

W.W.: Schädigen diese Metalle den Mond?

Die Silberne: Sie *ändern* ihn. Daß Ihr Metalle hinaufschickt, kann ihn schädigen, wenn Ihr ihn schädigen wollt. Es ist vor allem ein Problem, wenn der Mensch es in bezug auf die geschilderten Zusammenhänge unbewußt tut. Der Mensch ist der Herr der Welt.

W.W.: Der Mensch tut das alles unbewußt. Er schickt eine Rakete zum Mond, er weiß nicht, was er damit geistig bewirkt. Er weiß nichts vom geistigen Wesen des Mondes, er kennt nicht die Folgen für den Mond, und er kennt nicht die Folgen für den Menschen. Ich kann mir nicht vorstellen, daß sich dies in guter Weise auf Mond und Mensch auswirkt.

Die Silberne: Alles hat Folgen.

W.W.: Aber die müssen ja gut oder schlecht sein.

Die Silberne: Für den Menschen muß immer alles gut oder schlecht sein. Aus kosmischer Sicht ist dies aber teilweise anders. Wir verändern uns, und damit müßt Ihr wiederum leben. Wenn Ihr nicht wach werdet, werdet Ihr daran schwer zu knacken haben, wenn ich es so sagen darf. Aber wir bewerten es nicht von vornherein als schlecht. Wir sind anders als Ihr Menschen.

W.W.: Du sagst also, weil der Mensch Metalle auf den Mond schickt, verändert er die Substanz des Mondes und damit auch die Substanz der zur Erde herabsteigenden, sich neu inkarnierenden Menschen. Welche Veränderungen gibt es denn noch bei den Kindern?

Die Silberne: Die Augen sind z.B. anders. Einige Kinder können gleich gucken, wenn sie geboren werden. Sie schauen sofort die physische Welt. Allgemein können Kinder die physische Welt zuerst fast überhaupt nicht erkennen. Vollständig erkennen können sie die physische Welt eigentlich erst im dritten Lebensjahr, wenn die Ich-Anteile klarer anwesend sind.

W.W.: Gibt es weitere Veränderungen?

Die Silberne: Die Kinder werden veränderte Organe bekommen. Eigentlich betrifft es fast alle Organe, besonders die Leber. Das hängt damit zusammen, daß das Blut anders wird. Auch die Atmung wird sich ändern. Aber hauptsächlich verändert sich das Blut, seine chemische Zusammensetzung. Würde man z.B. Blutproben der Sternenkinder sehr genau untersuchen, könnte man schon physisch-chemische Veränderungen feststellen. Aber zu solchen feinen Untersuchungen seid Ihr scheinbar noch nicht in der Lage.

W.W.: Sind diese Kinder krank?

Die Silberne: Was ist Krankheit?

W.W.: Befindet sich ihr Körper nicht mehr in Harmonie?

Die Silberne: Ja, genauso ist es. Sie haben vielmehr Probleme, Harmonie in sich zu erzeugen. Alle Kinder müssen ohnehin lernen, Harmonie zu erzeugen. Und damit haben die Sternenkinder besondere Schwierigkeiten.

W.W.: Haben die verschiedensten Allergien auch mit diesen Zusammenhängen zu tun?

Die Silberne: Ja.

Einflüsse des Mars

W.W.: Sternenkinder leiden am sogenannten Aufmerksamkeits-Defizit-Hyperaktivitäts-Syndrom (ADHS). Wie kommt es, daß sie solche Schwierigkeiten haben, Harmonie in sich zu erzeugen?

Die Silberne: Das liegt daran, daß bei ihnen ein starker Einfluß des Mars hinzukommt. Sie haben eine Eisenschädigung.

W.W.: Was bedeutet das?

Die Silberne: Über Eisen kann ich kaum sprechen, dazu hättet Ihr die Eiche befragen müssen.

W.W.: Eichbine, kannst Du dazu etwas sagen?

Eichbine: Die molekulare Struktur des Eisens, die Fähigkeit des Eisens, magnetisiert zu werden, verändert sich durch die Marssonden. Dadurch haben diese Kinder einen anderen Zugriff auf das Eisen, sie können das Eisen in ihrem Blut anders nutzen. Sie nutzen es nicht nur, um Sauerstoff zu transportieren, sondern sie können auch andere chemische Elemente transportieren.

W.W.: Die Erziehung dieser Kinder ist sehr problematisch, da sie sich kaum konzentrieren können und hyperaktiv sind. Gibt es ein Mittel, daß man diesen Kindern verabreichen sollte, damit sie ruhiger werden?

Eichbine: Sie sollten viel mit Wasser umgehen, möglichst mit Moorwasser. Wasser entspricht der Bewegung. Trinken sollten Sie das Moorwasser allerdings nicht, sondern in ihm baden. Eisengebundener Kalk ist auch wichtig. Sie sollten versteinertes Eisen essen, möglichst in einer hohen Potenz, ab D30. – Diese Kinder können sich auf nichtmaterialistische Inhalte sehr viel besser konzentrieren, z.B. könne sie Bewegungen und deren geistiger Spur folgen.

W.W.: Warum ist gerade bei diesen Kindern ein starker Einfluß des Mars wirksam?

Eichbine: Weil sie auf dem Mars gewesen sind.

W.W.: Aber jeder Mensch ist doch zwischen Tod und neuer Geburt auf dem Mars. Alle sich inkarnierenden Seelen steigen durch die Planetensphären über den Mars bis hinunter zum Mond und dann zur Erde.

Eichbine: Richtig, aber diese Seelen waren länger auf dem Mars.

W.W.: Und was ist bei diesen Menschen anders?

Eichbine: Es ist ihr Umgang mit Krieg und Frieden. Sie sind nicht kriegerischer, sondern friedlicher. Der Mars ist jetzt der Planet des Friedens, nicht mehr der Planet des Krieges. Die Erde dagegen ist der Planet der Liebe, allerdings ist das in der Menschenwelt kaum zu bemerken. Und der auf der Erde nicht vorhandene Frieden macht diese Kinder nervös!

Der orangefarbene Mond

W.W.: Mondlicht, kannst Du bitte einmal schildern, welche Beziehung der Mensch zum Mondlicht hat?

Die Silberne: Meist leider nur eine merkwürdig romantische. Am liebsten mögt Ihr den orangefarbenen Mond, wenn er aussieht wie die Sonne. Dieses orangefarbene Mondlicht entspricht der Zwielichtzone der Menschen, in der sie am liebsten ihr Ich an einen Baum hängen, um sich in Gefühlen suhlen zu können.

W.W.: Und Du magst den Mond am liebsten, wenn er silbern scheint?

Die Silberne: Ja, wenn er silbern ist, ganz klar ist und einen leichten Hof hat. Aber dann bekommt Ihr immer Angst vor dem Mond.

W.W.: Warum?

Die Silberne: Weil die Wesen des absteigenden Mondes dann am deutlichsten zu erleben sind, und diese empfinden die Menschen der heutigen Zeit als schwer störend. Entsprechend ist es mit den Wesen des zunehmenden Mondes. Diese Wesen transportieren den Menschen störende Kräfte, unverarbeitete ätherische Ausbuchtungen. Durch die Veränderung des Mondes entsprechen die Wesen des zu- und abnehmenden Mondes nicht mehr der überkörperlichen Erinnerung der Menschen!

W.W.: Denkst Du dabei auch an die sogenannten Ätherleib-Leichname?

Die Silberne: Ja, das sind nicht ergriffene Ätherteile, die teilweise auch von anderen Wesen besetzt sind.

Während der Mondfinsternis in die Vergangenheit einschleichen

W.W.: Über die Mondfinsternis haben wir schon einmal gesprochen. Kannst Du bitte noch einmal genauer schildern, was bei einer Mondfinsternis mit den Menschen und der Erde geschieht?

Die Silberne: Die Vergangenheit wird ausgesetzt, und dadurch ist die Vergangenheit dem Ich entzogen. Dadurch können sich die Anderen in die Vergangenheit hineinsetzen und diese verändern.

W.W.: Was geschah während der Mondfinsternis am 9. Januar 2001?

Die Silberne: Diese Mondfinsternis war für meine Menschen besonders eindrucksvoll, weil sie sie zum ersten Mal ätherisch miterlebt haben. Aber auch an diesem Tag haben sich zerstörerische Kräfte in die Vergangenheit der Erde eingeschlichen.

W.W.: Wie kann sich der Mensch während einer Mondfinsternis schützen?

Die Silberne: Er sollte im Haus bleiben, es sei denn, er will die Mondfinsternis bewußt erleben. Das ist ein Unterschied. In so einem Fall kann man die Mondfinsternis im Freien erleben. Dann hat man als Schutz die Kräfte des Michael, wenn man bewußt dabei ist und nicht aus Sensationsgier.

Während der heiligen Tage anders leben

W.W.: In Eurem Buch sprecht Ihr von einem 13. Tierkreiszeichen, dem sogenannten Schlangenträger. Was ist damit gemeint?

Die Silberne: Vom Mond aus betrachtet ist es etwas Neues, das der Mensch erschaffen muß. Näheres frage bitte den Großen.

W.W.: Was haben die Menschen früher während der 13 heiligen Nächte und zwölf heiligen Tage gemacht? Worin bestand der wesentliche Unterschied zu heute?

Die Silberne: Früher haben die Menschen die 13 heiligen Nächte wirklich als heilig empfunden, und sie wußten, daß es *13* Nächte sind. Heutzutage spricht man, sogar in anthroposophischer Literatur, von zwölf heiligen Nächten. Aber das ist falsch. Die heiligen Nächte werden heute einfach nicht mehr erlebt. Früher wußten jede einfache Bauersfrau und jeder Knecht, daß es 13 heilige Nächte gibt, und sie alle haben sich aus ihrem Empfinden anders verhalten; z.B. hat man in dieser Zeit keine Wäsche gewaschen.

Heutzutage wird mit Ausnahme der beiden herausragenden Tage Heiligabend und Silvester so getan, als ob alle anderen Tage vollkommen normale Tage wären. Das Nichtwahrnehmen der Heiligkeit ist der entscheidende Unterschied zu früher.

Es wäre gut, wenn die heutigen Menschen diese Nächte wieder als heilig empfinden würden und sie verbunden mit dem jeweils dazugehörenden Tierkreiszeichen, dem entsprechenden Monat, der Stimmung und der dazugehörenden Hierarchie erleben könnten. Das kann man versuchen, indem man sich während dieser 13 heiligen Nächte und zwölf Tage möglichst vom Alltagsgeschehen freihält. Das ist natürlich nur zum Teil möglich, weil Euer Leben auf der Erde weitergeht. Aber man kann es z.B. für einen Teil des Tages versuchen. In diesen Tagen sollte man keine Börsengeschäfte tätigen, keine Hochzeiten vorbereiten, nichts Zukünftiges beginnen und nicht der Vergangenheit anhängen. Man sollte einfach gegenwärtig sein und versuchen, den Tag, die Nacht und die entsprechenden Wesen zu empfinden. Der Himmel ist in dieser Zeit offen. Alle Wesen, die Marswesen, die Mondwesen und alle anderen Planetenwesen, sind in dieser Zeit anwesend.

W.W.: Was geschieht, wenn man in dieser Zeit Geschäfte tätigt?

Die Silberne: Diese Geschäfte sind dann nicht gut beleuchtet. Sie stehen unter einem schlechten Stern. Auf jeden Fall stören sie die kosmischen Zusammenhänge.

W.W.: Zu welcher Nacht gehört der Schlangenträger, das 13. Tierkreiszeichen?

Die Silberne: Das ist die Silvesternacht.

W.W.: Habt Ihr es in Eurem Buchprojekt absichtlich so verabredet, daß an den zwölf heiligen Tagen immer ein anderes Wesen gesprochen hat?

Die Silberne: Ja. Und wir haben die Wesen auch zugeordnet. Das war sehr spannend für uns.

W.W.: Vielen Dank.

Die Silberne: Bitte.

22. Das Papierwesen

W.W.: Papierwesen, bist Du auch wieder da?

Das Papierwesen: Ich bin immer da, wo auch Papier ist.

W.W.: Du trägst das Geistige alles Geschriebenen und liest alles, was die Menschen schreiben. Verstehst Du denn auch alle Sprachen?

Das Papierwesen: Ja.

Die unterschiedlichen Sprachen

W.W.: Gibt es Sprachen, die Du besser verstehst als andere?

Das Papierwesen: Ja. Sprachen, die nicht mehr gesprochen werden, die sogenannten toten Sprachen, verstehe ich meist sehr schlecht. Und Esperanto mag ich überhaupt nicht. Diese Sprache hat kein Wesen.

W.W.: Welche Sprache magst Du am liebsten?

Das Papierwesen: Russisch.

W.W.: Warum?

Das Papierwesen: Weil Russisch Wörter beinhaltet, die in Zukunft wichtig werden.

W.W.: Welche Sprache magst Du von den gesprochenen Sprachen nicht?

Das Papierwesen: Mandarin-Chinesisch.

W.W.: Warum nicht?

Das Papierwesen: Es ist unnatürlich kompliziert.

W.W.: Wie steht es mit Deutsch?

Das Papierwesen: Deutsch ist zur Zeit eine Notwendigkeit. In der heutigen Zeit haben das Deutsche und das Englische die besten Begriffe, um das Leben der Gegenwart auszudrücken. Also muß ich mit diesen Sprachen gut umgehen können. Englisch ist allerdings geschmeidiger als Deutsch.

W.W.: Wie steht es mit dem Französischen?

Das Papierwesen: Französisch ist irrelevant. Diese Sprache ist vorhanden, hat aber keine große Bedeutung in der heutigen Zeit.

W.W.: Wie steht es mit Arabisch?

Das Papierwesen: Arabisch muß sich verändern und wird sich verändern. Arabisch wird durch das persische Volk eine deutliche Veränderung erfahren und dadurch auch die Möglichkeit haben, zukünftige Begriffe zu fassen.

W.W.: Wie steht es mit Latein?

Das Papierwesen: Das ist eine schreckliche, eine tote Sprache.

W.W.: Ist Altgriechisch lebendiger?

Das Papierwesen: Altgriechisch ist immer noch in den humanistischen Köpfen verankert, hat aber eigentlich keine Bedeutung mehr. Es gibt Schriften in Altgriechisch, die damals sehr wichtig waren, aber heutzutage sind gute Übersetzungen wesentlich angebrachter.

E-Mails

W.W.: Verdeckt das physische Papier das Geistige dessen, was auf ihm geschrieben steht?

Das Papierwesen: Das habe ich nicht verstanden. Ich verdecke nichts.

W.W.: Wenn ein Mensch einen Gedanken real denkt, also im Geistigen des Begriffs lebt, und diesen Gedanken dann auf ein Papier schreibt, manifestiert er den Gedanken im Physischen. Ist es für das Lebendige dieses Gedankens nicht so, daß es auf dem Papier stirbt?

Das Papierwesen: Er steht ja nicht nur auf dem Papier, sondern auch gleichzeitig in der Akasha-Chronik. Und wenn es ein qualitativ wichtiger Gedanke ist, der lebendig gedacht worden ist, dann wird er auch noch in einige Sterne eingeschrieben.

W.W.: Wie steht es mit E-Mails; liest Du auch diese?

Das Papierwesen: Ja, aber sie haben eine ganz andere Qualität. E-Mails sind flüchtig. E-Mails sind fast eine Art Gedanke, aber ins Materielle gezwungen.

W.W.: Hat es für Dich eine Auswirkung, wenn ein Mensch ein Wort falsch schreibt?

Das Papierwesen: Das ist sein Problem. Die Hauptsache ist der damit zusammenhängende Gedanke. Wie er das Wort schreibt, ist mir egal.

W.W.: Lebst Du auch in gemalten Bildern?

Das Papierwesen: Wenn es Kunst ist, bin ich gerne in diesen Bildern. Aber auch das hat eine andere Qualität.

W.W.: Hast Du einen Lieblingsmaler?

Das Papierwesen: Ja, Michelangelo.

Flammenschrift

W.W.: Kannst Du noch einmal genauer schildern, was geistig bei einer Bücherverbrennung geschieht?

Das Papierwesen: Etwas ganz Schlimmes. Es geschieht das Gegenteil von dem, was die Verbrenner beabsichtigen. Wenn man Bücher mit der Absicht verbrennt, den geistigen Inhalt auszulöschen, und nicht, weil man eine warme Stube braucht, dann werden die Inhalte dieser Bücher mit Feuerschrift in die Weltenchronik eingebrannt. Und durch diese Flammen sind die Inhalte in der Weltenchronik viel deutlicher, als wenn diese Bücher nicht verbrannt worden wären. Man sollte es aber nicht absichtlich machen, um gewisse Inhalte in die Weltenchronik einzuprägen, denn es ist nicht gut, wenn dort etwas mit Flammenschrift steht.

W.W.: Welche Wirkung hatten die Bücherverbrennungen der Nazis?

Das Papierwesen: Die gleiche. Später konnte in der UdSSR die sanfte Revolution unter Gorbatschow eingeleitet werden, weil die Inhalte der verbrannten Bücher aus dem Kosmos zurückschlugen.

W.W.: Haben die Russen und die Deutschen eine besondere Beziehung?
Das Papierwesen: Ja, eine außerordentlich intensive.
W.W.: Welche?
Das Papierwesen: Die Zukunft liegt in Rußland.

Geschriebenes verändern

W.W.: Du hast in Eurem Buchprojekt gesagt, daß Du bereits Geschriebenes verändern kannst. Das verstehe ich nicht. Wie ist so etwas möglich?
Das Papierwesen: So eine Veränderung darf ich nicht ohne Erlaubnis durchführen. Wir haben vor ca. 2.000 Jahren vieles Geschriebene so verändert, daß es Euch nicht gelingt, die Existenz des Christus aus Dokumenten zu beweisen.
W.W.: Könntest Du auch heute Geschriebenes verändern?
Das Papierwesen: Normalerweise nicht. Es gibt aber manchmal Anweisungen aus den höheren Hierarchien, und dann kann ich das tun. Nur dann darf ich es tun. Ich kann es nicht aufgrund meiner eigenen Entscheidung vollbringen.
W.W.: Wie verändert sich denn bereits Geschriebenes?
Das Papierwesen: Es ändert sich. Wir verschieben uns, intern, und dann entsteht etwas anderes auf dem Papier bzw. auf den Materialien, die Schriften tragen, wie z.B. Pergament oder Papyrus.
W.W.: Das ist schwer zu glauben.
Das Papierwesen: Das ist ganz einfach.
W.W.: Wenn ich jetzt auf ein Blatt Papier etwas schreibe, dann wärst Du danach in der Lage, dieses Geschriebene zu verändern?
Das Papierwesen: Erlaubt ist es mir nicht, aber ich wäre dazu in der Lage.
W.W.: Vielen Dank.
Das Papierwesen: Bitte.

23. Kahain, das Salzkind

W.W.: Kahain, kannst Du noch einmal ganz genau darstellen, was während des Kristallisationsvorgangs von Salz geschieht?
Das Salzkind: Wir fügen uns dann zusammen, und es entsteht das Abbild der Erde. Jeder Salzkristall, auch der kleinste, ist ein Würfel. Alle sechs Flächen sind gleich groß. Und dieser Würfel ist das geistige Abbild der Erde.

W.W.: Inwiefern ist die Erde Salz?

Das Salzkind: Die Erde ist Salz, weil sie das Ich des Menschen formen soll. Der Ort, an dem das Ich des Menschen sich selbst bewußtwerden soll, wird durch das Salz repräsentiert. Das Salz ist Ausdruck der Formkräfte des Ich.

Die Salzgroßen

W.W.: Wie viele Salzwesen gibt es?

Das Salzkind: Viele.

W.W.: Für welchen Bereich bist Du zuständig?

Das Salzkind: Hier im Boden gibt es viele Salzdome. Die Salzgroßen haben beschlossen, daß ich in meinem Wirkensbereich das Salz zu repräsentieren habe. Ich bin ein Salzkind, kein Salzgroßer.

W.W.: Wo befinden sich die Salzgroßen?

Das Salzkind: Die Salzwüsten-Großen sind andere als die Salzdom-Großen. Die einen befinden sich auf dem Boden, die anderen unter ihm. Die Salzgroßen in ihrer ursprünglichen Form sind diejenigen, die mit den Salzdomen verbunden sind. Die Salzwüsten sind ausgetrocknete Meere, und die dort lebenden Salzgroßen sind anders beschaffen.

W.W.: Bist Du nur für Kochsalz oder auch für andere Salze zuständig?

Das Salzkind: Eigentlich bin ich Kochsalz, aber ich bin mit anderen Salzen sehr verwandt. Wir sind enge Brüder.

W.W.: Sind auch mit dem Salz, das man im Kaufhaus kauft, Salzwesen verbunden?

Das Salzkind: Kleine Salzwesen, ja.

W.W.: Was geschieht mit Dir, wenn man Salz im Wasser auflöst?

Das Salzkind: Dann werde ich mehr ätherisch, ich werde weniger konkret. Aber ich bleibe vorhanden.

Kalter Zucker

W.W.: Bist Du auch für Zucker zuständig?

Das Salzkind: Nein.

W.W.: Magst Du Zucker nicht?

Das Salzkind: Nein.

W.W.: Warum nicht?

Das Salzkind: Der Zucker steht im Widerspruch zu mir. Allerdings kommt es auf die Art des Zuckers an. Es gibt Zucker als Kristallisation der Süße, und es gibt den kalten Zucker. Und dieser kalte Zucker ist schrecklich, denn er ist über einen Kälteprozeß entstanden und todbehaftet. Ich denke dabei an den Rübenzucker. Der Zucker der Rübe entsteht durch Kälteprozesse im Boden. Rüben sind Bodenpflanzen. Damit sie süß werden, brauchen sie Kühle. Deswegen werden die Rüben am besten nach dem ersten Frost geerntet. Dann ist der Zuckergehalt am höchsten. Das ist die Umkehrung der Fruchtbildung.

Alle anderen Zucker, vom Rohrzucker über den Honigzucker bis zu allen Fruchtzuckern, entstehen durch einen Wärmeprozeß, durch den Sonnenprozeß. Deswegen haben liebebedürftige Menschen auch einen Heißhunger nach Süßem. Denn sie spüren die Liebe der Sonne im Zucker. Wenn sie dann dieses Liebebedürfnis durch einen Zucker befriedigen, der durch einen Kälteprozeß entstanden ist, kehrt sich die Sache um. Deswegen wollen sie immer mehr Zucker, und das ist der Beginn der Zuckersucht.

W.W.: Was sollte man mit einem zuckersüchtigen Menschen tun?

Das Salzkind: Was macht man mit einem Süchtigen? Man versucht, sein Ich zu stabilisieren und dem Ich wieder Gestaltungsmacht zu geben. Jede Sucht ist ein Ich-Problem.

W.W.: Vielen Dank.

Das Salzkind: Bitte.

24. Der Braune

W.W.: Ist der Braune da?

Der Braune: Wenn es sein muß.

W.W.: Ein Schafbock ist gerade gestorben. Hast Du vorher gewußt, daß er sterben wird?

Der Braune: Ja.

W.W.: Warum hast Du die Menschen nicht vorher darauf hingewiesen?

Der Braune: Weil es sie nichts angeht.

W.W.: Warum mußte er sterben?

Der Braune: Er war krank. Deswegen war es besser für ihn zu sterben.

Chimären

W.W.: Wird man eines Tages Verbindungen zwischen Menschen und Tieren, sogenannte Chimären, züchten können?

Der Braune: *Können?!* Versuchen wird man es schon bald. Das dauert nicht mehr allzu lange. Aber aus meiner Sicht würde ich das aber nicht als Können bezeichnen. Aber es wird bei den Versuchen einiges herauskommen.

W.W.: Was denn?

Der Braune: Das werden Körper sein, in die sich ahrimanische Wesen hineinsetzen, die sonst keinen physischen Körper bekommen können.

W.W.: Was genau sind das für Wesen?

Der Braune: In absehbarer Zeit werdet Ihr auf der Erde sehr viel weniger Menschen sein. Die Entwicklung der Weltbevölkerung wird wieder umkippen; es wird nicht mehr, sondern sehr viel weniger Menschen geben. Und dann wird es sehr viele kleine ahrimanische Wesen geben, die sonst immer mit den Menschen in einen physischen Leib hineingeschlüpft sind, die nun aber keinen Menschen mehr haben. Diese Wesen werden dann Menschen dazu veranlassen, Körper zu züchten, in die sie hineinschlüpfen können. Das werden menschenähnliche Körper sein.

W.W.: Wann wird das sein?

Der Braune: Ich kann Dir keine genaue Jahreszahl sagen. Zahlen interessieren mich nicht.

W.W.: Warum wird es in absehbarer Zeit weniger Menschen geben?

Der Braune: Weil der Kulminationspunkt vorbei ist.

W.W.: Werden die Menschen durch Katastrophen oder Kriege sterben, oder geht die Bevölkerungszahl auf normale Weise zurück?

Der Braune: Sowohl als auch. Es werden viele Katastrophen kommen, durch die viele Menschen sterben. Darüber hinaus werden sich immer weniger Menschen inkarnieren wollen.

W.W.: Vielen Dank.

Der Braune: Bitte. Sei achtsam mit den Tieren!

25. Gnunno, der Grüne

W.W.: Guten Tag. Kannst Du mir sagen, wie lange Du schon in dieser Gegend lebst?

Der Grüne: Lange.

W.W.: Was heißt das?

Der Grüne: Wie lange gibt es in dieser Gegend schon Pflanzen?

W.W.: Keine Ahnung. Auf jeden Fall sehr lange.

Der Grüne: Und so lange lebe ich schon hier.

W.W.: Wie sah denn die Welt früher aus, als es hier noch keine Menschen gab?

Der Grüne: Ganz anders. Dann kam das Eis, und dann ging das Eis wieder weg. Und dann kam wieder das Eis, und dann ging auch das wieder weg. Danach kamen die Pflanzen wieder. Früher waren die Luft und die Luftgeister ganz anders, und deswegen waren wir damals alle ganz anders.

Die Saurier waren ganz anders

W.W.: Was war damals an der Luft anders?

Der Grüne: Nicht nur die Luft, sondern auch das Licht war anders. Ihr hättet damals nicht einmal mit Euren heutigen Augen sehen können. Die Menschen bilden sich ein, daß sie mit ihren Erklärungsmodellen die Vergangenheit umfassend nachbilden könnten. Aber die Tiere waren damals ganz anders, als die Menschen sich das heute vorstellen, weil die Luft anders war. Die Saurier der Urzeit hatten andere Lungen. Die Luft war dicker und wäßriger, und die Saurier mußten anders atmen. Sie hatten auch eine besondere Haut, weil die Haut an etwas anderes als an die heutige Luft angrenzte. Das ist mit menschlichen Worten schwer zu beschreiben. Ich schicke Dir einmal ein Bild – aber das kannst Du wahrscheinlich nicht wahrnehmen.

W.W.: Wie ein Fisch.

Der Grüne. Ja, gut. Du kannst es ja doch.

W.W.: Warum sind die Saurier gestorben?

Der Grüne: Weil die Luft sich verändert hat. Das war ein langsamer Prozeß. Das ist ähnlich wie das Mysterium von Golgatha, wie Ihr das nennt. Das war auch ein einschneidender Moment, aber trotzdem ein langsamer Prozeß, auf den zugearbeitet wurde. Weil die Luft sich veränderte, konnten die Saurier nicht mehr atmen.

Die Kinder wurden im Winter geboren

W.W.: Stimmt es, daß die Menschen in dieser Gegend früher hauptsächlich im Winter und insbesondere zur Weihnachtszeit geboren wurden?

Der Grüne: Wieso fragst Du das ein Pflanzenwesen?

W.W.: Weil Du die Vergangenheit kennst.

Der Grüne: Ich kenne mich mit dem Wachsen und Gedeihen aus. Es war doch notwendig, daß die Menschen damals in den 13 heiligen Nächten geboren wurden! Also versuchte man es auch, so einzurichten. Die Jahresrhythmen waren so.

W.W.: Und ein Junge, der in der Heiligen Nacht geboren wurde, wurde später König?

Der Grüne: König nennt Ihr es jetzt, es war aber der Führer eines Stammes. Die geistige Entsprechung ist für uns eigentlich der Eingeweihte.

W.W.: Wurden denn in den Sommermonaten keine Menschen geboren?

Der Grüne: Es gab natürlich Ausnahmen. Aber das wurde dann als Schande betrachtet.

W.W.: Wurden die Kinder getötet?

Der Grüne: Manchmal kamen sie ins Moor. Wenn das Moor sie wiedergab, wurden sie behalten.

W.W.: Wenn Du die Menschen von früher mit den heutigen Menschen vergleichst, wie unterscheiden sie sich?

Der Grüne: Die Menschen von früher waren geistig eigentlich nicht richtig anwesend. Sie waren noch eher wie ein Rudel. Deswegen brauchten sie ihre Führer. Denn diese hatten eine größere geistige Klarheit.

W.W.: Welche Menschen gefielen Dir besser, die heutigen oder die damaligen?

Der Grüne: Das hat mir nicht zu gefallen.

V. Staël von Holstein: Der Grüne ist sehr erstaunt. Bei den Wesen, die sich um etwas kümmern, geht es nicht darum, ob ihnen etwas gefällt. Das sind menschliche Begriffe, mit denen sie sich erst allmählich anfreunden müssen. Sicherlich konnten sie mit den früheren Menschen besser zusammenarbeiten, aber das bewerten diese Wesen nicht.

26. Kapuwu, der Steinerne

W.W.: Kapuwu, bist Du da?

Der Steinerne: Ich bin immer dagewesen. Hallo gehabt.

W.W.: Kannst Du mir etwas über die Bedeutung der Träume während der 13 heiligen Nächte erzählen?

Der Steinerne: Wenn er die Träume gesehen haben wird, dann hat er gesehen gehabt, was in dem entsprechenden Zeitraum geschehen gewesen sein wird.

W.W.: Welche Tage repräsentieren welche Zeiträume?

Der Steinerne: Der Januar – nicht ganz Euer Kalenderjanuar – entspricht der ersten heiligen Nacht. Und dann geht es immer so weiter. Das ist eigentlich ganz einfach.

Ölbohrungen

W.W.: Was geschieht genau, wenn die Menschen Öl aus der Erde pumpen, z.B. in Saudi-Arabien oder im Irak?

Der Steinerne: Das habe ich doch schon gesagt gehabt. Wenn die Menschen im Boden Löcher gemacht haben, dürfen im Boden keine Löcher gewesen sein. Immer dort, wo Höhlen entstanden gewesen sind, setzen sich Wesen anderer Art hinein, weil man ihnen Platz gemacht gehabt hat. Wenn

Ihr Menschen dieses Stück Boden so verändert gehabt haben werdet, dann werdet Ihr an diesen Stellen Probleme gehabt haben.

W.W.: Welcher Art sind diese Probleme?

Der Steinerne: Gewaltig! Sie werden gewaltig gewesen sein.

W.W.: Kannst Du dazu einmal ein Beispiel nennen?

Der Steinerne: Das ist schwierig für die deutsche Sprache, man kann es besser in Russisch gesagt haben. Diese Wesen werden dagegen gekämpft haben, weil das Verschwinden der Materie ihre Existenz bedroht haben wird. Sie werden versuchen, den Geistesimpuls, der die Entmaterialisierung der Erde zur Folge gehabt haben wird, aufzufressen.

W.W.: Die ahrimanischen Wesen fühlen sich durch die Entmaterialisierung der Erde in ihrer Existenz bedroht?

Der Steinerne: Ja, das Abpumpen des Öls wird riesige Löcher erzeugt gehabt haben, gewaltige Hohlräume. Das muß nicht Öl gewesen sein, das kann auch Gold, Kobalt oder Gas oder jede Entnahme von Rohstoffen aus der Erde gewesen sein.

W.W.: Kann man denn Rohstoffe entnehmen und die Löcher wieder füllen, so daß die ahrimanischen Geister nicht hineinströmen?

Der Steinerne: Man kann versuchen, mit uns Steinwesen gesprochen zu haben. Wir können Stellen in der Erde zeigen, bei denen nicht solche großen Höhlen entstehen können. Man kann viele Rohstoffe im Tagebau abbauen und dann entstehen keine Höhlen.

W.W.: Aber das geht doch bei Öl nicht.

Der Steinerne: Deswegen ist es eine Frage, ob Öl zu entnehmen für die Erde in Ordnung gewesen sein kann.

Überall sind Menschen zum Töten bereit

W.W.: Wirken die geistigen Wesen, die in diese Höhlen hineinziehen, besonders auf die in diesen Gegenden wohnenden Menschen?

Der Steinerne: Am stärksten auf die Menschen in der Gegend, in der Öl gewesen sein wird. Über diesen Höhlen ist die kalt-zerstörerische Wirkung der Kräfte am stärksten gewesen.

W.W.: Auf welche Weise wirken diese Wesen auf die dort lebenden Menschen zerstörerisch?

Der Steinerne: Sie können die Menschen dazu veranlassen, andere Menschen aus rationalen Gründen, mit logischen Plänen, umzubringen, Chaos anzurichten, programmiertes Chaos.

W.W.: Aber die Menschen, die dort leben, sind ja nun keineswegs Menschen, die bevorzugt andere Menschen umbringen.

Der Steinerne: Nein, die meisten sind es nicht gewesen. Aber es wird immer welche gegeben haben, die besonders empfänglich für diese Kräfte gewesen sein werden. Und diese wenigen Menschen werden von den aus den Höhlen wirkenden Kräften gesucht. In diesen Gegenden wird es auch viele Heilige gegeben haben. – Wenn Du es schon so genau gewußt haben willst: Überall sind Menschen, die zum Töten bereit sind. Aber viele von diesen werden es nicht getan haben. Aber in den Gegenden, in denen man das Öl aus der Erde nimmt, werden es mehr getan haben. Ihr nennt das prozentual. Hast Du mich jetzt verstanden gehabt?

W.W.: Ja. Danke.

Der Steinerne: Mit Christus!

27. Echnaton, der Feurige

W.W.: Dann zu Dir, Echnaton. Guten Tag.

Der Feurige: Schön warm hier, nicht wahr?

Elektrizität als Opfer

W.W.: Schildere bitte einmal ausführlich, was Ihr Feurigen mit der Elektrizität zu tun habt.

Der Feurige: Das ist unser Opfer an den Menschen.

W.W.: Kannst Du dieses Opfer etwas näher beschreiben?

Der Feurige: Nicht so gerne, aber wenn es denn sein muß: Wenn wir unsere höhere Stufe mehr oder weniger freiwillig aufgeben, dann entsteht Strom. Wir gehen drei Stufen tiefer in die Materie, wenn wir Elektrizität werden. Als Feuerwesen sind wir drei Stufen über der Materie.

W.W.: Und dieses Opfer müßt Ihr bringen, weil der Mensch Elektrizität erfunden hat?

Der Feurige: Ja. So ist es richtig.

W.W.: Wer weist an, welche Feuerwesen sich in die Elektrizität hineinopfern müssen?

Der Feurige: Die Hierarchien.

W.W.: Bist Du das älteste der hier anwesenden Wesen?

Der Feurige: Ja, ich bin sogar älter als der Steinerne, aber auch jünger. Ich bin auch älter als Du, bevor Du zum ersten Mal als Mensch auf die Erde kamst. Ich bin immer neu und immer alt. Feuer war vor Euch und wird auch nach Euch sein. Und die Zeit, in der wir uns zur Elektrizität machen, ist nicht lang.

Der falsche Tod der Materie

W.W.: Wie steht es mit der Atomenergie?

Der Feurige: Dazu hättest Du Kapuwu, den Steinernen, befragen müssen. In die Atomenergie opfern sich die Steinwesen, in ihr leben die entarteten Steinwesen. Das ist eine Energie, in deren Entstehungsprozeß die Materie sich auflöst, aber es ist kein Vergeistigungsprozeß. Durch sie zerfällt die Materie.

W.W.: Was verstehst Du unter entarteten Wesen? Es sind doch Wesen, die sich opfern.

Der Feurige: Was sind sich opfernde Wesen anderes als entartete Wesen? Sie sind entartet, weil sie nicht mehr sie selbst sind. Das gleiche betrifft die Feuerwesen, die sich in die Elektrizität hineinopfern müssen.

W.W.: Der Begriff entartet besagt einerseits, daß ein Wesen nun einer anderen Art angehört, andererseits beschreibt er auch etwas Dekadentes.

Der Feurige: Die dekadente Entartung ist nicht gemeint. Gemeint ist, daß sich diese opfernden Wesen in einem Prozeß verändern, welcher für sie mit Qualen verbunden ist.

W.W.: So wie alle Elementarwesen beim Verdichtungsprozeß der Erde sich in das jeweils dichtere Medium hineinopfern mußten?

Der Feurige: Ja. Wenn man immer weiter verdichtet, dann entsteht aus den Steinwesen Atomenergie. Aber Atomenergie ist der falsche Tod der Materie.

W.W.: Gibt es auch entartete Luft- und entartete Wasserwesen?

Der Feurige: Ja. Magnetismus besteht aus entarteten Wasserwesen, Röntgenstrahlungen sind entartete Luftwesen.

„Der Elektrosmog wird zunehmen"

W.W.: Wie gefährlich ist Elektrosmog?

Der Feurige: Alles, was der Mensch nicht richtig beherrscht, ist gefährlich für ihn. Die Strahlungen, die man auch als Elektrosmog bezeichnet, hat der Mensch noch nicht in ihren Wirkungen richtig begriffen. Er bildet es sich bloß ein. Der Elektrosmog ist für das Fortschreiten des Materialismus wichtig, denn er dichtet die Erde gegen die kosmischen Wirkungen ab. Die kosmischen Wirkungen werden jetzt stärker, und die Widersachermächte sind bestrebt, diese zu verhindern. Ihre Tendenz ist es, die Erde immer mehr von diesen kosmischen Strahlungen abzuschotten; also wird der Elektrosmog höchstwahrscheinlich stark zunehmen. Menschen, die durch die Flamme direkt in die geistige Welt schauen wollen, sollten hin und wieder in

Landstriche gehen, wo der Elektrosmog nur gering ist, oder einen so starken Willen erüben, daß sie ihn durchstoßen können.

W.W.: Was ist für den einzelnen Menschen gefährlicher: ein Handy, ein schnurloses Telefon oder ein UMTS-Sendemast?

Der Feurige: Am unangenehmsten sind die schnurlosen Telefone.

W.W.: Was machen diese Strahlungen mit den Menschen?

Der Feurige: Sie hüllen ihn ein und wehren die kosmischen Kräfte ab. Die Wirkungen dieser Strahlungen gehen bis in das Blut hinein.

„Wir wollen die kleine Freiheit des Feuers"

W.W.: Was geschieht bei einem großen Feuer, z.B. wenn ein Wald abbrennt?

Der Feurige: Das ist schön – für den Wald natürlich nicht.

W.W.: Wirken bei einem Großbrand viele Feuerwesen zusammen?

Der Feurige: Bei einem großen Brand geben uns die Engel Bescheid. Das können wir noch nicht selbst entscheiden. Aber die großen Feuerwesen sind momentan in Verhandlungen mit den Engeln eingetreten, um in bezug auf das Feuer auch eine kleine Freiheit zu erhalten. Die großen Feuerwesen wohnen in den Vulkanen. Wir würden diese kleine Freiheit gerne haben, weil sich die Menschen so schlecht benehmen. Aber noch dürfen wir nicht allein entscheiden.

W.W.: Angenommen, Ihr erhaltet diese kleine Freiheit in bezug auf das Feuer, werden dann überall größere Brände entstehen?

Der Feurige: Ja!

W.W.: Ähnlich wie vor kurzem die Flutkatastrophe?

Der Feurige: Ja!

W.W.: Haben die Wasserwesen schon diese kleine Freiheit?

Der Feurige: Ja, weil sie Leben sind.

W.W.: Haben die Luft- und Erdgeister auch schon die kleine Freiheit?

Der Feurige: Noch nicht. Nur die Wasserwesen haben die kleine Freiheit.

W.W.: Wird die kleine Freiheit in bezug auf das Feuer bald kommen?

Der Feurige: Was ist bald? Nach menschlichen Jahren betrachtet ... Du wirst es wohl nicht mehr erleben.

W.W.: Ein Vulkanausbruch steht also noch unter der Anleitung der Engel?

Der Feurige: Ja. Und dann müssen wir Feuergeister mit den Erdgeistern zusammenarbeiten. An der Stelle des Vulkanausbruchs wird die Erde neu. An diesem Prozeß sind viele höhere Hierarchien beteiligt.

W.W.: Was ist der Grund eines Vulkanausbruchs? Liegt er bei den Menschen?

Der Feurige: Nein. Ein Vulkanausbruch hat mit den Lebensprozessen und Verschiebungen der Mutter Erde zu tun. Es mag sein, daß die Hierarchien manchmal auch menschliche Gründe dafür sehen, aber wir Feuerwesen knüpfen keinen Bezug zu den Menschen – noch nicht. Pompeji ist auch nicht untergegangen, weil die Einwohner sich so schlecht benommen haben.

W.W.: Vielen Dank.

Der Feurige: Bitte. Laß Deine Flamme immer rein sein!

V. Staël von Holstein: Kahain, das Salzkind, möchte wissen, ob Du inzwischen anständiges Salz ißt.

W.W.: Mache ich.

Das Salzkind: Gut.

28. Walliniju, der Luftige

V. Staël von Holstein: Ich kann Walliniju momentan nicht sehen. Er ist so leicht. – Jetzt ist er da.

W.W.: Guten Tag. Ist das Licht während der Advents- und Weihnachtszeit ein besonderes?

Der Luftige: Ja, es ist anders, vor allem zu Weihnachten. Im Advent fängt es allerdings schon an. In der Adventszeit „fliegen" die Engel in der Nähe der Erde, und wenn die Engel in der Nähe der Erde „fliegen", bringen sie Himmelslicht mit.

W.W.: Inwiefern ist das Licht in dieser Zeit anders als sonst?

Der Luftige: Es ist dichter. Ihr könntet es sogar messen. Aber leider gibt es kaum Menschen, die sich mit der Qualität des Lichts beschäftigen. Die größere Dichte des Lichts könnte man in der Adventszeit messen.

Das Wort wird im Rauch sichtbar

W.W.: Bist Du auch für Rauch zuständig?

Der Luftige: Rauch ist verdreckte Luft, und leider bin ich auch dafür zuständig.

W.W.: Bedeutet Rauch für Dich noch mehr?

Der Luftige: Es gibt Dampf, und es gibt Rauch. Bei Rauch schweben feste Bestandteile in der Luft, beim Dampf Wasser. Vom Rauch gibt es verschiedene Arten. Es gibt den guten Rauch, Weihrauch – so heißt Du doch –, und es gibt schlechten Rauch, z.B. Autoabgase.

W.W.: Wenn man im Kultus, z.B. in der Christengemeinschaft, mit Weihrauch räuchert, verbinden sich dann mit dem Rauch geistige Wesen?

Der Luftige: Ja. Das sind Engel. Soll ich jetzt einen Engel beschreiben?

W.W.: Nein. Verbinden sich auch noch andere Wesen mit diesem Rauch?

Der Luftige: Das speziell Wichtige ist, daß das Wort in den Rauch gesprochen wird. Damit wird das Wort sichtbar. Wer schauen kann, sieht das Wort dann in einer anderen Qualität. Und dieses sichtbare Wort wird von den Engeln und den höheren Luftwesen transsubstantiiert, direkt in die geistige Entsprechung verwandelt.

W.W.: Was geschieht bei einer schwarzen Messe mit dem Rauch?

Der Luftige: Das gleiche wie beim Zigarettenrauch: Todeswesen ziehen ein.

W.W.: Welcher Art sind diese Wesen?

Der Luftige: Das sind die Geister der Geburt und des Todes. Aber wenn man sie durch eine schwarze Messe in die materielle Welt hereinruft, sind sie an ihre Todesseite gefesselt. Das Interessante an den Geistern der Geburt und des Todes ist, daß sie beide Seiten vertreten: Entweder sie gebären, oder sie bringen den Tod. Und wenn man sie zwingt, an einem falschen Ort zu erscheinen, wirken sie nicht in guter Weise.

W.W.: Was bedeutet ein Atomkraftwerk für die Luft?

Der Luftige: Atomkraftwerke machen keine schlechte Luft, aber sie ionisieren die Luft, und zwar so, daß die Luft innerlich zittern muß. Das macht die Luft nervös, und nervöse Luft ist nicht gut.

W.W.: Wie ist eine Windkraftanlage für Dich?

Der Luftige: Die mögen wir – Spielzeug.

W.W.: Vielen Dank.

Der Luftige: Bitte.

29. Etschewit, der Nasse

Der Nasse: Na, wieder da?

W.W.: Ja, hallo. Wie verändert sich Dein Wesen, wenn Wasser zu Eis gefriert?

Der Nasse: Als Nöck gefriere ich nicht zu Eis. Aber das Wasser wird dick.

Neues Leben für die Wasserwesen

W.W.: Und die kleineren Wasserwesen, verändern sie ihr Wesen, wenn Wasser zu Eis gefriert?

Der Nasse: Ja, sie werden materieller, sie werden kristallin. Wenn die Wasserwesen zu Eis werden, sterben sie in einem gewissen Sinne und befinden sich in einem todesähnlichen Pralaya-Zustand. Und wenn sie wieder auftauen, treten sie in eine neue Lebensperiode ein. Viele Wasserwesen ziehen regelmäßig durch die Polkappen hindurch, damit sie sich erholen können.

W.W.: So wie der Mensch zwischen Tod und neuer Geburt?

Der Nasse: Ja.

W.W.: Und was geschieht mit den Wasserwesen, wenn Wasser verdampft?

Der Nasse: Dann werden sie kleiner. Dann verbinden wir uns mit einem Luftwesen und fliegen sehr hoch. Das ist schön.

W.W.: Und wenn es regnet, kommt Ihr dann wieder, oder ist das für Euch Wasserwesen ein neues Leben?

Der Nasse: Nein, das ist kein neues Leben. Neues Leben entsteht nur, wenn wir durch den Eiszustand hindurchgehen.

W.W.: Wer organisiert, wann welche Wasserwesen durch den Eiszustand hindurchgehen?

Der Nasse: Für die Wasserwesen dieser Gegend veranlasse ich es. Und dabei stimme ich mich mit den anderen Nöcks ab.

W.W.: Wie erlebst Du den Nebel?

Der Nasse: Nebel ist gut, denn dann kann ich über Land gehen. Beim Nebel sind mehr Wasserwesen in der Luft als Luftwesen, und dann sind wir so klein, daß wir fliegen können. Wir sind übrigens ganz rund, ähnlich wie ein Wassertropfen. Deshalb kann uns die Schwerkraft nicht so richtig ergreifen. Wenn wir dann in der Luft sind, fühlen wir uns wie in einem Trancezustand.

W.W.: Gibt es auch spezielle Nebelgeister?

Der Nasse: Ja! Um es modern auszudrücken: Stell Dir eine Symbiose zwischen mir und Walliniju, dem Luftigen, vor.

W.W.: Entstehen sie immer neu, wenn Nebel aufsteigt?

Der Nasse: Sie entstehen bei jedem Nebel neu.

W.W.: Und sterben sie, wenn der Nebel sich auflöst?

Der Nasse: Nein, sie sterben nicht, sondern sie werden wieder zu Wasser- oder Luftwesen.

„Die Gespräche waren wichtiger, als Ihr es Euch vorstellen könnt“

W.W.: Ihr alle habt über ein Jahr hinweg zusammen mit Verena und Friedrich Euer Buchprojekt durchgeführt. Kannst Du mir mitteilen, wie Ihr

Euch durch dieses Buchprojekt und auch jetzt durch unsere Interviews verändert habt, weil Ihr mit den Menschen gesprochen habt?

Der Nasse: Das war ganz wichtig. Das war viel wichtiger, als Ihr es Euch vorstellen könnt, auch als Du es Dir vorstellen kannst. Wir Geistwesen müssen lernen, Eure Sprache zu verstehen, z.B. weil uns der Zweifel unbekannt ist. Wir haben also gelernt, was Zweifel ist. Dann haben wir gelernt, was Gefühle sind. Ihr Menschen solltet vielmehr fühlen. Wir Geistwesen fühlen nicht in Eurem Sinne. Aber wir müssen verstehen, was Gefühle sind, damit die Erde noch eine Weile jung bleiben kann.

Wenn wir Euch als unsere neuen Herren nicht verstehen, können wir Eure Vorstellungen im Elementaren nicht umsetzen. Dazu müssen wir einiges über Euch lernen. Bis jetzt konnten wir die Engel fragen, bald – bald nach unserem Zeitbegriff – können wir nur noch die Menschen befragen, was mit der Erde zu tun ist. Und viele Zusammenhänge verstehen wir nur, wenn wir die richtigen Fragen stellen. Deswegen müssen wir lernen, die Menschen richtig zu befragen. Und das tun wir jetzt in diesen wichtigen Gesprächen.

W.W.: Habt Ihr darüber hinaus noch mehr von den Menschen gelernt?

Der Nasse: Wir haben die Verständigung unter uns selbst gelernt, und unser gemeinsames Gespräch untereinander ersetzt vieles von dem, was wir bisher von den Engeln erhalten haben. Auch auf diesem Gebiet müssen wir noch dazulernen. Ihr Menschen habt eine Möglichkeit, die haben wir Elementarwesen nicht so ohne weiteres: Ihr könnt Euch miteinander verständigen.

W.W.: Aber Ihr verständigt Euch doch auch.

Der Nasse: Ja, aber nur in unseren jeweiligen Bereichen, also Wasserwesen mit Wasserwesen oder Luftwesen mit Luftwesen, aber zwischen den einzelnen Bereichen gibt es wenig Verständigung. Aber nun haben wir begriffen, daß wir uns alle untereinander verständigen können. Das Wasser kann mit der Luft, mit dem Feuer, mit den Tieren sprechen.

W.W.: Ihr habt Euch also vorher noch nie auf diese Weise verständigt?

Der Nasse: Nein, noch nicht so, wie wir es jetzt hier tun. Der Kontakt lief über die Hierarchien, jetzt sprechen wir direkt miteinander. Dadurch, daß wir direkt miteinander sprechen, entsteht eine ganz andere Qualität des Seins.

W.W.: Wir Menschen haben Euch also an den Runden Tisch gebracht?

Der Nasse: Ja, und das muß sich in Zukunft viel weiter ausdehnen. Das hier sind nur Anfänge. Eigentlich müssen wir von Euch sogar erfahren, wie wir die Moleküle zu gestalten haben. Ich würde gerne wissen, wo sich welcher Wassertropfen wann aufzuhalten hat.

W.W.: Wie sehen die übrigen Elementar- und Naturwesen Euch an, die nicht an diesen Gesprächen teilgenommen haben?

Der Nasse: Wir werden zu ihren Lehrern.

W.W.: Gibt es etwas Ähnliches wie hier auch an anderen Orten der Erde?

Der Nasse: Ja, aber es ist immer dem jeweiligen Ort und den jeweiligen Verhältnissen angepaßt. Und diese Gespräche hier sind etwas ganz Besonderes.

„Euch hilft kein Gott"

W.W.: Denkt Ihr jetzt anders über die Menschen als vorher?

Der Nasse: Ja.

W.W.: Inwiefern?

Der Nasse: Anders. Wir verstehen Euch besser. Wir sehen das, was neu an Euch ist: die Bewußtseinsseele und die ersten Ansätze des bewußten Ich. In Wirklichkeit könnt Ihr viel mehr, als Ihr wißt. Ihr werdet Eure Aufgaben erfüllen müssen, und dabei hilft Euch kein Gott.

W.W.: Vielen Dank. Wir werden sicherlich noch über das eine oder andere sprechen.

Der Nasse: Gerne.

30. Die Flutkatastrophe

W.W.: *Folgende Fragen habe ich schriftlich eingereicht: Was hat das Hochwasser in Tschechien, Österreich und Deutschland im Spätsommer 2002 verursacht, und was sollen die Menschen dadurch lernen? Was haben die Wassergeister während des Hochwassers getan, um Schaden vom Menschen abzuwenden, oder sollte dieser Schaden kommen? Sie wurden folgendermaßen von den Elementarwesen beantwortet:*

Der Nasse: Ich mache keine lange Vorrede und stürze mich direkt in Euer geistiges Hochwasser. Es mag zwar nicht so offensichtlich sein, aber die Hochwasserkatastrophen treten vor allem dort auf, wo die Lebenskräfte der Erde geschwächt sind. Diese Schwächung kann die Folge eines dort über mindestens sieben Jahre herrschenden menschlichen Systems gewesen sein. Sieben Jahre ist dabei die Untergrenze.

Es gibt aber auch noch dahinterliegende Gründe. Bleiben wir bei dem System der Menschen. Die Lebenskräfte der Erde werden durch das Wasser getragen. Monolithische Systeme, die das Leben verachten, führen dazu, daß den fruchtbringenden Zyklen, die durch das Wasser und die anderen

Naturwesenheiten vorgegeben sind, unharmonische Änderungen von seiten der Menschen aufgezwungen werden.

Das Wasser darf sich wehren

Die Aufgabe der Nöcks und ihrer Flüsse zur Zeit ist es, den Menschen zu zeigen, daß ihren Wasserbauwerken die Einsicht in die größeren Zusammenhänge fehlt und daß sie deshalb nicht in der Lage sind, das Wasser ernsthaft zu regulieren. Für die Flußwesenheiten haben diese Bauwerke oft den Charakter eines unbedachten spielerischen Versuchs.

Auf Zeit zu spielen, ist für die europäische Zivilisation inzwischen nicht mehr möglich. Falls die Menschen sich nicht entschließen können, ihre technischen Spielsachen wieder einzusammeln, ist es in unsere Entscheidung gegeben, diese zu entfernen und die dadurch entstehenden Schäden in Kauf zu nehmen. Sofern weiterhin von Menschen gegen das Wasser gearbeitet wird, hat das Wasser eine Art von Freiheit, sich zu wehren. Und wenn wir „freier" sind, können wir auch mehr Freiheit geben. Von Kindern muß man Schaden abhalten. Es kommt aber ein Alter, in dem das Bewahrenwollen vor Schäden die Freiheit einschränkt – insbesondere wenn sie als Konsequenz aus dem eigenen Handeln resultieren.

Durch die Veränderungen, die die Menschen an den Flußläufen, und damit am gesamten Wasserzyklus der Erde durchgeführt haben, sind wir Wasserwesen zum Teil gar nicht mehr in der Lage, Schaden zu begrenzen. Wenn wir uns zu schnell bewegen müssen, können wir uns nicht mehr bremsen. Ganz egal, was sich uns in den Weg stellt. Viele Schäden, nicht alle, die wir verursacht haben, sind dadurch entstanden, daß Ihr uns dazu gezwungen habt. Folglich fällt es in Eure Verantwortung.

Das Wasser der Erde ist der Ausdruck der Lebenskräfte der Erde. Und ich als Wassergeist sage Euch: Es ist kein Ende der Fluten zu sehen, sofern Ihr den Flüssen nicht ihren Lauf laßt!

Der Steinerne: Es wird eine Zeit gegeben gehabt haben, in welcher die Menschen verstanden gehabt haben werden, was sie durch ihre bautechnischen Maßnahmen an den Wasserläufen dem Boden an Kraft genommen haben werden.

Und das beginnt schon bei der Bearbeitung der Ackerkrume. Die Menschen der jetzigen Zeit haben sich eingebildet gehabt, daß sie mit ihren ackerbautechnischen Geräten, der chemischen Düngung und ihren Bewässerungsmaßnahmen die Fruchtbarkeit des Bodens positiv beeinflußt gehabt haben. Das absolute Gegenteil wird der Fall gewesen sein. Dort wo die Gnomen, die ganz kleinen, mit den Undinen, den ganz kleinen, ständig in ihrer gemeinsamen Arbeit gestört gewesen sind, dort werden die Fluten entstanden gewesen sein. Wir können das Leben nicht mehr dort gehalten gehabt haben, wo es eigentlich hingehört gehabt hat. Wir können dem, was wächst, nicht mehr genügend Lebenskraft mitgegeben haben.

Desweiteren sind dadurch meine Kleinen sehr bereit, zu Matsch gebildet zu werden. Der wird rutschen! Habt Ihr mich verstanden gehabt?

„Euer Denken muß sich ändern“

Der Luftige: Es wird noch sehr lange dauern, bis der Mensch begreift, daß die Wasserbaumaßnahmen sogar die Lufthülle der Erde, und damit die Arbeit der Sylphen, entscheidend beeinflussen. Das ist noch etwas anderes als der totgeredete „Klimawandel“, denn es ist kein Wandel, sondern ein Zwang. Die Menschen betätigen sich an Dingen, deren Dauer sie in keiner Weise ahnen, geschweige denn begreifen. Die Luft trägt das Wasser um die gesamte Erde. Und durch die störenden Eingriffe des Menschen erreicht das Wasser Gebiete, die noch gar nicht dran sind. Das Wasser wird zum Handeln gezwungen, und damit wird die Dauer verändert. Einen Teil dieser Dauer bezeichnet ihr Menschen als Zukunft.

Merkwürdigerweise ist es für einen Menschen sehr schwer zu verstehen, daß die Zeit eine Gesamtheit ist. Vergangenheit, Gegenwart und Zukunft sind nur Aspekte der Zeit und der Dauer. Und jede Veränderung verändert alle drei Aspekte der Dauer, nicht aber die Zeit selbst als Zeitpunkt. Um da etwas Licht hineinzubringen: Dauer bezieht sich in einem gewissen Sinne auf einen Raum, Zeit bezieht sich auf alle einzelnen Orte.

Der Feurige: Mit dem Licht entstand die Zeit. Das ewige Anliegen der Lichtwesen ist es, dies erfahrbar zu machen. Ich bin einfach. Mehr kannst Du noch nicht verstehen.

Kannst Du Dir vorstellen, daß Menschen, die diese Wasserbaumaßnahmen geplant haben, dieses sehr engagiert getan haben? Und dadurch entsteht Wärme. Immer wenn Ihr Menschen Euch engagiert, entsteht Wärme. Wärme ist immer auch direkt Geistiges. Damit ist meine Beteiligung wohl ausreichend begründet.

Wärme erzeugt Frucht. Auch die Früchte des Denkens. Dort war der Anfang. Wenn sich das Denken nicht ändert, wenn es nicht richtig warm wird, sondern kalt und berechnend bleibt, dann kommen die Flüsse auch nicht in ihren Lauf. Nur die Liebe kann Veränderung bringen. Beginnet, Eure Erde wieder zu lieben. Dann hört Ihr auch auf, solchen Unsinn mit ihr zu machen. Dann kann das Wasser wirklich frei fließen. – Haltet die Flammen rein!

31. Der Grosse

W.W.: Guten Tag.

Der Große: Guten Tag.

W.W.: Was geschieht geistig, wenn zwei Völker miteinander Krieg führen?

Der Große: Das ist unterschiedlich. Auch Volksgeister können sich aneinander reiben, aber sie kämpfen nicht gegeneinander. Wir guten Mächte sind auch nicht immer einer Meinung, und es gibt häufiger einmal – menschlich ausgedrückt – Richtungsprobleme. Die einen möchten schneller, die anderen möchten langsamer Prozesse durchführen. Daraus können auf der Erde durchaus Kriege entstehen. Vielfach sind Kriege aber auch Möglichkeiten, Menschengruppen zu einem gemeinsamen Karma zu bringen, zu einem übergreifenden Karma. Dadurch können ganze Menschengruppen einen gemeinsamen Prozeß durchmachen.

Das Michaelsfest

W.W.: Heutzutage sind die Menschen durch die Medien über alles, was auf der Erde geschieht, informiert. Liegt das in Deinem Interesse?

Der Große: Ja, wir haben uns damit viel Mühe gegeben.

W.W.: Was ist das Michaelsfest?

Der Große: Der Sieg des Menschen über den Drachen. Das Bild dafür ist der Sieg Michaels über den Drachen.

W.W.: Rudolf Steiner spricht hin und wieder darüber, daß es in Zukunft ein Michaelsfest geben solle, ähnlich den anderen Festen Ostern, Johanni, Weihnachten. Was wird dies für ein Fest sein?

Der Große: Das Fest des Lichts.

W.W.: Kannst Du etwas mehr dazu sagen?

Der Große: Ja, gerne. Wieviel Bücher möchtest Du darüber schreiben? Michael ist der Erzengel des Lichts. In der Natur zeigt sich dies darin, daß die Bäume während der Michaelzeit das Licht des Sommers zurückgeben, indem sie zu leuchten beginnen. Nur in der Zeit des Herbstes strahlt die Erde durch die Goldfärbung der Blätter Licht in den Kosmos zurück. Dieses Licht kann zu Sternenlicht werden.

Dieser Vorgang des Wiederschenkens des Sommerlichts vollzieht sich auf zweierlei Weise: Ein Teil des Lichts strahlt in den Kosmos zurück, ein anderer rinnt geistig in die Erde und bildet dort die Strukturen der Erde kosmisch neu. Das Licht wird gewogen und bewertet. Ein Teil darf in den Kosmos zurück, ein anderer geht in die Erde und bildet die Kristalle der

Erde neu. Das ist aber als Qualität, nicht als Quantität zu verstehen. Das ist der Herbstprozeß: das Bemessen des Lichts. Diese Prozesse in ein Fest zu gestalten ist eine Zukunftsaufgabe der Menschheit. Das ist dann eine Verwandlung der Auferstehung.

W.W.: Was kann der Mensch tun, um sich diesem Prozeß bewußtseinsmäßig zu nähern?

Der Große: Sei lichtvoll! – Und nun möchtest Du gerne wissen, wie man lichtvoll sein kann? Bekämpfe die dunklen Gedanken in Dir, und bekämpfe sie jeden Tag, 24 Stunden lang. Das gilt natürlich für jeden Menschen. Wenn Du die Dunkelheit verjagst, dann ist Platz für das Licht in Dir. Wenn Du es Kindern vermitteln willst, bringe ihnen Licht, lichte Geschichten. Erzähle ihnen Geschichten, die Dich erfreuen. Und lache viel, denn das Lachen ist die stimmliche Äußerung des Lichts. Wohne nicht in Erdhöhlen, wohne in hellen Häusern. – Das war eine schöne Frage für mich.

Das neue Hellsehen

W.W.: Welche Veränderungen werden sich bei den Menschen in Zukunft ergeben, z.B. in bezug auf das Schauen der ätherischen Welt? Wann beginnt dieses Schauen bei den Menschen?

Der Große: Es hat schon angefangen. Viele Menschen merken es aber nicht, höchstens ein wenig. Sie bemerken es vielleicht, indem sie etwas anders wahrnehmen, auch indem sie vernetzter wahrnehmen, denn das hängt damit zusammen. Durch die Vernetzung schauen sie über ihren eigenen kleinen Küchentisch hinaus. Das vernetzte Wahrnehmen führt über den eigenen Umkreis hinaus.

W.W.: Du denkst jetzt an eine umfassende Wahrnehmung, daran, daß jeder Mensch ein Bewußtsein der gesamten Menschheit haben kann?

Der Große: Ja, das ist der Beginn. Im übrigen wird das auch dazu führen, daß mehr Menschen Asthmatiker werden, weil sich die Atmung verändern wird, wenn sich das Ätherwesen deutlicher löst. Die Menschen werden Asthma bekommen, wenn sie das neue Schauen nicht zulassen, wenn die Wahrnehmung des Ätherischen gewissermaßen körperlich hängenbleibt. Das neue Schauen wird nicht überall im gleichen Maße auftreten, in Zukunft wird es vor allem im russischen und iranischen Raum ausgebildet werden, noch mehr als in Mitteleuropa. Viele Kinder können es heute schon.

W.W.: Was liegt der Migräne zugrunde?

Der Große: Der Migräne liegt eine Abschottung gegenüber kosmischen Einflüssen zugrunde. Menschen, die kosmische Einflüsse nicht zulassen wollen, leiden unter Migräne. So etwas tritt oft auch in bestimmten Perioden während des Lebenslaufs auf, und wenn ein Mensch geistig wieder offener wird, verschwinden die Migräneanfälle wieder.

„Die Anthroposophische Gesellschaft hat Probleme der Ich-Findung"

W.W.: Wie siehst Du momentan die Lage der Anthroposophischen Gesellschaft?

Der Große: Wenn die Anthroposophische Gesellschaft wieder auf ihre Füße kommt, ist sie gut.

W.W.: Was heißt das?

Der Große: Die Anthroposophische Gesellschaft hat zur Zeit Probleme der Ich-Findung. Sie weiß nicht ganz, wie sie sein soll.

W.W.: Kannst Du das bitte etwas näher erklären?

Der Große: Die Anthroposophische Gesellschaft ist an dem Punkt, an dem sie entscheiden muß, ob sie gefaßt und im schwarzen Anzug auftritt – um es bildhaft auszudrücken –, oder ob sie in der Lage ist, die Krawatte abzulegen und Jeans anzuziehen und sich nicht so sehr um das Aussehen, sondern vielmehr um das Tun zu kümmern. Zur Zeit gibt es zwei Tendenzen in der Anthroposophischen Gesellschaft. Die einen schotten sich ab, wollen alles ganz genau gedanklich durchgestalten und wissenschaftlich aufbereiten, und sie halten sich selbst noch nicht für reif, um etwas *mit der Anthroposophie* in der Welt *zu tun*. Deswegen wollen sie weiter Wissen aufbauen.

Dann gibt es einen anderen Teil, der mit den vielen anthroposophischen Forschungsergebnissen etwas in der Welt bewirken will. Diese Menschen wollen einen Durchbruch erreichen, sie wollen etwas tun, sie wollen die Zwangsjacken ablegen. Sie wollen, daß die Anthroposophie viel umfassender und für viel breitere Bevölkerungsschichten lebenspraktisch wird. Sie können Steiner auch einmal einen Monat lang unberührt im Schrank stehenlassen, weil sie in der Welt handeln wollen. Das ist jetzt das Problem der Anthroposophischen Gesellschaft, und sie muß nun entscheiden, welchen Weg sie einschlagen will.

W.W.: Welcher Weg ist der richtige?

Der Große: Der zweite Weg entspräche der Zeit.

W.W.: Ich habe den Eindruck, daß die Menschen sich immer weniger konzentrieren können, was sich auch so ausdrückt, daß immer weniger Menschen die Worte Steiners in den Büchern verstehen. Wie kommt das?

Der Große: Die Texte sind nicht zu schwer, aber sie sind in weiten Teilen in einer Sprache verfaßt, die nicht mehr der Zeit entspricht. Deswegen ist es ganz einfach: Arbeite weiter so wie bisher, bringe die Ergebnisse und Aussagen Steiners in eine Form, die der Zeit entspricht. Das ist eine Aufgabe in der heutigen Zeit.

Die Sprache muß konkret und praktisch sein

W.W.: So schwer zu verstehen ist die Sprache Steiners nun aber auch nicht. Deswegen muß bei den heutigen Menschen doch etwas vorliegen, daß sie die Texte kaum noch verstehen. Was ist das?

Der Große: Die Menschheit ist älter geworden. Auch die heute lebenden Menschen sind älter geworden.

W.W.: Als ich in jungen Jahren Steiner las, habe ich fast alle seine Bücher verschlungen und die Inhalte problemlos aufgenommen. Warum können die Menschen das heute anscheinend immer weniger?

Der Große: Die heutigen Menschen benötigen eine Sprache, die ihrem Handeln angepaßt ist. Wir haben jetzt ungefähr die Mitte des michaelischen Zeitalters. In dieser Phase sind die Michaelsimpulse am größten; und diese Impulse müssen jetzt in das Handeln umgesetzt werden. Dem muß die Sprache der Texte folgen. Die Sprache muß konkret und praktisch sein. Es geht darum – um es wieder bildhaft auszudrücken –, daß man schreibt, wie man Brot backt, und nicht, was man alles über Brot denken kann.

W.W.: Für uns Anthroposophen wäre es also die Aufgabe, Steiner zunächst zu verstehen, um dann unsere Erkenntnis in der mündlichen und schriftlichen Sprache so an die Menschen zu bringen, daß sie daraus praktische Impulse schöpfen können?

Der Große: Genau. Es ist aber ein Problem der Anthroposophischen Gesellschaft, daß viele der heutigen Menschen sich nicht mehr auf der rosa Mitgliedskarte wiederfinden. Das heißt, daß die Anthroposophische Gesellschaft nicht mehr die Sprache vieler Menschen spricht.

W.W.: Wird die Anthroposophische Gesellschaft sterben?

Der Große: Nein, sie darf auch nicht sterben. Sie kann nicht sterben, denn sie ist mehr, als Ihr Menschen heute überblicken könnt!

„Tue, was Dir Dein Herz sagt!“

W.W.: Ist die anthroposophische Meditation in heutiger Zeit noch angemessen?

Der Große: Wenn Du sie fortführst, ist sie immer angemessen. Das Beten hat sich auch nicht verändert. Meditation im anthroposophischen Sinne ist ein erweitertes Gebet.

W.W.: Kannst Du darstellen, was die vordringlichsten Aufgaben der Menschen in der nächsten Zukunft sein werden?

Der Große: Handeln!

W.W.: Man kann vieles tun. Kannst Du dies etwas spezifizieren?

Der Große: Tue, was Dir Dein Herz sagt!

W.W.: Das sagt jedem Menschen etwas anderes.

Der Große: Die Menschen müssen beginnen, die Elementarwesen und Geistwesen wahrzunehmen, und mit ihnen in gleicher Richtung handeln. Sonst zerfällt die Erde. Sie wird sterben, wenn die Menschen nicht ihre Aufgaben und ihre Verantwortung für das Ätherische, Seelische und Geistige des Kosmos ergreifen. Und dann – das ist ganz wichtig – müssen die Menschen lernen, was Schönheit ist. Sie müssen lernen, nicht einfach nur zu handeln und irgendwelche Gegenstände zu erstellen, sondern alles muß schön gestaltet werden.

W.W.: Was wäre für die persönliche Entwicklung des Menschen das Wichtigste für die nächste Zeit?

Der Große: Erzieht Eure Kinder in Schönheit, und sie werden ihren Weg im Leben finden.

W.W.: Vielen Dank.

Der Große: Bitte.

32. Verschiedenes

W.W.: Ich habe jetzt noch Fragen zu verschiedenen Themen, wende mich mit ihnen aber nicht an bestimmte Wesen von Euch. Bitte entscheidet selbst, wer mir antworten wird.

V. Staël von Holstein: Zuerst wird Müller antworten, aber nicht nur aus seinem eigenen Wissen, sondern aus dem aller hier anwesenden Naturwesen. Sie haben es soeben ausdiskutiert und Müller dazu bestimmt, daß er Ihnen zuerst antwortet.

Mit der Nahrung schlüpfen sie hinein

W.W.: Welche Wesen geraten über die Nahrung in den Menschen?

Müller: Das hängt davon ab, was der Mensch ißt. Nimmt er pflanzliche Nahrung zu sich, so ist mit ihr noch ein Teil der Pflanzengeister verbunden. Ißt er Getreide, nimmt er noch mehr zu sich, nämlich positive Gedankenkräfte der Götter, die mit dem Getreide verbunden sind. Das sind Götter aus der alten persischen Zeit, als das Getreide durch einen gottesdienstähnlichen Akt in die Welt gebracht wurde. Bei der tierischen Nahrung sind es Teile der Ätherkräfte des jeweiligen Tieres, die in den Menschen übergehen.

W.W.: Gibt es aus menschlicher Sicht auch bösartige Wesen, die über die Nahrung in den Menschen hineinschlüpfen?

Müller: Ja, sehr viele sogar. Das sind Geister der abbauenden, zerstörerischen Kräfte. Weil der Mensch tote Tiere ißt, ist immer ein zerstörerischer Anteil in dieser Nahrung enthalten. Aber diese Kräfte sind nötig, denn sie sorgen nach dem Tod eines Tieres für die Auflösung seines materiellen Leibes. Ihr Menschen rechnet diese in den Todeskräften wirkenden Wesen meist der dunklen Seite zu. Man sollte aber nicht vergessen, daß diese Wesen notwendig sind.

Bei chemisch verunreinigten Nahrungsmitteln – und das sind viele –, bei Nahrungsmitteln mit Zusatzstoffen, dringen noch andere Wesen in den Menschen ein, und diese sind richtig negativ. Das sind ahrimanische Wesen.

W.W.: Was machen sie mit dem Menschen?

Müller: Sie bewirken eine Veränderung der menschlichen Gedankenprozesse, weil sie das Gehirn des Menschen verändern.

Der Grüne: Chemisch gedüngtes Getreide führt dazu, daß die Organe schwächer werden und die ätherischen Organe ihre physischen Entsprechungen nicht mehr so gut erreichen können. Jedes Organ braucht spezifische kosmische und ätherische Kräfte, und wenn die physischen Organe geschwächt sind, können diese nur noch unzureichend aufgenommen werden. Jedes Organ und jede Pflanze hat eine Bindung an einen Planeten. Mit einem Apfel ißt man im wahrsten Sinne des Wortes den Jupiter, und wenn ein Apfelbaum chemisch gedüngt wird, wird die Jupiterkraft im Apfel schwächer.

Die kleinen roten Teufelchen

W.W.: Welche Wesen dringen über die Sinnesempfindungen in den Menschen ein?

Der Grüne: Hier muß man stark differenzieren. Zum einen gibt es luziferische Wesenheiten, die sich an die Sinneseindrücke binden und den Menschen entflammen oder begeistern können. Wenn Menschen, speziell Jugendliche, aus dem Häuschen geraten oder sich durch Musikveranstaltungen in Ekstase steigern, dann hängt das mit den kleinen roten, heißen, den luziferischen Teufelchen zusammen, die bei den entsprechenden Sinneswahrnehmungen in den Menschen hineinschlüpfen.

Nimmt man mit dem Auge oder nimmt man Gedankliches wahr, schlüpfen dunkle Wesen in den Menschen hinein. Sie werden Toren genannt und sehen aus wie nasse Säcke.

W.W.: Über diese Wesen haben wir schon mit dem Papierwesen gesprochen. Gibt es auch Wesen, die Tag und Nacht bewirken?

Der Feurige: Ja. Im Hintergrund stehen die Zeitgeister, und sie wirken in einzelnen Stufen hinunter bis hin zu den Stundengeistern.

W.W.: Welche Wesen bewirken die Mondphasen?

Der vom Bruch: Das sind die Wesen des zunehmenden und abnehmenden Mondes. Die Wesen des zunehmenden Mondes bewirken, daß Kräfte von der Erde zum Mond aufsteigen können, und mit ihnen die verstorbenen Seelen. Die Wesen des abnehmenden Mondes schicken dagegen Mondkräfte zur Erde hernieder, und diese Kräfte werden von den Menschen als ausgesprochen unangenehm erlebt. Auch die Pflanzen haben während dieser Mondphase eine andere Bindung an die Erde.

W.W.: Sind das Elementarwesen?

Der Große: Es gibt eine Stufe von Wesen, die weder Elementarwesen noch Engel sind. Es sind im engeren Sinne keine geistigen, sondern astrale Wesen. Sie stehen über den Elementarwesen. Aber sie stehen noch nicht auf dem rein geistigen Plan.

Jahresfeste auf der südlichen Halbkugel

W.W.: Welche Wesen bewirken die Jahreszeiten?

Der Große: Die Jahreszeiten werden von Wesen bewirkt, welche die unteren Enden – bildlich gesprochen – der Zeitgeister sind. Sie sind den Wesen des Todes und der Geburt verwandt. Die Erdenzyklen der Jahreszeiten entsprechen den Lebensrhythmen eines Wesens. Es ist vergleichbar einem Atemprozeß. Die Erde pulsiert zwischen Nord- und Südhalbkugel in den Prozessen der Geburt und des Todes, welche sich in den Jahreszeiten ausdrücken.

W.W.: Wann sollte man die Jahresfeste auf der südlichen Halbkugel feiern? Ist dort Weihnachten, wenn bei uns Weihnachten ist, also wenn auf der südlichen Halbkugel Sommer ist, oder fällt dort Weihnachten in den Winter?

Der Große: Weihnachten ist ein kosmisch-kultischer Prozeß. Weihnachten hat auf der südlichen Halbkugel eine andere Qualität, aber weil Weihnachten auf der nördlichen Halbkugel stattgefunden hat, ist an diesem Tag auf der ganzen Erde Weihnachten. Auf der südlichen Halbkugel ist dann Sommer.

W.W.: Trifft das analog auf alle Jahresfeste zu?

Der Große: Mit Einschränkungen, aber unter einem globalen kultischen Aspekt schon. Auch wenn die Prozesse des Atmungsvorgangs der Erde auf der südlichen Halbkugel umgekehrt verlaufen. Daß die kosmischen Kräfte in die Erde hineinziehen und wieder ausströmen, vollzieht sich auf der südlichen Halbkugel im Gegensatz zum Atmungsvorgang auf der nördlichen Halbkugel. Wenn die kosmischen Kräfte im Norden in die Erde eingezogen sind, also im Winter, dann sind sie im Süden ausgeströmt, und dort ist Sommer. Aber die kosmisch-kultischen Zeitpunkte sind trotzdem überall auf der Erde gleich.

W.W.: Ist mein Eindruck richtig, daß die Jahreszeiten durch die Klimaveränderungen zunehmend verschwinden?

Der Luftige: Das können die Elementargeister nicht genau beurteilen, in welche Richtung die Klimaveränderungen gehen werden. Denn sie hängen von den Taten der Menschen ab. *Du* mußt also wissen, wie das Klima werden wird.

W.W.: Was sind Sturmriesen, Frostriesen und Nebelriesen für Wesen?

Der Feurige: Das sind Zusammenballungen elementarer Kräfte. Ein Feuerriese ist z.B. ein führender Feuergeist. Ich habe schon darauf hingewiesen, daß Feuerwesen an sich sehr klein sind. Aber ein Feuerriese setzt sich aus vielen Einzelwesen zusammen, so wie „Ygramul, die Viele" aus dem Buch „Die unendliche Geschichte", das ist eine Spinne, die aus sehr vielen Einzelwesen besteht. Auch ein Frostriese ist sehr groß, und deswegen ist es so mühsam, ein abgekühltes Haus erneut zu beheizen.

Geburt durch die Sprache

W.W.: Welche Wesen wirken bei der Geburt eines Menschen mit?

Der Nasse: Die Wesen der Geburt und des Todes. Von der einen Seite angeschaut, sind es die Wesen der Geburt, von der anderen Seite angeschaut, sind es die Wesen des Todes. Aus der Sicht des sich inkarnierenden Menschen sind es die Wesen der Geburt, aus der Sicht des sterbenden Menschen sind es die Wesen des Todes.

W.W.: Was sind das für Wesen?

Der Nasse: Es sind keine Elementarwesen, sondern sie gehören der eben angesprochenen etwas höheren Stufe der astralen Wesenheiten an. Es sind Wesen, die der Mensch jetzt anfangen sollte wahrzunehmen. Beherrschen kann er sie noch nicht, aber er sollte Wege der Zusammenarbeit mit ihnen finden. Denn besonders die Geburtsprozesse verändern sich immer mehr. In einer weiten Zukunft werden die Kinder der Menschen auf andere Weise geboren werden, und damit das in harmonischer Weise ablaufen kann, müssen die Menschen mit diesen Wesen zusammenarbeiten. Ein besonderes Problem der näheren Zukunft wird es sein, daß die Zeugungsfähigkeit und Fruchtbarkeit abnehmen werden und die Frauen immer schlechter werden gebären können. In der Übergangszeit wird dies relativ katastrophale Züge annehmen.

W.W.: Welcher Art?

Der Nasse: Kaiserschnitte, komplikative Schwangerschaften werden sich häufen. Die sogenannte spontane Geburt wird kaum noch möglich sein.

W.W.: Wie werden die Menschen in fernerer Zukunft geboren werden?

Der Nasse: Durch die Formung des Wortes, durch die Sprache als auslösendes Moment.

W.W.: Stimmt es, daß es ahrimanische Elementarwesen gibt, die das abstrakte Wissen der Menschheit für die Zukunft aufbewahren sollen, statt dessen aber in medial veranlagte Menschen hineinschlüpfen?

Der Nasse: Das kann ich nicht sagen. Aber die modernen Medien – Medien im üblichen Sinne, insbesondere die gesamte Computertechnologie – sind Inkarnationen ahrimanischer Wesenheiten in der Physis. Darauf beruhen alle digitalen Übertragungen, Vernetzungen und die sogenannte künstliche Intelligenz. Die damit zusammenhängenden Prozesse sind sehr schrecklich.

Die Karmaschuld des Menschen

W.W.: Wenn der Mensch stirbt, schwindet seine Gedächtniskraft und die Möglichkeit, abstrakt zu denken. Aber alle Erinnerungen des Menschen sind in die Akasha-Chronik eingezeichnet. Und wenn der Mensch gestorben ist, erlebt er sein Lebenspanorama, er sieht sein gesamtes Leben, denn die Gedächtniskraft ist in ein geistiges Schauen umgewandelt. Die Bilder und Gedanken, die er dabei erlebt, bestehen aus einem Meer von Elementarwesen. Könnt Ihr das ein wenig erläutern?

V. Staël von Holstein: Diese Elementarwesen sehen aus wie Kieselsteine, ich kann sie schauen. Sie liegen an der Stelle herum, an denen der Mensch gestorben ist. Er muß jeden einzelnen dieser Kieselsteine noch einmal anschauen. Der kleine Hüter der Schwelle verwaltet diese Erinnerungsbausteine. Bei der nächsten Inkarnation werden diese Bausteine wieder in den Ätherleib des Menschen integriert, wenn sie nicht erlöst bzw. abgearbeitet sind. Ansonsten gehen sie in die allgemeine Akasha-Chronik über. – Den letzten Zusammenhang hat mir eben Etschewit, der Nasse, erläutert.

W.W.: Ist jeder während des Lebens gedachte Gedanke auch schon ein Elementarwesen?

Der Nasse: Ja.

W.W.: Kommen wir einmal zu einem schwierigen Zusammenhang, den Rudolf Steiner folgendermaßen schildert: Nach dem Tod bemerkt der Verstorbene, daß er durch jeden Lebensgenuß im letzten Leben, den er nicht in Fähigkeiten umgewandelt hat, zum Schuldner der Welt geworden ist. Dadurch hat er der Welt und bestimmten geistigen Wesen Schaden und Schmerzen zugefügt. Dies erkennt man nach dem Tod. Nun gibt es in der zweiten Hälfte des Lebens zwischen Tod und neuer Geburt zwei Möglichkeiten. Entweder man labt sich weiter an den Genüssen, durch die man zum Schuldner der Welt geworden ist, oder man nimmt sich vor, seine Schulden im nächsten Erdenleben durch Umwandlung in Fähigkeiten auszugleichen und abzutragen. Dabei stören einen aber gewisse Elementarwesen. Sie fühlen sich durch diesen Entschluß, Fähigkeiten auszubilden, verletzt, attackiert und verfinstert und müssen in andere Menschen hineinschlüpfen. Was sagst Du dazu?

Der Große: Schuld ist nicht endgültig auflösbar. Schuld entsteht durch Mißbrauch der Freiheit. Die Freiheit ist aber das höchste Gut der Erde. Die Erde existiert, um die Zwillinge Freiheit und Liebe zu ermöglichen bzw. zu erschaffen. Verletzt man ein anderes Wesen, entsteht Schuld, und diese Schuld kann nicht allein vom Menschen getragen werden, bis er sie abgearbeitet hat. Solange die materielle Erde existiert, müssen sich daher Elementarwesen opfern, um einen Anteil der Schuld zu tragen. Das können diese Elementarwesen aber nur, wenn sie einen Teil ihres Lichts – Licht ist unschuldig – abgeben. Dadurch kann der Mensch unbelasteter handeln. Wenn der Mensch seine Schuld in einer neuen Inkarnation allerdings nicht abarbeitet, wird seine Schuld größer.

Insbesondere, wenn Menschen aus dem Gefühl der zwingenden Zugehörigkeit zu einer Menschheitsgruppe – oder auch Gruppenseele – heraus Schuld auf sich laden, kann es zu Besetzungen kommen, die in einer gewissen Weise etwas mit der Opferfähigkeit des Menschen zu tun haben, der dann besetzt wird. Dieser Mensch nimmt *auf sich*. Damit wird auch das Judasproblem berührt.

W.W.: Wenn man sich entscheidet, karmische Schulden abzutragen, wodurch sich Elementarwesen opfern und in andere Menschen hineinschlüpfen müssen, kommt es dann zu Streitereien bzw. Attacken, wenn man einem dieser besetzten Menschen im nächsten Leben begegnet?

Der Große: Ja und Nein. Die Elementarwesen vollbringen eine Tat, die der Gesamtwesenheit Erde im Kosmos weiterhilft. Sie sind also nicht auf den Menschen böse. Aber sie sind verzweifelt, wenn ein Mensch seine Schuldbefreiung zu größerer Schuld benutzt. Dann kann es Attacken auf diesen Menschen geben.

Das größte Menschheitsproblem der Zukunft

W.W.: Was werden die größten Probleme der Menschen in der Zukunft sein?

Der Nasse: Du kannst vielleicht Fragen stellen! Das größte Problem der Menschen wird die Spaltung der Menschheit sein. Es werden sich zunehmend zwei Gruppen herausbilden: einerseits Menschen, die den Geist ergreifen können, und andererseits Menschen, die den Geist ablehnen und im Materialismus versinken werden. Der Materialismus wird noch phantastische technische Wunderwerke hervorbringen, aber die Menschen, die sich ganz damit verbinden, werden nicht in der Lage sein, spirituelle Zusammenhänge wahrzunehmen. Und dadurch werden sie den Materialismus noch weiter vorantreiben. Die Aufgabe der anderen Gruppe von Menschen wird es sein, die Natur und die Erde am Leben zu halten und die Verbindung zum Geist nicht abreißen zu lassen. Es wird zunächst viele Menschen geben, die sich zwischen beiden Gruppen hin- und herbewegen. Aber die Spaltung der Menschheit wird voranschreiten und sich verschärfen. Dadurch wird es viele Konflikte geben.

W.W.: Wie entstehen die Kornkreise?

Der Nasse: Sie entstehen durch die Windgeister, ihnen macht es Spaß. Uns Geistwesen macht es ohnehin hin und wieder Spaß, Euch an der Nase herumzuführen. Und die Kornkreise gehören genauso dazu, wie merkwürdige Lichterscheinungen und Kugelblitze.

W.W.: Viele Menschen behaupten, daß es UFOs und Außerirdische gibt. Stimmt das?

Der Nasse: Es gibt Außerirdische, aber meines Wissens gibt es keine Wesen, die mit irgendwelchen technischen Geräten im Kosmos herumfahren – außer den Menschen, die zum Mond fliegen. Wir selbst gehören zum Gesamtkosmos der Erde, aber es gibt Wesen, die mit dem Kosmos Erde nichts zu tun haben. Diese Wesen fahren aber nicht mit Raumschiffen, fliegenden Untertassen oder ähnlichem Gerät durch den Kosmos.

W.W.: Wenn aber Menschen behaupten, sie hätten ähnliches gesehen, was liegt denn vor?

Der Nasse: Das sind zum Teil Ätherwahrnehmungen, aber nicht von außerirdischen Wesen, sondern oft sind es Teile des eigenen Ätherleibes, die wahrgenommen werden. Das hat mit der Doppelgängerproblematik und mit Sphinxerlebnissen zu tun. Es sind herausgesetzte Teile der eigenen Wesenheit, und durch die heute veränderten Vorstellungen sehen sie nicht mehr wie eine Sphinx, sondern wie Raumschiffe aus. Aber diese Vorstellungen entstehen im Bewußtsein des Menschen.

W.W.: Rudolf Steiner spricht darüber, daß während der Zeitenwende in Mexiko einer der größten Schwarzmagier aufgetreten ist, den es je gegeben hat. Und er sagt, daß dieser ebenso wie Christus gekreuzigt wurde. Kann mir jemand darüber näheren Aufschluß geben?

V. Staël von Holstein: Der Große wäre gerne bereit, darüber etwas zu sagen, aber das müßte ein längeres Gespräch sein und geht jetzt nicht in dieser Kürze.

Kaspar Hauser

W.W.: Welche Aufgabe hatte Kaspar Hauser?

Der Nasse: Am Wesen Kaspar Hausers sollte deutlich werden, daß der Mensch nicht nur vom Brot allein lebt, daß der Mensch über ungeahnte Kräfte verfügt. In der Zeit des aufkommenden Materialismus sollte das bewußtgemacht werden. Kaspar Hauser hat nach seiner Gefangenschaft in kurzer Zeit eine erstaunliche Entwicklung durchgemacht, die zeigte, daß er besondere Fähigkeiten hat. Er wurde umgebracht, weil er einen Thronanspruch hatte.

Die Pyramiden

W.W.: Wie wurden die Pyramiden gebaut?

Der Nasse: Die Pharaonen und ihre Priester waren in der Lage, mit Hilfe von Handlangern menschlicher Gestalt, die fast noch kein Ich bewußt in sich ergriffen hatten, die Steine mit elementaren Kräften zu bewegen. Die Steine wurden maßgeblich durch Geistanstrengung bewegt und aufgeschichtet. Das betrifft allerdings nur die älteren Pyramiden, denn in der Spätzeit hat sich das geändert. Es waren Nachklänge der Kräfte, die die Menschen der Atlantis noch benutzen konnten.

W.W.: Was lag in Stonehenge vor?

Der Nasse: Die Menschen hatten früher im Norden noch eine andere Offenheit dem Kosmos gegenüber. Ihre Köpfe waren noch offen, also das Geistig-Seelische ragte mehr heraus als heute, und dieses Herausragen des geistig-seelischen Anteils wird durch die im Kreis aufgestellten Steine von Stonehenge angedeutet.

W.W.: Gibt es in den Pyramiden heute noch Geheimnisse, die man entdecken wird?

Der Nasse: Die Menschen werden dort nichts Wichtiges mehr entdekken. Denn das Wichtige an den Pyramiden ist die Verbindung zwischen dem Geistigen und dem Irdischen. Die Grundfläche symbolisiert die Erde, die vier Dreiecke die Kräfte des Geistes. Die Pyramide ist das erste Bauwerk, das den Menschen bewußtmachen sollte, daß der menschliche Körper ein Tempel ist.

Familienaufstellung

W.W.: Jetzt eine ganz andere Frage. Es geht um die sogenannte Familienaufstellung. Dabei werden fremde Menschen als Stellvertreter für Verwandte eines Menschen aufgestellt, und in ihrer Stellvertreterrolle sagen sie dann teilweise Dinge, die zutreffend sind, von denen sie aber eigentlich nichts wissen können. Was geschieht bei einer solchen Familienaufstellung?

Der Nasse: Bei einer Familienaufstellung werden die Vorstellungen des dort anwesenden Menschen, der beraten werden möchte, benutzt und gespiegelt. Dieser Mensch hat eine Vorstellung seines Problems, und er hat unbewußte Anteile des Problems in sich, die bei einer Familienaufstellung mitwirken und zum Teil offengelegt werden. Es wird aber nicht das Problem selbst offengelegt, sondern nur die Vorstellung des Problems und diese unbewußten Anteile.

Die anderen Menschen, die aufgestellten Stellvertreter, werden bei diesem Vorgang so sensibilisiert, vor allem durch denjenigen, der diesen Vorgang leitet, daß sie das Problem widerspiegeln können. Und dann stellen sie ausschließlich die Vorstellung des Menschen, der die Beratung will, dar und einige ihm bisher unbewußte Anteile. Mehr nicht. Es wird aber so getan, als wäre es die Offenlegung des echten Problems. Dabei benutzt man Reste atavistischen Clanverhaltens; diese Reste werden in die anderen Menschen hineinprojiziert. Mit den Wahl- und Geistverwandtschaften hat die Familienaufstellung nichts zu tun.

Anfechtungen

W.W.: Wenn wir dieses Buch veröffentlichen, wird es wahrscheinlich zu zweierlei Anfechtungen kommen. Zum einen durch manche Anthroposophen – ich denke an das Bild des „schwarzen Anzugs" –, die uns entgegnen werden, daß man auf diese Weise, wie wir es hier tun, nicht mit Elementarwesen kommunizieren könne, sondern daß dies nur dann möglich sei, wenn man eine gewisse Stufe auf dem okkulten Schulungsweg erreicht habe. Was kann man diesen Menschen entgegnen?

Der Nasse: Wer sagt Euch eigentlich, daß Verena diesen Schulungsweg nicht gegangen ist? Sie hat anfängliche Prozesse dieses Weges schon im Alter zwischen sieben und 14 Jahren vollzogen, indem sie das bildhafte Schauen geübt hat. Das ist in diesem Lebensalter möglich, wenn es von einem Engel geführt wird. Das ist natürlich noch kein vollbewußter Schulungsweg, denn das Ich ist in diesem Lebensalter noch nicht voll ergriffen. Aber sie ist diesen Weg des Übens ja intensiv weitergegangen, ganz besonders in den zurückliegenden Jahren. Zu Beginn unseres Buchprojekts hat sie mich z.B. noch anders wahrgenommen, nämlich als eine Art subjektive Witzvorstellung, ein Wesen in rosa Gummistiefeln, aber jetzt schaut sie mich in einer mir viel entsprechenderen Gestalt auf einer imaginativen Ebene. Das ist auch ein Schulungsweg, allerdings nicht unter Führerschaft einer Lehrerschaft, sondern unter Führung ihres Engels. Eigenwillige, ichhafte Schulungswege der Menschen werden zunehmen!

W.W.: Eine andere Anfechtung könnte der Hinweis auf Menschen sein, die vorgeben, mit Naturgeistern oder Engeln zu sprechen, bei denen aber egoistische Motive mitspielen oder gewisse Widersachermächte durch sie hindurchwirken, die sich nur als Naturgeister oder Engel ausgeben. Wie kann man diese Widersacherwesen, die sich verstellen, von Euch unterscheiden?

Der Nasse: Alle Prozesse, bei denen der Ausgangspunkt Angst war, die dann aber überwunden wurde, weil sich das angstauslösende Moment in etwas scheinbar Schönes verwandelt hat, sind mit großer Vorsicht zu betrachten. Das ist in der Regel ein Zeichen für luziferische Mächte. Die luziferischen Wesen sind sehr schön, begeisternd und verführen auch zur Anbetung. Deshalb ist es ein wichtiges Zeichen dafür, daß es sich um luziferische Wesen handelt, wenn die Menschen beginnen, diesen Wesen Altäre zu bauen. Wenn die Menschen das Bedürfnis haben, ihren Geistwesen Altäre zu bauen, sind sie auf dem falschen Weg. – Es können auch ahrimanische Wesen sein, die den Menschen etwas vorgaukeln, um sie in ihre Abhängigkeit zu bringen und ihnen die Freiheit zu nehmen. Sie gaukeln dem Menschen vor, daß dieser eine tiefgreifende Intelligenz und Weisheit besitze.

„Die Anthroposophen müssen Anthroposophie leben"

W.W.: Sind die Naturwesen mit der Wirkung der Anthroposophie und der Arbeit der Anthroposophen heute zufrieden?

Der Nasse: Nein, wir sind nicht zufrieden, denn die Anthroposophen sind zu lahm. Sie können gut denken, ihr Kopf ist groß, aber die Mitte des

Fühlens und das Handeln fehlen oft. Das Leben und das Erleben kommen zu kurz. Die Anthroposophen treffen sich zu ihren Zweigsitzungen in der Anthroposophischen Gesellschaft und sprechen über viele hochgeistige Themen miteinander, aber dann gehen sie wieder weg und benehmen sich schlecht, weil sie nach einer Zweigsitzung das Anthroposophsein abschalten.

Die Anthroposophen müssen Anthroposophie leben. Aber das tun viel zu wenige. Sie sollten Anthroposophie lieber *einfach* leben als gar nicht. Schlimm ist es auch um diejenigen bestellt, die in der Ersten Klasse der Freien Hochschule für Geisteswissenschaft sitzen und zum x-ten Mal die Klassenstunden hören, aber nicht ins Tun kommen. Bei ihnen passiert nichts, außer daß sie die Klassenstunden zu einer Art Gottesdienst stilisieren. Aber die Klassenstunden sind kein Gottesdienst.

W.W.: Was müßten diese Menschen ändern, um mehr ins Handeln zu kommen?

Der Nasse: Man sollte eine Zweite Klasse begründen, es ist an der Zeit.

W.W.: Und wenn das fehlerhaft gemacht wird?

Der Nasse: Dann wird man es hinterher bemerken.

W.W.: Vielen Dank.

Der Nasse: Bitte. Wiedersehen macht Freude.

(Ende des zweiten Besuchs.)

33. Der Braune

W.W.: Guten Tag, ich habe einige Fragen.

Der Braune: Du kannst alles fragen, was Du möchtest.

W.W.: Kannst Du etwas über Dich selbst und Deine Aufgaben erzählen?

Der Braune: Meine Menschen nennen mich den Braunen, weil ich für sie braun aussehe, aber ich selbst gebe mir keinen Namen. Ich nenne ich mich allenfalls so wie das Tier, um das ich mich gerade kümmere. Meine Aufgabe ist es, mich um die von den Menschen dieser Umgebung gehaltenen Tiere zu kümmern. Dazu gehören Schweine, Kühe, Schafe und in geringerem Umfang Hunde und Katzen. Für Hund und Katze brauche ich nicht so stark zu sorgen, da sie sich sehr an den Menschen anschließen und sich im Grunde in den Menschen verlieben. Das Geflügel betreue ich auch mit, aber hier habe ich als getreue Helferin Witschweidida, die Graue, eine Vogeldame, die so schüchtern ist, daß sie sich hier nicht äußern möchte. Aber wenn sie Probleme hat, kommt sie zu mir.

W.W.: Als es die Haustiere hier auf dem Hof noch nicht gab, was war damals Deine Aufgabe?

Der Braune: Da gab es auf anderen Höfen Tiere. Ich bin nicht so sehr an diesen Hof gebunden wie Müller.

W.W.: Und gab es Dich schon, als es noch keine Haustiere gab?

Der Braune: Nein, erst danach bin ich sozusagen entstanden. Aber das ist lange her. Das war kurz nach Ende der letzten Eiszeit. Damals hatten die Menschen in dieser Gegend Schnuckenherden. Seit dieser Zeit gibt es mich.

W.W.: Was entsteht zwischen einem Tier und einem Menschen, wenn sie Freundschaft schließen?

Der Braune: Ein neues Stück Freundschaft, das einen Raum für andere Wesen bilden kann. Das sind positive, dem aufsteigenden Geist zugehörige Wesen. In dem Moment, in dem der Mensch mit dem Tier Freundschaft schließt, und das Tier mit ihm – die Freundschaft muß von beiden geschlossen werden –, entstehen Räume. Und da geistige Räume sich immer mit Wesen füllen, ziehen in diese Räume Wesenheiten ein, die Du zu den harmonischen Elementarwesen rechnen würdest.

„Die Tiere sind durch die Menschen geschockt"

W.W.: Auf welche Weise kümmerst Du Dich um die verschiedenen Tiere?

Der Braune: Meine Hauptaufgabe ist es, den Tieren die Menschen und ihr Verhalten zu erklären. Die Tiere sind oft durch das Verhalten der Menschen geschockt. Ich gehe also zu den Tieren – mitunter zu dem großen Tier, dem Tier-Ich –, um ihnen das menschliche Verhalten zu erklären. Wenn die Tiere artgerecht gehalten werden, ist diese Aufgabe einfach. Aber bei den Tieren, die in Massen in den Mastställen gehalten werden, muß ich viel mehr tun, denn ich muß ihnen auch helfen, überhaupt überleben zu können. Diese Tierseelen sind so armselig dran, daß sie ein Wesen brauchen, das sie fortwährend tröstet. Für Euch Menschen wäre es etwa so, als wenn ein Mensch sein ganzes Leben in einer Gefängniszelle isoliert leben müßte und dann auch noch ständig übles Essen bekommen würde, das er nicht ablehnen darf. Diese Tiere haben einen hohen Zuspruchsbedarf. Ich singe ihnen Kinderlieder vor – so würdet Ihr es mit menschlichen Worten ausdrücken –, damit diese Tiere überhaupt etwas Wärme fühlen.

Getreide entstand durch einen Gottesdienst

W.W.: Welche Wirkung hat das Stroh auf die Tiere?

Der Braune: Stroh ist konzentriertes Sonnenlicht, die konzentrierte Reife, die durch die Sonne vermittelt wird. Vor Jahrtausenden wurde durch

Der Stein des Braunen

Eingeweihte und höhere geistige Wesen Gras in Getreide umgewandelt, und seitdem hat Getreide die Fähigkeit, Sonnenwärme und Sonnenlicht in sich zu binden. Und diese Qualitäten gibt das Stroh ständig ab. Deshalb kann man Stroh auf vielerlei Art nutzen: um die Tiere zu wärmen, sie zu pflegen, zu ernähren, um sie aufzubauen und ihre Knochen zu stabilisieren. In früheren Zeiten haben auch die Menschen Stroh benutzt. Und wenn Ihr auf Stroh schlafen würdet, hättet Ihr viel weniger Rückenschmerzen. Ein Strohhut schützt allein aus dem Grunde schon vor dem Sonnenlicht, weil er selbst Sonnenlicht ist. Und ein Strohfeuer ist deshalb so kurzlebig, weil man ein schon bestehendes Feuer entzündet. Deshalb kann beim Strohfeuer nicht viel herauskommen.

W.W.: Brauchen die Tiere in den nördlichen Gegenden mehr Stroh, weil sie weniger Licht über das Jahr hinweg bekommen?

Der Braune: Sie brauchen vor allem anderes Stroh. In nördlichen Gegenden brauchen die Tiere wärmeres Stroh, weil ihnen während der langen Winterzeit äußere Wärme fehlt.

W.W.: Auf welche Weise wurde Gras in Getreide verwandelt?

Der Braune: Durch einen Gottesdienst, durch eine Form von Kultus. Die Zucht und die Veredelung war ein Gottesdienst. Dieser kultische Prozeß ging über viele Jahre. Es war ein Gebet. Es ist schwer für mich, dies in Worte zu fassen; Gottesdienst ist der beste Begriff.

W.W.: Wo fand dieser Gottesdienst statt, und wer hat ihn als Mensch ausgeführt?

Der Braune: Das war in der Gegend, die Ihr jetzt Persien nennt. Wie die Menschen hießen, ist nicht wichtig. Ich halte nichts von Namen.

Der Mensch soll seine eigene Schande aufessen

W.W.: Kannst Du etwas darüber erzählen, was mit einem Tier geschieht, wenn es gentechnisch verändert wird?

Der Braune: Dazu kann ich viel sagen, was möchtest Du denn wissen?

W.W.: Was ist bei einem gentechnisch veränderten Tier anders?

Der Braune: Ein geklontes Tier z.B. hat keine Seele. Zumindest hat ein geklontes Tier keine Seele wie die anderen Tiere, keine Seele, die vom großen Tier in die Tiere hineinverpflanzt wird. Der Mensch müßte ihnen Seele geben, und zwar derjenige, der das Tier geklont hat. Ein geklontes Tier teilt die Seele mit dem Tier, aus dem es geklont wurde. Dabei macht sich der Mensch sehr schuldig. Denn noch ist der Mensch nicht so weit, einem Tier Seele geben zu können. Er macht sich auch schuldig, wenn er diese Zusammenhänge nicht kennt und solche Verfahren anwendet. Du weißt, daß Menschen auch für ihre in Unwissenheit vollbrachten Taten verantwortlich gemacht werden.

W.W.: Was bedeutet es genau, daß diese Tiere keine Seele haben? Anthroposophisch ausgedrückt kann es ja nicht bedeuten, daß sie überhaupt keinen Astralleib haben, denn auch diese Tiere werden Schmerz empfinden.

Der Braune: Ja, es hat die schon angesprochene geteilte Seele. Sie ist sozusagen viel dünner, da sie für mehrere Tiere reichen muß. Und natürlich kann ein solches Tier Schmerzen empfinden, denn es hat ja Tierseelenanteile in sich. Darüber hinaus wirken übrigens in jedem gentechnisch veränderten Tier auch kleinere luziferische und ahrimanische Dämonen.

W.W.: Was geschieht mit einem Menschen, wenn er das Fleisch eines gentechnisch veränderten Tieres ißt?

Der Braune: Es ist nicht gesund. Der Mensch muß dieses Fleisch aber essen, da er es erzeugt hat. Das ist die einzige Möglichkeit, dieses Fleisch noch zu wandeln. – Du verstehst mich nicht.

W.W.: Stimmt.

Der Braune: Dadurch, daß der Mensch das Fleisch von Tieren verzehrt, verwandelt er es in eigene Lebensenergie. Bei gentechnisch veränderten

Tieren ist es wichtig, daß ihr Fleisch gegessen wird, damit der Mensch seine eigene Schande aufißt.

W.W.: Ist es für den Menschen nicht gefährlich, derartiges Fleisch zu essen, weil damit auch Dämonen verbunden sind?

Der Braune: Soll es doch ruhig gefährlich sein, denn der Mensch hat dieses Fleisch ja erzeugt. Das liegt in der Verantwortung des Menschen.

Tierversuche

W.W.: Was geschieht mit Menschen, die Tiere quälen, foltern oder zu Versuchszwecken mißbrauchen?

Der Braune: Ihre Astralkörper werden nach dem Tod ähnliche Schmerzen durchmachen wie die Tiere, damit sie lernen, was sie während ihres Lebens angerichtet haben. Und das ist auch gut so.

W.W.: Das betrifft direkt diejenigen Menschen, die diese Dinge mit den Tieren durchführen?

Der Braune: Ja. Erkennt die Tiere als Eure jüngeren Brüder an, und Ihr werdet so etwas lassen.

W.W.: Aber wir alle benutzen Konsumgüter, kosmetische Präparate oder Heilmittel, die mit Tierversuchen entwickelt worden sind. Haben wir nicht alle die gleiche Verantwortung?

Der Braune: Ein bißchen ist jeder schuldig, aber die persönliche Verantwortung überwiegt. Das ist ein ähnliches Verhältnis wie zwischen Erwachsenen und Kindern. Kindern kann man keine Vorwürfe machen, wenn ihre Eltern ihnen etwas Schlechtes hinstellen. Die Menschen, die kosmetische Präparate oder Heilmittel benutzen, die aufgrund von Tierversuchen entwickelt worden sind, kann man mit Kindern vergleichen. Aber da das Wissen inzwischen jedem zugänglich ist, macht auch derjenige Mensch, der diese Präparate und Mittel benutzt, sich deutlicher schuldig. Diese Menschen werden sich deutlich mehr verantworten müssen.

W.W.: Wird es in einer späteren Zeit, in einem der nächsten Erdenleben, einen karmischen Ausgleich zwischen denjenigen Menschen, die Tiere gequält haben, und den Tieren bzw. dem Tier-Ich geben?

Der Braune: Die Tiere werden sich verändern, und diese Menschen werden sich besonders um Tiere kümmern müssen, um ihre Schuld auszugleichen. Sie werden „Tierernährer" – so könnte man es nennen –, um ihre Verantwortung abzutragen. Aber das dauert noch lange, bis es so weit ist. Die Menschen werden es nicht wollen, aber sie werden diesen Ausgleich bringen müssen. – Mehr wird mir dazu nicht gesagt.

W.W.: Warum bist Du so menschenscheu?

Der Braune: Weil Ihr Menschen meine Schutzbefohlenen quält. Deswegen muß ich immer schauen, ob diejenigen Menschen, die mich sprechen wollen, mir genehm sind. Ich rede nicht mit Tierquälern.

W.W.: Vielen Dank für die Antworten.

Der Braune: Bitte. Verwahre sie wohl. Schütze die Tiere!

34. Gnunno, der Grüne

W.W.: Ich habe Dich noch gar nicht gefragt, was Du für ein Wesen bist.

Der Grüne: Ich bin der Chef der Grünen, die für den Garten, für den gesamten Ort und einige Orte im Umkreis zuständig sind. Wir kümmern uns um alle Pflanzen. Wir sind die Wesen, die die Pflanzen betreuen. Wir sind die Schutzgeister der Pflanzen. Wir vermitteln auch zwischen den Pflanzen und den Baumnymphen. Aber ich bin keine Baumnymphe, sondern ein Schutzgeist für pflanzliches Leben.

W.W.: Was ist eine Baumnymphe?

Der Grüne: Das Wesen des Baumes.

W.W.: Ich denke, daß dies ein Baumgeist ist, oder sind Baumgeist und Baumnymphe dasselbe?

Pflanzenleben auf dem Fluß – Ein Ausdruck des Grünen

Der Grüne: Ja, Eichbine ist im Prinzip eine Baumnymphe. Und der Baum wird auch durch die Wirkung verschiedener Pflanzen-Elementarwesen am Leben erhalten. Jeder Baum hat seinen Baumgeist, und andere Kulturen nennen diesen Baumgeist auch Nymphe. Es kommt dabei nicht so sehr auf den Namen an. Es ist dasselbe Wesen. Nymphen wurden die Baumgeister z.B. in der griechischen Kultur genannt.

W.W.: Was machst Du mit den Pflanzensamen im Frühjahr?

Der Grüne: Mit den Pflanzensamen mache ich relativ wenig. Ich beschütze sie. Der Same wird im Frühjahr von den Gnomen nach oben getrieben. Und danach unterstützen ihn die Undinen. Ich selbst bilde einen Schutzraum um den Samen und stelle die Verbindung zwischen dem Samen und der großen Pflanze her. Ihr nennt das heute channeln. Ich channele die Verbindung des Samens zur großen Pflanze.

W.W.: Was ist die große Pflanze?

Der Grüne: Sie ist relativ weit weg, und ihr Bewußtsein gleicht dem Schlafbewußtsein des Menschen. Die alles umfassende große Pflanze ist so vielfältig, wie es verschiedene Pflanzensorten gibt. Aber auch jede Sorte hat eine große Pflanze, also es gibt *eine* Gänseblume, *eine* Rose, und auch jede Grassorte hat eine große Pflanze.

Gentechnisch veränderte Pflanzen

W.W.: Wenn man eine Pflanze gentechnisch verändert, was ändert sich dann für die große Pflanze im Geistigen?

Der Grüne: Es ändert sich das Leben. Die Pflanzen repräsentieren die Kräfte des Lebens. Wenn Ihr Menschen das Leben der Pflanzen verändert, verändert Ihr das Leben der Gesamtwelt. Eine gentechnische Veränderung ist eine Gewaltänderung. Es wird etwas geschnitten. Mit jeder gentechnisch veränderten Pflanze verändert Ihr den Ätherleib der Erde. Wißt Ihr denn überhaupt, was Ihr da tut? Wißt Ihr denn, was in Zukunft durch das veränderte Leben geschehen wird?

W.W.: Nein, das wissen die Menschen nicht. Kannst Du über diese kommenden Veränderungen etwas sagen?

Der Grüne: Das darf ich nicht. Außerdem ist es Eure Freiheit.

W.W.: Verändert sich auch im Ätherleib des Menschen etwas, wenn er gentechnisch veränderte Pflanzen ißt?

Der Grüne: Ja, denn gentechnisch veränderte Pflanzen sind weniger lebendig, und dadurch wird die Qualität des Ätherleibes schlechter.

W.W.: Ziehen bei dem Genuß von gentechnisch veränderten Nahrungsmitteln auch Dämonen in den Menschen ein?

Der Grüne: Im Prinzip ja. Vor allem werden dadurch viel mehr Stoffwechselerkrankungen entstehen. Aber Ihr macht auch ohne Gentechnik Eure Körper krank, weil einfach zu wenig Leben durch die heutigen Nahrungsmittel in den Menschen einfließt. Jede hochgepuschte Kartoffel oder andere hochgepuschte Nahrungsmittel nähren viel schlechter, enthalten viel weniger Lebenskräfte. Lebenskraft ist nicht beliebig vermehrbar. Wenn man künstlich düngt, vermehrt man nicht die Lebenskraft, sondern nur die materiellen Bestandteile.

W.W.: Welche Pflanzen haben am meisten Lebenskraft?

Der Grüne: Das ist eine sehr sehr schwere Frage. Wenn ich Dir das jetzt beantworte, sind alle anderen Pflanzen gegen mich gestimmt.

„Es hilft, wenn der Mensch mit uns spricht"

W.W.: Dann laß es sein. – Was ist der Mensch für Dich für ein Wesen?

Der Grüne: Muß ich diese Frage beantworten? Ich habe Angst vor den Menschen. Der Mensch ist unberechenbar, und deshalb fürchten wir uns vor ihm. Aber es wird besser, wenn er mit uns spricht. Es hilft uns, wenn wir von seinen Motiven erfahren. Es ist so vieles unklar, er weiß so wenig von dem, was er wirklich will, und das macht uns so nervös.

W.W.: Vielen Dank.

Der Grüne: Bitte. Ehret die Pflanzen!

35. Etschewit, der Nasse

Der Fremde, der Antichrist

W.W.: *Der Nasse hatte mir die Frage nach dem Unterschied zwischen menschlichem Ich und dem Ich eines Engels gestellt. An dieser Stelle habe ich ihm einen kleinen Vortrag über diesen Unterschied gehalten. Etschewit hatte noch eine zweite Frage nach dem Inneren und dem Äußeren des Kosmos, die ich nicht genau verstanden habe. An dieser Stelle erläutert er sie noch einmal für alle Leserinnen und Leser, da ich sie ihm nicht beantworten konnte.*

Der Nasse: Durch Verena haben wir den, der von außen kommt, anschauen können. Wir nennen ihn den Fremden, den Antichristen. Er kommt aus Regionen außerhalb unseres Kosmos, und meine Frage ist, wie er das, was wir von innen heraus sehen, von außen sieht. Wie unterscheiden sich diese beiden Betrachtungsarten?

W.W.: Kommt Ahriman auch von außen?

Der Nasse: Nein, Ahriman kommt von innen. Aber der Fremde, der Antichrist, kommt von außen. Viele Wesen sind schon Antichrist genannt worden, aber der eigentliche Antichrist ist dieser Gegenspieler Christi, er ist eine Art Bruder des Christus. Er ist der schwarze, der umgestülpte Bruder des Christus. Er kommt von außerhalb desjenigen Kosmos, dessen Zentrum das Christuswesen ist. In diesem Kosmos, und zwar auf der Erde, ist das Christuswesen durch den Tod gegangen und hat dadurch die Freiheit erschaffen. Es hat die Möglichkeit veranlagt, einen neuen Kosmos zu schaffen. Aber in diesem Moment mußte als eine Art Gegengewicht ein Wesen von außen auf diese Christustat schauen, denn sonst wäre sie nicht möglich gewesen. Was hat dieser Fremde gesehen? Das wollen wir Wassergeister wissen. Verstehst Du unser Problem? Wir könnten viel machen, wenn wir an dieser Stelle mehr erfahren.

W.W.: Soll ich darüber den Großen eingehender befragen, oder hat es keinen Sinn?

Der Nasse: Die Engel sind auch alle innen und wissen es nicht. Nur die Menschen können aus dem Kosmos herausschauen.

W.W.: Damit ich es noch genauer verstehe: Ist es genauso wie bei den Wesen der Torheit, die notwendig sind, damit ein kluger Gedanke gedacht werden kann, oder wie bei den Wesen der Häßlichkeit, die notwendig sind, damit ein schönes Kunstwerk entstehen kann? Muß im Geistigen immer ein Gegengewicht vorhanden sein, wenn etwas entstehen soll? Ist der Fremde, der Antichrist, in dieser Weise als Gegenpart zu der freien Tat des Christus, zu dem Mysterium von Golgatha, zu verstehen?

Der Nasse: So ist es. Gerade eben habe ich mit dem Großen gesprochen. Du hast an ihn die Frage gestellt, wer der schwarze Magier gewesen ist, der in Mexiko gekreuzigt wurde. Er war der Gegenpol zu Jesus. Die Erde wäre zerrissen, wenn er nicht auf der Erde aufgetreten wäre. Die Erde wäre physikalisch gesprengt worden, wenn es in Amerika nicht diesen Gegenpol gegeben hätte, als Jesus in Palästina lebte. Das ist genau das gleiche Prinzip.

W.W.: Das war der größte Schwarzmagier, den es gegeben hat ...

Der Nasse: ... und geben wird.

W.W.: Rudolf Steiner stellt dar, daß er zur selben Zeit wie Jesus Christus gekreuzigt wurde, und zwar mit dem Kopf nach unten, und daß er von einem mit einem Erzengel verbundenen Menschen besiegt wurde.

Der Nasse: Genauso ist es. Der Schwarzmagier ist der Gegenpol zu dem Menschen Jesus, und mit ihm verbunden war der Fremde, der Antichrist, der der Gegenpol zu Christus ist.

W.W.: Leider hat Steiner nur einmal darüber gesprochen, und ich habe niemals an einer anderen Stelle etwas über diese Zusammenhänge lesen können.

Der Nasse: Frag uns.

36. Der Grosse

W.W.: Inwiefern hängt das Wetter, besonders die immer stärker zunehmenden Naturkatastrophen, mit der Geistlosigkeit der Menschen zusammen?

Der Große: Geistlosigkeit der Menschen ist eine problematische Formulierung. Das Wetter ist Ausdruck der Gedankenprozesse auf jeder Ebene, aller Gedankenprozesse der Menschen, der geistlosen wie auch der geistvollen. Das darf man nicht verwechseln. Im Wetter drückt sich aus, was die Menschen in ihren ruhigen und in ihren chaotischen inneren Prozessen darleben. Wenn die Menschen gleichmäßig und geführt denken, hat das einen ausgleichenden Einfluß auf das Wetter. Je individueller die menschlichen Gedanken werden, desto kurzlebiger und kleinräumiger wird das Wetter. Und je chaotischer die menschlichen Gedanken werden, desto chaotischer werden die Wetterverhältnisse werden.

Zorn gegen aufgetürmte Egoismen

W.W.: Welche Impulse der Götter kommen durch ein Gewitter in die Erdatmosphäre hinein?

Der Große: In dieser Gegend hier ist es Thor, der das Gewitter initiiert. Wenn er gegen die Derhythmisierung der Welt kämpft, entstehen die Blitze. Und wenn er gegen die alten Wesen, gegen die Thursen und Riesen kämpft, dann donnert es. Der Gedanke, daß Gewitter göttlichen Zorn ausdrückt, ist nicht falsch. Es ist Zorn gegen aufgetürmte Egoismen. Und diese Egoismen gibt es vielerorts.

W.W.: Werden die Wetterverhältnisse in Zukunft noch katastrophaler werden?

Der Große: Deutlich katastrophaler. Das hängt damit zusammen, daß die Führung der menschlichen Seele nachläßt und daß die Eigenformung der menschlichen Seele noch nicht genügend eingesetzt hat.

W.W.: Was geschieht kosmisch und irdisch durch Meteoriten?

Der Große: Das kommt auf die Art der Meteoriten an. Es gibt Gesteins- und Metallmeteoriten. Die Metallmeteoriten sind ganz ganz wichtig, es sind die geistigen Schwerter, die in Form von sichtbaren Metallen zur Erde kommen. Alle großen Schwerter der menschlichen Entwicklung – auch das sogenannte zweischneidige Schwert – sind aus Meteoreisen geschmiedet worden. Sie verkörpern *das* im Physischen, was Ideale im Geistigen sind. Die Gesteinsmeteoriten haben dagegen die Aufgabe, die Menschen zur Besinnung zu bringen. Meteore sind besondere geistige Wesenheiten. Sie bewegen sich mit den Meteorströmen um die Sonne, und während dieses Umlaufs beladen sie sich mit den Impulsen der „hinter" der Sonne lebenden Wesen.

W.W.: Mit negativen Impulsen?

Der Große: Nicht nur, auch mit guten.

W.W.: Kannst Du diese Impulse ein wenig näher erläutern?

Der Große: Das sind im großen und ganzen Impulse, damit die Menschen die Zukunft nicht vergessen. Die Impulse, die hinter der Sonne entstehen, werden in der Zukunft ausgelebt. Sie dienen auch dazu, um die auf der Erde entstandenen geistigen Fehlentwicklungen zurückzudrängen. Das sind zum Teil für die Menschen sehr schmerzhafte Prozesse.

W.W.: Kannst Du dazu bitte einmal ein Beispiel nennen?

Der Große: Das liegt z.B. dann vor, wenn eine Menschengruppe eine Gemeinschaft mit einer sinnvollen Aufgabe und einem positiven Ziel begründet, es aber übertreibt und stur, ohne nach links und rechts zu schauen, ihren Sonderweg geht. Ein gutes Beispiel ist die Heilsarmee. Sie hat einen guten Impuls, sie führt ihn aber ganz starr und bewegungslos durch. Dafür gibt es sehr viele Beispiele, und gegen solche Verhärtungen setzt die geistige Welt in einem gewissen Sinne Meteoriten ein. Das ist natürlich nicht so zu verstehen, daß die Meteoriten irgendwelchen Menschen auf den Kopf fallen. Sie dienen der geistigen Bereinigung.

Von Mensch zu Mensch sprechen

W.W.: Kannst Du ein wenig darüber sprechen, welche Impulse im Rassismus liegen?

Der Große: Das sind sehr alte Impulse. In Urvergangenheiten gab es hinreichende Gründe, bestimmte Menschenkörper in bestimmten Zusammenhängen entstehen zu lassen. Sie mußten im Irdischen bestimmte Eigenschaften haben. Und um dieses Ziel zu erreichen, entstanden die Rassen. Das war einstmals richtig und notwendig. Aber diese Zeit ist längst abgelaufen. Da der Mensch von den Widersachermächten getrieben wird, neigt er dazu, immer noch das Rassische zu betonen und sich selbst aufgrund von Äußerlichkeiten höherstehend zu wähnen als andere Menschen. Dabei sind die Rassen schon lange in Auflösung begriffen, und es ist die Aufgabe der Menschen, auch diese falschen und zerstörerischen Vorstellungen gänzlich aufzulösen. Rassen haben keine Bedeutung mehr.

W.W.: Was war Napoleon für ein Mensch?

Der Große: Ein kleiner Mensch.

W.W.: Ich meine es geistig.

Der Große: Ein kleiner Mensch.

W.W.: Hatte er ein menschliches Ich?

Der Große: Er war nicht immer Herr seiner selbst. Er hat sich dunkle Impulse aufsetzen lassen. Sein ursprünglicher Impuls entsprang aus dem Verständnis der Gleichheit aller Menschen. Weil er auf diesem Gebiet überzogen hatte, konnte er besetzt werden. Er hat viele Taten aus einer dunklen Besetztheit heraus durchgeführt, die aber auch einen ordnenden Charakter hatten. Durch ihn wurde der Raum Europa stärker geordnet, was wiederum eine stärkere Position Ahrimans zur Folge hatte, denn Ahriman ordnet. Aber das ist auch nötig.

W.W.: Wie übt man heute Völkerverständigung?

Der Große: Durch die Sprache. Man muß eine Sprache finden, die alle Menschen verstehen und die den Inhalt der geistigen Welt ausdrücken kann. Das darf aber keine künstliche Sprache sein. Führt die Sprache ins Sichtbare, stellt sie sichtbar dar. Schafft Räume für Sprache. Und schafft Begegnungen, in denen die Menschen direkt miteinander sprechen, von Mensch zu Mensch. Wenn sich Menschen begegnen, ist es ziemlich gleichgültig, in welcher Sprache sie miteinander sprechen, ob es nun Persisch, Russisch, Deutsch oder Englisch ist.

„Viele Schutzengel werden schwarze Gewänder anlegen“

W.W.: Wir haben darüber gesprochen, daß sich in Zukunft die Menschen in zwei Gruppen teilen werden, je nachdem, ob sie sich dem Geistigen gegenüber öffnen oder nicht. Wie ist es mit den jeweiligen Schutzengeln dieser beiden Menschengruppen? Werden sich die Schutzengel der Menschen auch in entsprechende Gruppen teilen? Müssen Schutzengel den Menschen in die materialistische Verstrickung folgen?

Der Große: Sie müssen es. Der Schutzengel muß dem Menschen, der sich aus Freiheit entscheidet, einer Gruppe anzugehören, folgen. Die Schutzengel haben keine Wahl. Viele von ihnen werden schwarze Gewänder anlegen müssen.

W.W.: Ist das für diese Schutzengel nicht schrecklich?

Der Große: Was ist schrecklich?

W.W.: Wenn Menschen, und damit ihre Schutzengel, nicht den Weg des geistigen Fortschritts gehen.

Der Große: Für Menschen gibt es die Wahlmöglichkeit. Wir geistigen Wesen haben diese Wahl nicht und empfinden deswegen den Schrecken ganz anders. Wir gehen mit der gleichen Konsequenz den Weg weiter, der von den Menschen aus Freiheit gewählt worden ist.

W.W.: Werden diese beiden Engelgruppen auch miteinander kämpfen müssen?

Der Große: Nein, nicht im Geistigen. Der Kampf findet auf der Erde statt. Auch der Drache arbeitet auf der Erde. Ich habe auch daran Anteil gehabt, daß er jetzt auf der Erde lebt.

W.W.: Wird sich diese Spaltung auch in den Bereich der Erzengel hineinziehen?

Der Große: Darauf werde ich nicht antworten.

Die Doppelgänger

W.W.: Kannst Du etwas über den menschlichen Doppelgänger berichten?

Der Große: Welchen?

W.W.: Zuerst über den astralischen Doppelgänger.

Der Große: Er ist mutig. Wie wir schon mehrfach festgestellt haben, bedarf es immer der Dualität im Dunklen und im Hellen, um Sein zu ermöglichen. Der astralische Doppelgänger wird von Kräften der Widersacher belebt. Nur deshalb kann der Doppelgänger durch den Menschen umgewandelt werden, und nur durch die Umwandlung des Doppelgängers ist der Mensch in der Lage, den Tod zu besiegen.

W.W.: Ist der ätherische Doppelgänger das ahrimanische Wesen, das bei der Geburt eines jeden Menschen in ihn hineinschlüpft?

Der Große: Ja und nein. Der ätherische Doppelgänger ist derjenige, der die Krankheiten ausführt. Er ist nicht die Krankheit, aber er führt sie aus. Er ist in der Lage, aufgrund seiner sehr viel höheren Weisheit, die notwendigen Krankheiten zu sehen. Und dann führt er sie mit seinem unendlich viel stärkeren Willen aus. Insofern ist er ein weißer Schwarzer.

Das Fest der Völkerverständigung

W.W.: Was bedeutet Pfingsten geistig für den Kosmos und für den Menschen?

Der Große: Pfingsten kommt erst noch. Denn Pfingsten ist das, was Du mit Deiner Frage nach der Völkerverständigung berührt hast. Pfingsten ist das Fest der geistigen Verständigung. Wenn das Pfingstereignis vollständig auf der Erde angekommen sein wird, werden alle Menschen, die versuchen, es zu verstehen, in der Lage sein, ohne irdische Sprache miteinander zu kommunizieren. Das wird dann ein inspirativer Vorgang sein. Sie werden sich in inspirativen Ideen miteinander unterhalten.

W.W.: Was ist der Heilige Geist für ein Wesen?

Der Große: Der Heilige Geist ist in Eurer Sprache besser mit dem heilenden Geist zu bezeichnen. Der Heilige Geist ist etwas, vor dem wir uns nur verneigen – wenn Du dieses Bild verstehst. Wie der Vatergott der Urbeginn allen Seins ist, so ist der heilende Geist die Zukunft, die Erfüllung allen Seins. Verstehst Du mich?

W.W.: Ja.

Der Große: Möchtest Du noch mehr Bilder?

W.W.: Ja.

Der Große: Der heilende Geist ist das, was Vergangenheit, Gegenwart und Zukunft als Ergebnis umhüllt. Diese Hülle ist wie eine Art leuchtendes Ei. Wenn diese Hülle vollständig geschaffen sein wird, kann die Christuswesenheit das himmlische Jerusalem erst erfüllen. Apokalyptisch ist es die Braut.

W.W.: Kannst Du etwas zu den Aufgaben Michaels sagen?

Der Große: Michael ist das Antlitz Christi. Seine Aufgabe ist es, den Menschen zu zeigen, und zwar denjenigen, die ihm folgen wollen, wie sie das Gute und das doppelte Böse unterscheiden können und wie sie ihre Freiheit zum lichten Schwert werden lassen. Entschuldige bitte die harschen Bilder, aber sie drücken es am besten aus. Lerne Denken! Lerne selbständig und frei denken, und Du folgst Michael!

Allah und die Scharia

W.W.: Was ist Allah für ein Wesen?

Der Große: Er ist vergleichbar mit Jehova und gehört den Engelhierarchien an. Sein Wirken wurde notwendig, um als Gegengewicht gegen bestimmte Ausprägungen der Widersachermächte aufzutreten.

W.W.: Aber er ist kein ahrimanisches Wesen.

Der Große: Nein! Auf keinen Fall!

W.W.: Kannst Du etwas zur islamischen Gesetzgebung, der Scharia, sagen? Wie steht sie in der heutigen Zeit?

Der Große: Die Scharia ist alt und war notwendig, um das auszuführen, was ich eben angedeutet habe. Die Entstehung des Islam diente als Gegengewicht für eine zu früh auf die Erde gekommene Weisheit. Dafür mußte in entsprechenden Regionen eine starke Gesetzgebung entwickelt werden, damit die dort wohnenden Menschen sich nicht zu sehr an die Widersachermächte hingeben konnten. Durch die Gesetzgebung der Scharia wurde das Leben in Bahnen geleitet; es waren menschliche Gesetze, die die Menschen verstanden. Aber die Zeit für diese Gesetzgebung ist vorbei. Der Islam muß nach Wegen suchen, auf denen der Mensch sich zur Freiheit entwickeln kann. Der Islam beinhaltet eigentlich keine persönliche Freiheit. Und wenn der Islam es nicht schafft, die Freiheit zu integrieren, wird er in Feuer untergehen. Dann müssen sich die michaelischen Heerscharen gegen ihn wenden. Denn die Freiheit ist notwendig, und zwar für alle Menschen.

Das eben Gesagte ist jedoch nur einer der vielen Aspekte des Islam und nicht geeignet, ihn in seiner ganzen Komplexität zu erfassen. Insbesondere im Hinblick auf das Verhältnis des Islam zum Johanneischen Christentum ist es erforderlich, weiter zu denken und zu sprechen.

Die Michaelschule

W.W.: Was geschah in der sogenannten Michaelschule vom 15. bis 18. Jahrhundert in der geistigen Welt?

Der Große: Du hast daran teilgenommen. Erinnere Dich, und Du wirst es wissen.

W.W.: Ich kann mich aber nicht erinnern. Das ist das gegenwärtige Problem der Menschen, daß sie sich an ihren Aufenthalt in der geistigen Welt nicht erinnern können.

Der Große: Euer Problem – speziell von Euch Anthroposophen – ist, daß Ihr meint, Ihr könntet Euch nicht erinnern. Wenn Ihr nicht immer davon ausgehen würdet, daß Ihr es nicht könntet, fiele es Euch viel leichter, Euch zu erinnern. – Das beste menschliche Bild dieser Michaelschule ist eine Tagung. Die Wesen sitzen im Kreis und hören den Lehren zu, die ihnen gegeben werden. Diese Lehren werden regelmäßig wiederholt, weil während der Zeit der Michaelschule immer einige Wesen, vor allem Menschen, auf der Erde verkörpert waren.

W.W.: Wie viele Menschen haben an dieser Michaelschule teilgenommen?

Der Große: Etwa ein Siebtel aller Menschenseelen. Aber nicht alle Menschenseelen haben die Inhalte dieser Michaelschule verstanden. Und auf der Erde sind es nochmals deutlich weniger, die diese Inhalte umsetzen können.

W.W.: Welche Inhalte wurden den Menschen in der Michaelschule gelehrt?

Der Große: Ihr habt sie großenteils mittlerweile in Buchform auf der Erde vorliegen. Dazu gehört die viergliedrige Wesenheit des Menschen, also daß der Mensch nicht nur einen physischen Leib, sondern auch einen Ätherleib, einen Astralleib und ein Ich hat. Diese viergliedrige Wesenheit wurde den Menschen als geistige Gesetzmäßigkeit und, daraus folgend, auch als Entwicklungsweg gelehrt. Diese Tatsache der viergliedrigen Wesenheit des Menschen wurde auf der Erde – und wird es noch – stark bekämpft, wobei es meist darum geht, den Geist bzw. das Ich zu leugnen. Aber auch die Existenz der Seele ist stark umkämpft.

Ein zweiter großer Aspekt, der während der Michaelschule gelehrt wurde, ist die Tatsache von Reinkarnation und Karma. Dabei geht es vor allem um die menschliche Freiheit und um die andere Seite der Freiheit, nämlich um die Liebe. Die Liebe ist die andere Seite der Freiheit. Der Mensch kann nur in Freiheit lieben. Nur der freie Mensch kann lieben. Das muß noch viel deutlicher in die menschlichen Gemüter eindringen.

Gondishapur

W.W.: Was geschah 666 in Gondishapur?

Der Große: Das habe ich schon bei der Charakterisierung der Aufgabe des Islam angedeutet. In Gondishapur wurde eine Art Ausschüttung zukünftigen Wissens vorbereitet, und zwar durch die Widersachermächte. Was damals als Lehrmeinung durch die Akademie von Gondishapur in die Menschen eindrang, überstieg die geistigen Fähigkeiten der damals lebenden Menschen bei weitem. Das hätte zu einer verfrühten Alterung der Erde geführt. Und der Islam hat durch seine strenge Formung dazu ein Gegengewicht gesetzt. Aber diese strenge Formung ist vielfach zur Starrheit geworden, und das ist heute sein Problem.

W.W.: War der Eingeweihte von Gondishapur, der das Einflußorgan für die verfrühte Weisheit war, ein christlicher Gelehrter?

Der Große: Das ist eine korrekte Bezeichnung.

W.W.: Was war das für ein Mensch?

Der Große: Geistig war es ein sehr großer Mensch. Er war sehr weise, sonst hätte er diese ahrimanischen Kräfte nicht ausgehalten. Er hatte mehrere Teile der Einweihung durchlaufen. Er war in der Lage, Wesen zu schauen, die nicht im Körper lebten. Er konnte mit Mondwesenheiten sprechen. Und er war in der Lage, von den sogenannten Urlehrern der Menschheit, bestimmten Mondwesen, Wissen abzuzapfen.

W.W.: War er im äußeren Leben ein Mediziner?

Der Große: Das ist nicht wichtig.

W.W.: Da Du gerade die Urlehrer der Menschheit angesprochen hast, was sind das für Mondwesen? Sind es Engel?

Der Große: Es sind noch nicht ganz Engel. Es waren Menschen, die so weit waren, daß sie sich nicht mehr inkarnieren mußten.

Mechanischer Okkultismus

W.W.: Rudolf Steiner spricht über die Fähigkeit des mechanischen Okkultismus, die besonders von den Menschen Amerikas entwickelt werden wird. Gemeint ist damit die Fähigkeit, bestimmte Rhythmen in der Technik anzuwenden, und daß der Mensch direkt auf Maschinen einwirken kann. Kannst Du darüber ein wenig berichten?

Der Große: Ja. Was genau möchtest Du wissen?

W.W.: Ich verstehe nicht ganz, wie die Verbindung zwischen Mensch und Maschine sein wird. Welche Kräfte des Menschen werden eine Maschine beeinflussen?

Der Große: Maschinen sind Wesen. Sie werden in der Zukunft sogar viel deutlicher Wesen gewesen sein, um mit Kapuwu zu sprechen. Die Fähigkeit des mechanischen Okkultismus ist notwendig, um die Maschinenwesen anzuleiten. *(In diesem Moment ging das Licht kurz aus.)* Die Menschen werden lernen, etwas in der Art zu vollbringen, wie Du es eben mit der Lampe erlebt hast. Man kann über geistige Wirkungen auf Maschinen einwirken. Das ist mechanischer Okkultismus. – Man kann es sich folgendermaßen vorstellen: Aus dem Wesen Mensch, das die Fähigkeit des mechanischen Okkultismus erwerben wird, wird etwas wie ein dünner Strahl herausgehen, welcher in die Maschinen eindringt und ihre Schaltkreise oder was auch immer aktiviert. Das ist eine Fähigkeit, eine Art Energie zu erzeugen und diese in die Maschinen hineinzulenken. Es ist wie ein kleiner Blitz.

W.W.: Ist es der Ätherleib oder eher das Astralische des Menschen, das diesen Strahl aussendet?

Der Große: Weder noch. Es ist das geistige Wesen des Menschen. Der Strahl wird allerdings durch den Ätherleib gechannelt; nur er ist „dick" genug, diese Energie zu führen.

W.W.: Ist das ein individuelles Verhältnis zwischen Mensch und Maschine?

Der Große: Ja, es entsteht eine Art Freundschaft zwischen beiden.

W.W.: Werden wir in Zukunft neue Energien nutzen?

Der Große: Die Menschheit wird lernen müssen, andere Energien zu nutzen. Die Opfer im Bereich der Elektrizität werden zurückgehen müssen.

W.W.: Kannst Du diese neuen Energien ein wenig beschreiben?

Der Große: Ungern. Es wird eine ähnliche Nutzung von Energien kommen wie zur Zeit der Atlantis, aber auf einer höheren Ebene. Während der Zeit der Atlantis waren es Kräfte des Lebens, des Wachstums der Pflanzen. Nun versuche, diese Kräfte auf eine höhere, auf eine geistige Ebene zu transponieren. Dann hast Du die neuen Energien.

Furchtbare vernetzte Spinnen

W.W.: Steiner spricht darüber, daß alle jetzigen intellektuellen, schattenhaften, rein materialistischen Gedanken im 8. Jahrtausend mit einem Schlag eine Verwandlung erfahren und sich in eine Art Spinnengeflecht verwandeln werden. Und zwar werden das automatenartige Spinnen sein, die auf einer Stufe zwischen dem Mineral- und dem Pflanzenreich stehen, aber von riesigem Verstand sind. Diese Spinnen werden furchtbar bösartig sein, sie werden die ganze Erde mit ihren Netzen umspannen, und diejenigen Menschen, die sich keine Möglichkeit geschaffen haben, sich zum Geistigen zu erheben, werden in diese Spinnennetze verstrickt werden. (vgl. GA 204/1979/13.05.1921/S.244 f.) Kannst Du diese Spinnenwesen ein wenig näher beschreiben?

Der Große: Die Vorform erlebt Ihr täglich. Du liebst sie in einer gewissen Weise, weil sie Dich mit vielen Menschen vernetzt. Das ist das Internet. Stelle Dir das Internet jetzt auf einer bioaktiven Ebene vor, dann kommst Du diesen Spinnen und ihren Netzen sehr viel näher. Es wird aber noch einige Zeit dauern, bis die Energien, über die wir vorhin gesprochen haben, Wirklichkeit werden. Aber dann wird auch die Informationsverarbeitung über diese Energien laufen. Und das wird dazu führen, daß eine Art gemeinsame Bewußtheit aller Menschen entstehen wird.

W.W.: Dann werden die Menschen intellektuell-geistig so zusammenhängen, wie wir es heute mit dem Internet bereits tun?

Der Große: Ja. Und die einen werden sich darin verstricken, die anderen werden diese Bewußtheit nutzen.

W.W.: Die einen werden den Spinnen unterliegen, die anderen, die sich dem Geist geöffnet haben, können sich aus dem Gestrüpp der Spinnen erheben?

Der Große: So in etwa. Das ist ein gutes Bild.

Kosmisch-rüpelhaftes Verhalten

W.W.: In diesem Zusammenhang spricht Steiner auch von sogenannten Vulkanwesen, die seit dem Ende des 19. Jahrhunderts zur Erde herabsteigen wollen. Sie hätten die Zusammenhänge der Geisteswissenschaft gebracht, die der Mensch aber ablehne bzw. nicht zur Kenntnis nehme. Und der Mensch verhalte sich diesen Wesen gegenüber kosmisch-rüpelhaft. (vgl. ebd., S.242 f.) Was sind das für Wesen?

Der Große: Der innerste Planet ist der Vulkan. Er ist so dicht an der Sonne, daß Ihr ihn nicht wahrnehmen könnt. Auf diesem Planeten leben Wesen, welche jetzt beginnen, sich mit der Erde zu beschäftigen. Der Vulkan ist die Steigerung und die zukünftige Form des alten Saturn, der ersten planetarischen Entwicklungsstufe der Erde. Und die Wesen, die auf diesem Planeten ihre Betätigungsräume haben, werden von den Menschen zur Zeit fast ganz übersehen. Im Bild gesprochen: Sie stehen bereit, wollen dem Menschen etwas sagen, und der Mensch rempelt sie um. Das ist so, als wenn Du dauernd Deinen Lehrer umrennen würdest. Die Blindheit der Menschen ist noch zu groß.

W.W.: Was wollen diese Wesen den Menschen lehren?

Der Große: Sie wollen den Menschen die Zukunft lehren. Sie wollen den Menschen die Geistselbst-Beherrschung lehren.

W.W.: Vielen Dank für das Gespräch.

Der Große: Bitte.

37. Kapuwu, der Steinerne

W.W.: Kapuwu, Du lebst in der Dauer. Weißt Du, was Entwicklung ist?

Der Steinerne: Das muß ich leider gewußt gehabt haben. Sonst könnte ich nicht mit Menschen gesprochen gehabt haben. Menschen funktionieren nur über ihre Entwicklung.

W.W.: Aber Du selbst erfährst keine Entwicklung?

Der Steinerne: Ja und nein. Ich bin Materie. Materie möchte entwickelt geworden sein. Ich kann Entwicklung erleben, wenn die Menschen sie mir gebracht haben werden. Außerdem werde ich von den Schöpferkräften der Erde geformt geworden sein und werde es immerzu sein. Die Erde lebt noch.

„Denke über den Tod nach“

W.W.: Wie stehst Du zu der Möglichkeit der individuellen menschlichen Entwicklung? Möchtest Du Dich auch entwickeln können, wie es der Mensch kann?

Der Steinerne: Dann müßte ich gestorben sein. Dann könnte ich es gehabt haben. Möchtest Du den Tod als Tod gehabt haben?

W.W.: Momentan nicht.

Der Steinerne: Dann verstehst Du mein Problem.

W.W.: Danke.

Der Steinerne: Bitte. – Ich möchte Dich um etwas gebeten haben. Denke über den Tod einmal länger nach, damit Du die Zukunft der Erde besser verstanden gehabt haben wirst. Ihr Menschen seid in meinen Augen dazu verflucht gewesen, den Tod zu töten.

W.W.: Inwiefern?

Der Steinerne: Wenn Ihr die Materie aufgelöst gehabt haben werdet.

W.W.: Dann ist der Tod besiegt?

Der Steinerne: Dann ist der Tod tot.

W.W.: Und das ist für Dich problematisch!?

Der Steinerne: Dann bin ich nicht mehr.

W.W.: Wirst Du Dich nicht dadurch, daß die Menschen die Materie in ein höheres Stadium verwandeln, ebenfalls in ein höheres Wesen verwandeln?

Der Steinerne: Das bin dann nicht ich.

W.W.: Aber eine Weiterentwicklung von Dir.

Der Steinerne: Das kann ich noch nicht gewußt haben. Das werde ich auch niemals gewußt haben können.

W.W.: Aber wahrscheinlich wird es so sein, und dann erlebst Du Dich selbst auf einer höheren Stufe wieder.

Der Steinerne: Diese Hoffnung erhellt die Erde. Bedenke das, oh Mensch! Mit Christus!

Johannes Rogalla von Bieberstein
Die These von der Verschwörung 1776–1945
Philosophen, Freimaurer, Juden, Liberale und Sozialisten als Verschwörer gegen die Sozialordnung
216 S., kt. EUR 17,– / ISBN 3-926841-36-2

Jimmy Carter
Frieden schaffen im Gespräch
Ein Impuls für die nächste Generation
206 S., kt. EUR 17,– / ISBN 3-926841-71-0

Carola Cutomo
Medialität, Besessenheit, Wahnsinn
188 S., kt. EUR 11,– / ISBN 3-926841-19-2

Klaus Engels
Destruktive Kulte im Spannungsfeld von Kirche und Gesellschaft
212 S., kt. EUR 15,– / ISBN 3-926841-46-X

Hans-Diedrich Fuhlendorf
Rückkehr zum Paradies oder Erbauen des Neuen Jerusalem?
Geschichtsbetrachtungen in apokalyptischer Zeit
352 S., kt. EUR 20,– / ISBN 3-926841-37-0

Wolfgang Gädeke
Anthroposophie und die Fortbildung der Religion
448 S.
Leinen, EUR 25,– / ISBN 3-926841-23-0
kt. EUR 19,– / ISBN 3-926841-24-9

Ludger Helming-Jacoby
Zeugnissprüche
und Sprüche aus dem Hauptunterricht einer Waldorfschule
188 S., kt. EUR 15,– / ISBN 3-926841-95-8

Dieter Hornemann
Geheimnisvolles Afrika
Anthroposophische Arbeit im Urwald
102 S., 32 farb. Abb., kt. EUR 14,–
ISBN 3-926841-60-5

Johannes Kiersch
Fragen an die Waldorfschule
Neuauflage Frühjahr 2003, ca. 160 S., kt. ca. EUR 15,– / ISBN 3-926841-33-8

Peter Krause
Das Judasproblem
Von den spirituellen Hintergründen der Gewalt
128 S., kt. EUR 11,– / ISBN 3-926841-38-9

Peter Krause
Feuer in Tschernobyl
Die Ukraine nach dem SuperGAU
168 S., 37 farb. Abb., kt. EUR 15,–
ISBN 3-926841-58-3

Peter Krause, Faustus Falkenhahn (Hg.)
Einsam – gemeinsam
Jugend im Gespräch
192 S., kt. EUR 12,– / ISBN 3-926841-43-5

Ernst-Martin Krauss
Holzwege, Steinwege ...
Erlebnisse mit Elementarwesen
92 S., Großformat, 13 farb. Abb., gebunden, EUR 29,– / ISBN 3-926841-35-4

Henning Kullak-Ublick (Hg.)
Erziehung zur Freiheit – in Freiheit
Aktion mündige Schule
160 S., 15 farb. Abb., kt. EUR 10,–
ISBN 3-926841-94-X

Andreas Meyer (Hg.)
Seele und Geist
Ansätze zu einer spirituellen Seelentherapie
160 S., kt. EUR 14,– / ISBN 3-926841-47-8

Hans Philippsen
Götter, Hexen und Naturgeister
Sagen und Sagenhaftes der Insel Föhr
144 S., 16 farb. Abb., kt. EUR 13,–
ISBN 3-926841-84-2

Sidney Saylor Farr
Tom Sawyers Nah-Todeserfahrung und die Wandlung seines Lebens
204 S., kt. EUR 17,– / ISBN 3-926841-82-6
z.Z. vergriffen, Neuauflage in Vorbereitung

Heinz Schimmel (Hg.)
Tanz der Seelen
Der Tod als Verwandler der Seele. Die Totentanzdichtung von Joachim Fernau und ihre eurythmische Darstellung
108 S., 14 farb. Abb., kt. EUR 13,–
ISBN 3-926841-53-2

Wolfgang Weirauch
Im Spiegel der Finsternis
Roman für Jugendliche und Erwachsene. Ab 13 Jahren.
252 S., geb. EUR 17,– / ISBN 3-926841-86-9

FH 11
Über Tod und Sterben
4. Aufl., 232 S., kt. EUR 15,–
ISBN 3-926841-11-7

FH 13
Hexen, New Age, Okkultismus
3. Aufl., 196 S., kt. EUR 13,–
ISBN 3-926841-08-7

FH 14
Erneuerung der Religion
Die Christengemeinschaft, Sakramente, Kirche und Kultus
4. Aufl., 184 S., kt. EUR 12,–
ISBN 3-926841-07-9

FH 15
Waldorfschule und Anthroposophie
3. Aufl., 132 S., kt. EUR 8,–
ISBN 3-926841-00-1

FH 16
Kulturvergiftung: Rauschgift, Sucht und Therapie
2. Aufl., 228 S., kt. EUR 12,–
ISBN 3-926841-21-4

FH 17
Kulturvergiftung: Alkohol
2. Aufl., 160 S., kt. EUR 12,–
ISBN 3-926841-34-6

FH 18
Biologisch-dynamische Landwirtschaft, Ökologie, Ernährung
2. Aufl., 184 S., kt. EUR 13,–
ISBN 3-926841-03-6

FH 19
Musik
2. Aufl., 184 S., kt. EUR 12,–
ISBN 3-926841-06-0

FH 20
Sexualität, Aids, Prostitution
2. Aufl., 170 S., kt. EUR 12,–
ISBN 3-926841-09-5

FH 21
Aids
164 S., kt. EUR 12,– / ISBN 3-926841-10-9

FH 22
Erkenntnis und Religion
Zum Verhältnis von Anthroposophischer Gesellschaft und Christengemeinschaft
132 S., kt. EUR 12,– / ISBN 3-926841-13-3

FH 23
Engel
3. Aufl., 196 S., 9 farb. Abb., kt. EUR 15,–
ISBN 3-926841-15-X

www.flensburgerhefte.de

FH 24
Direkte Demokratie / 1789–1989
240 S., kt. EUR 12,– / ISBN 3-926841-16-8

FH 25
Rechtsleben und soziale Zukunftsimpulse
Von der Dreigliederungsidee Rudolf Steiners zur Volksgesetzgebung
244 S., kt. EUR 12,– / ISBN 3-926841-17-6

FH 26
Michael
Januskopf Bundesrepublik
184 S., 8 farb. Abb., kt. EUR 12,–
ISBN 3-926841-22-2

FH 27
Strafprozeß, Strafvollzug, Resozialisierung
224 S., kt. EUR 12,– / ISBN 3-926841-20-6

FH 28
Naturwissenschaft und Ethik
204 S., kt. EUR 12,– / ISBN 3-926841-25-7

FH 29
Freie Schule
248 S., kt. EUR 13,– / ISBN 3-926841-28-1

FH 31
Biographiearbeit
4. Aufl., 192 S., 7 farb. Abb., kt. EUR 14,–
ISBN 3-926841-31-1

FH 32
Anthroposophen und Nationalsozialismus
168 S., kt. EUR 12,– / ISBN 3-926841-32-X

FH 33
Destruktive Kulte, schwarze Magie, Sexualmagie
232 S., kt. EUR 14,– / ISBN 3-926841-40-0

FH 34
Alte und neue Seelenfähigkeiten
192 S., kt. EUR 13,– / ISBN 3-926841-41-9

FH 35
Die Christengemeinschaft heute
Anspruch und Wirklichkeit
212 S., kt. EUR 13,– / ISBN 3-926841-42-7

FH 36
Schwangerschaftsabbruch
212 S., kt. EUR 14,– / ISBN 3-926841-44-3

FH 37
Indianer
212 S., 6 farb. Abb., kt. EUR 14,–
ISBN 3-926841-45-1

FH 38
Konfliktbewältigung
2. Aufl., 220 S., 10 farb. Abb., kt. EUR 14,–
ISBN 3-926841-50-8

FH 39
Christus
184 S., 16 farb. Abb., kt. EUR 14,–
ISBN 3-926841-51-6

FH 40
Ausländerhaß, Nationalismus, Rassismus
188 S., 13 farb. Abb., kt. EUR 14,–
ISBN 3-926841-52-4

FH 41
Anthroposophie und Rassismus
212 S., kt. EUR 14,– / ISBN 3-926841-54-0

FH 42
Sind wir noch zu retten?
Zerstörung oder Verwandlung der Erde?
224 S., 26 farb. Abb., kt. EUR 14,–
ISBN 3-926841-56-7

FH 43
Gebet heute
168 S., kt. EUR 14,– / ISBN 3-926841-57-5

FH 44
Scheidung – warum?
Partnerschaftsprobleme und ihre Bewältigung
2. Aufl., 228 S., 11 farb. Abb., kt. EUR 15,–
ISBN 3-926841-59-1

FH 45
Hüter der Schwelle
Der Mensch am Abgrund
172 S., kt. EUR 14,– / ISBN 3-926841-61-3

FH 46
Jugendideale
208 S., kt. EUR 14,– / ISBN 3-926841-62-1

FH 47
Übungen zur Selbsterziehung
2. Aufl., 216 S., 16 farb. Abb., kt. EUR 15,–
ISBN 3-926841-65-6

FH 48
Angst
188 S., 16 farb. Abb., kt. EUR 14,–
ISBN 3-926841-66-4

FH 49
Depression
200 S., 8 farb. Abb., kt. EUR 14,–
ISBN 3-926841-67-2

FH 50
Erziehung
188 S., 8 farb. Abb., kt. EUR 14,–
ISBN 3-926841-68-0

FH 51
Nah-Todeserfahrungen
Rückkehr zum Leben
2. Aufl., 180 S., kt. EUR 15,–
ISBN 3-926841-72-9

FH 52
Auferstehung
Von der Gegenwart Christi
168 S., 8 farb. Abb., kt. EUR 15,–
ISBN 3-926841-73-7

FH 53
Gedächtnis und Erinnerung
184 S., kt. EUR 15,– / ISBN 3-926841-74-5

FH 54
Ernährungsfragen
176 S., kt. EUR 15,– / ISBN 3-926841-75-3

FH 55
Naturgeister
Vom Wirken der Elementarwesen
2. Aufl., 192 S., 16 farb. Abb., kt. EUR 15,–
ISBN 3-926841-76-1

FH 56
Über Reinkarnation und Karma
Erfahrungen früherer Erdenleben
188 S., kt. EUR 15,– / ISBN 3-926841-78-8

FH 57
Die Welt im Umbruch
Globalisierung und Kampf aller gegen alle
196 S., 29 farb. Abb., kt. EUR 15,–
ISBN 3-926841-79-6

FH 58
Wirkungen der Musik
204 S., kt. EUR 15,– / ISBN 3-926841-80-X

FH 59
Umgang mit dem Sterben
204 S., 8 farb. Abb., kt. EUR 15,–
ISBN 3-926841-81-8

FH 60
Die Impulse des Bösen am Jahrtausendende
196 S., kt. EUR 15,– / ISBN 3-926841-83-4

FH 61
Die Hintergründe von 666
196 S., 8 farb. Abb., kt. EUR 15,–
ISBN 3-926841-85-0

FH 62
Arbeitslosigkeit
Weg ins Ungewisse
184 S., kt. EUR 15,– / ISBN 3-926841-87-7

Siehe auch die folgende Seite.

FH 63
Feldzug gegen Rudolf Steiner
Über O.T.O.-, Rassismusvorwürfe und Angriffe auf die Waldorfschulen
240 S., kt. EUR 15,– / ISBN 3-926841-88-5

FH 64
Liebe – Die Sonne der Welt
200 S., 8 farb. Abb., kt. EUR 15,–
ISBN 3-926841-90-7

FH 65
Doppelgänger
Der Mensch und sein Schatten
228 S., 8 farb. Abb., kt. EUR 15,–
ISBN 3-926841-91-5

FH 66
Hellsehen
Der Blick über die Schwelle
192 S., kt. EUR 15,– / ISBN 3-926841-92-3

FH 67
Esko Jalkanen – der Heiler aus dem Norden
Vom Zauber finnischer und baltischer Kultur
184 S., 19 farb. Abb., kt. EUR 15,–
ISBN 3-926841-89-3

FH 68
Liebe Leben
Homosexualität und die Vielfalt der Lebensformen in Zeiten der Individualisierung
192 S., kt. EUR 15,– / ISBN 3-926841-93-1

FH 69
Islamische Impressionen
Brücken zwischen Orient und Okzident
228 S., 12 farb. Abb., kt. EUR 15,–
ISBN 3-926841-96-6

FH 70
Träume
Was wollen sie uns sagen?
192 S., kt. EUR 15,– / ISBN 3-926841-97-4

FH 71
Einblicke in die Anthroposophie
200 S., kt. EUR 15,– / ISBN 3-926841-99-0

FH 72
Es ist an der Zeit
Aspekte der Anthroposophie
216 S., kt. EUR 15,– / ISBN 3-935679-00-9

FH 73
Eurythmie
Aufbruch oder Ende einer jungen Kunst?
204 S., 12 farb. Abb., kt. EUR 15,–
ISBN 3-935679-01-7

FH 74
Abgründe und Chancen in Zeiten des Egoismus
192 S., kt. EUR 15,– / ISBN 3-935679-02-5

FH 75
Einsamkeit
Wege des Ich
216 S., 20 farb. Abb., kt. EUR 15,–
ISBN 3-935679-04-1

FH 76
Kampf der Kulturen?
Eine andere Welt ist möglich
204 S., kt. EUR 15,– / ISBN 3-935679-06-8

FH 77
Gegen das Elend der Welt
Eine Reise nach Afghanistan
200 S., 16 farb. Abb., kt. EUR 15,–
ISBN 3-935679-07-6

FH 78
Familie im Wandel
192 S., kt. EUR 15,– / ISBN 3-935679-08-4

FH 79
Was die Naturgeister uns sagen
Im Interview direkt befragt
208 S., kt. EUR 15,– / ISBN 3-935679-09-2

So 1
Partnerschaft und Ehe
5. Aufl., 212 S., kt. EUR 15,–
ISBN 3-926841-04-4

So 2
Das Geheimnis der EAP
212 S., kt. EUR 9,– / ISBN 3-926841-05-2

So 4
Partnerschaft und Ehe II – Briefe
2. Aufl., 72 S., kt. EUR 8,–
ISBN 3-926841-14-1

So 5
Volkssouveränität und Volksgesetzgebung
Die Kernpunkte der Demokratiefrage
338 S., kt. EUR 14,– / ISBN 3-926841-18-4

So 7
Kunst
368 S., 25 farb. Abb., kt. EUR 16,–
ISBN 3-926841-26-5

So 8
Anthroposophen in der Zeit des deutschen Faschismus
164 S., kt. EUR 12,– / ISBN 3-926841-27-3

www.flensburgerhefte.de

So 9
Zehn Jahre real-existierendes freies Geistesleben
Zur Geschichte der Gädeke-Studie [„Anthroposophie und die Fortbildung der Religion"]. Hintergründe, Fakten
92 S., kt. EUR 12,– / ISBN 3-926841-39-7

So 10
Biographiearbeit II
Grundlagen, Praxis, Ausbildungen
2. Aufl., 184 S., 8 farb. Abb., kt. EUR 15,–
ISBN 3-926841-48-6

So 12
Schwarze und weiße Magie
Von Satan zu Christus
2. Aufl., 184 S., kt. EUR 14,–
ISBN 3-926841-55-9

So 13
Waldorfschulen in Not
244 S., kt. EUR 14,– / ISBN 3-926841-63-X

So 14
Mensch und Computer
156 S., kt. EUR 14,– / ISBN 3-926841-64-8

So 16
Die Schande Europas
Der Krieg auf dem Balkan
200 S., kt. EUR 15,– / ISBN 3-926841-70-2

So 17
Ita Wegman und die Anthroposophie
Ein Gespräch mit Emanuel Zeylmans
216 S., kt. EUR 16,– / ISBN 3-926841-77-X

So 18
Erfahrungen im Umgang mit Tod und Sterben
Beiträge von Leserinnen und Lesern
180 S., kt. EUR 15,– / ISBN 3-926841-98-2

So 19
Die Welt am Abgrund
Jeder Mensch eine Bombe?
200 S., kt. EUR 15,– / ISBN 3-935679-03-3

So 20
Wortgetreu und unverfälscht?
Haben wir in der Gesamtausgabe Texte Rudolf Steiners?
76 S., kt. EUR 8,– / ISBN 3-935679-05-X

Flensburger Hefte = **FH** (ISSN 0932-5859)
FH-Sonderhefte = **So** (ISSN 0943-5549)
Anschrift, Abo- und Bezugsbedingungen siehe Impressum, 2. Umschlagseite. Alle Titel auch im Buchhandel erhältlich.
Preisänderungen vorbehalten.
Siehe auch die vorangehenden Seiten.